Ortografia da língua portuguesa
história, discurso, representações

Consulte nosso catálogo completo e últimos lançamentos em **www.editoracontexto.com.br.**

Maurício Silva (org.)

Ortografia da língua portuguesa
história, discurso, representações

editora contexto

Diagramação
Gapp Design

Montagem de capa
Gustavo S. Vilas Boas

Preparação de textos
Dos autores

Revisão

Daniela Marini Iwamoto

Dados Internacionais de Catalogação na Publicação (CIP)
(Câmara Brasileira do Livro, SP, Brasil)

Ortografia da língua portuguesa : história, discurso e
representações / Maurício Silva (org.). – 1. ed., 2ª reimpressão. –
São Paulo : Contexto, 2023.

Vários autores.
ISBN 978-85-7244-428-6

1. Português - Ortografia I. Silva, Maurício.

09-00543 CDD-469.152

Índice para catálogo sistemático:
1. Ortografia : Português : Linguística 469.152

2023

Editora Contexto
Diretor editorial: *Jaime Pinsky*

Rua Dr. José Elias, 520 – Alto da Lapa
05083-030 – São Paulo – SP
PABX: (11) 3832 5838
contato@editoracontexto.com.br
www.editoracontexto.com.br

Sumário

Introdução

Maurício Silva

A ortografia já foi tema preponderante nos estudos gramaticais da língua portuguesa – sobretudo em sua fase inaugural, durante o século XVI – e já inspirou o aparecimento de vários ortógrafos – do século XVII ao XVIII –, criando uma verdadeira tradição linguístico-filológica nos estudos do português. Ao longo do século XIX, contudo, foi perdendo cada vez mais espaço para outras abordagens gramaticais da língua, a ponto de desaparecer por completo em algumas gramáticas conceituadas da passagem do século (como a *Gramática da língua portuguesa*, escrita por João Ribeiro em 1887). Durante o século XX, os estudos acerca da ortografia portuguesa praticamente reduziram-se às incontáveis *querelas ortográficas* que respondiam mais a interesses de política linguística dos países lusófonos – e das instituições promotoras dessa política – do que a uma preocupação real com a *questão ortográfica*.

Evidentemente, tal constatação não significa a completa ausência do tópico ortográfico nas gramáticas e nos estudos linguísticos e filológicos que se desenvolvem exatamente no período entremeado pelas últimas décadas do século XIX e as primeiras do século XX, já que, na maioria dos casos, verifica-se a ocorrência – ainda que limitada a pequenos capítulos, em geral introdutórios e propedêuticos – de referências à ortografia da língua portuguesa em estudos de vário gênero, como que buscando minimizar a reconhecida anarquia que imperava em nossa ortografia desde os primórdios da língua portuguesa. Apesar dos esforços dispensados, parece que as tentativas de consolidação de um *padrão ortográfico* em nossas gramáticas acabaram ficando apenas no plano das intenções, na medida em que, na prática, as divergências permaneceriam ainda por muito tempo. É, portanto, somente a partir da segunda metade do século XX que os estudos relacionados à ortografia da língua portuguesa ganham novo alento, impulsionados, principalmente, pelas sucessivas reformas ortográficas que nosso idioma conheceu ao longo desse período, as quais se estenderiam até a época atual.

O objetivo deste livro é congregar estudos que tenham como foco principal a ortografia da língua portuguesa, vista em vários momentos de sua evolução e analisada sob perspectivas teóricas diversas. Nesse sentido, busca-se uma compreensão abrangente da questão ortográfica, a qual não dispensa uma abordagem tanto histórica quanto discursiva, passando ainda pela consideração de suas representações linguístico-culturais e pelo processo ensino-aprendizagem do idioma pátrio.

Assim, embora uma discussão mais acentuada em torno da ortografia da língua portuguesa date, em Portugal, desde pelo menos o século XVI (com Pero de Magalhães Gandavo) e, no Brasil, desde o século XIX (com José Jorge Paranhos da Silva), é somente no século XX que o assunto adquire, ao mesmo tempo, maior consistência teórica e mais fôlego combativo, desdobrando-se, ao longo desse mesmo período e até os dias de hoje, em seguidos (des)acordos ortográficos entre Portugal e Brasil. Por isso, a questão ortográfica do português nos dois continentes continua sendo, nos dizeres lúcidos de Mário de Andrade, a responsável pela *desordem mental* que por aqui imperou naquela primeira metade do século.

Além disso, não se pode negar o fato de que, em muitas discussões acerca da ortografia da língua portuguesa, tanto no Brasil quanto em Portugal, parece prevalecer um difuso sentimento nacionalista, que encontra justamente no âmbito das questões linguageiras campo fértil para seu desenvolvimento, mesclando-se ora a anseios pela independência política, ora a embates em torno da emancipação linguística. E no campo da ortografia, semelhante sentimento parece atingir seu ponto culminante, já que, em muitos aspectos, concebe-se que a grafia de um idioma revela um modo particularmente "nacional" de se exprimir.

Talvez o caso mais emblemático desse fato seja a mais recente proposta de unificação ortográfica entre os países lusófonos, o controvertido Acordo Ortográfico de 1990, que propõe uma unificação linguística parcial da ortografia do português e encontra, entre seus utentes, tanto argumentos favoráveis quanto contrários à mudança. Versando sobre uma série de detalhes da escrita em língua portuguesa, que vão da utilização do hífen à acentuação gráfica, passando pelo emprego de letras maiúsculas ou pela separação silábica, o novo acordo pretende homogeneizar ao máximo a grafia dos vocábulos, promovendo, para tanto, modificações estruturais na forma de se escrever alguns vocábulos do idioma. Embora, conforme versa a proposta, se pretenda manter a maior parte dos recursos ortográficos atualmente vigentes, não resta dúvida de que as poucas modificações sugeridas já são suficientes para colocar escritores, editores, professores, linguistas e utentes da língua em geral sob reserva e suspeição.

Por isso, acreditamos que uma discussão ampla e profunda da ortografia da língua portuguesa, levando em conta, além de seu resgate histórico, suas representações diversas – como é o propósito deste livro –, torna-se particularmente providencial numa época em que a construção do imaginário social e cultural e, consequentemente, de uma determinada identidade, passa também pelo modo como falamos e escrevemos nossa língua.

Em demanda dos enlaces na sistematização ortográfica

Evanildo Bechara

Inaugurando o período dos livros impressos, desde cedo os idiomas românicos – para só falarmos deste domínio linguístico – começaram a sentir a necessidade de fazer algumas adaptações do alfabeto latino para que pudessem adequar-se aos novos sistemas fonéticos e fonológicos. Muitos tiveram de esperar essas mudanças, dificultadas pelo peso da tradição gráfico-etimológica vinculada ao latim e ao grego.

Por isso, não se deve entender ao pé da letra que o início do sistema gráfico das línguas românicas – português, inclusive – era "fonético"; a denominação deve entender-se tão-somente como diferente do excesso etimologizante que iria caracterizá-lo sob o influxo do Renascimento, entre os séculos XIV e XVI.

Como bem acentua Migliorini (1957), essa vassalagem das línguas vulgares ao latim era funcionalmente incoerente e um grave empecilho àqueles a quem mais comumente iriam servir, já que esses não sabiam latim.

Vencidas as primeiras dificuldades para a representação distintiva do *i* e *u* com valor de vogal e de consoante (*i* / *j*; *u* / *v*), um grande empecilho no italiano e no português era o modo de grafar *e* e *o* com o timbre aberto e fechado. Neste sentido, o italiano Giangiorgio Trissino, em 1924, recorreu ao aproveitamento, respectivamente, das letras gregas ε e ω para o timbre aberto, permanecendo *e* e *o* para o timbre fechado. É esta lição que também proporá João de Barros.

O eruditismo clássico etimológico encontrou no sistema ortográfico o domínio ideal para instalar-se como reação à perda do prestígio do latim como língua oficial dos documentos régios e oficiosos, depois do papel inicial desempenhado pela dinastia de Avis em prol do favorecimento da presença, nestas circunstâncias, da língua portuguesa, apesar das reclamações de figuras intelectuais de peso, do porte de um Duarte Nunes Leão.

À medida que o conhecimento das línguas clássicas, especialmente do latim, se foi tornando mais raro, foi-se perdendo a orientação pelo modelo, e a grafia das palavras, com a falta de princípios de uma etimologia científica, facilmente foi subjugada pelo subjetivismo incontrolável dos autores, copistas e editores.

Os quatro princípios pelos quais desde cedo se procurou ordenar o sistema ortográfico dos idiomas como o português traziam no seu bojo os germes da incompatibilidade: a *pronúncia*, a *etimologia*, o *uso* e o *traço de distinção*.

Pela *pronúncia* entendia-se que a ortografia atenderia à maneira como se diz e se ouve a palavra, sem para isso se empregarem sinais que não se dizem, ou, consoante à lição de João de Barros: "A primeira e principal regra na nossa ortografia é escrever todalas dições com tantas leteras com quantas as pronunciamos, em poer consonantes consoantes ociosas: como vemos na escritura italiana e francesa" (Barros, 1971).

Pela *etimologia*, a forma gráfica se relacionava com a sua origem, razão por que, como lembra Soares Barboza (1822: 57), "admite letras, que presentemente não têm outro préstimo senão para mostrar a origem das palavras". O critério etimológico, que tem em Duarte Nunes de Leão seu ardoroso defensor, repete-se no século XVII com João Franco Barreto e Bento Pereira, e chega, com maior intensidade, ao século XVIII, pela obra de Madureira Feijó.

O critério de *uso* (entenda-se aqui o uso dos *doutos*, e não do *vulgo*) baseia-se na prática dos bons autores. Pela constante divergência na prática deles, é dos critérios o mais precário e o mais difícil de sistematização, principalmente quando se afasta da pronúncia e da etimologia.

O quarto critério – o dos *traços de distinção* – há de se apoiar, tanto quanto possível, nos elementos oferecidos pela pronúncia e pela etimologia, e consiste em procurar distinguir graficamente vocábulos homófonos. Gandavo, já no século XVI, propunha a distinção entre *a* e *à* e *ó*, *a* e *há*, por exemplo, enquanto se serve do *y* para separar formas verbais como *elle ceya* de formas substantivas como a *cea*.

Caminhando as propostas de reforma ortográfica até os nossos dias, vemos que de tais disposições, desde a orientação sônica da Comissão da Cidade do Porto, em 1878, sob a responsabilidade de Barbosa Leão (que mereceu contundente voto contrário de Latino Coelho, como relator do parecer da Academia Real das Ciências de Lisboa, em 1879), até a mais científica, de autoria do foneticista e lexicógrafo Aniceto dos Reis Gonçalves Viana, de 1911, em última análise derivam dos sistemas ortográficos portugueses e brasileiros de maior aceitabilidade nos respectivos países, como o defendido por Rebelo

Gonçalves (1940) e o de 1945, para Portugal, e o da Academia Brasileira de Letras (1943), para o Brasil, e, posteriormente, os de 1986 e 1990, ainda à espera de sanção oficial, elaborados por uma comissão mista da Academia das Ciências de Lisboa e da Academia Brasileira de Letras.

Não se pode negar que esse longo percurso do século XVI aos nossos dias favoreceu a que nosso idioma pudesse contar, como conta, com um sistema que, dentro do alcance que pode ter em relação a idiomas de notável riqueza fonológica, fica muito próximo do ideal. Já em 1911, D. Carolina Michaelis de Vasconcelos, em entrevista ao jornal lisboeta *O Primeiro de Janeiro*, aludia a essa dificuldade de o sistema gráfico ser completo e acabado para a língua portuguesa, apesar de todas as vantagens que pudesse oferecer a proposta reformadora de 1911:

> As dificuldades que continuarão a existir na escrita portuguesa, depois de simplificada e regularizada, serão mesmo mais numerosas do que as que existem na italiana e na castelhana, porque resultam (torno a dizê-lo) da fonologia finíssima da língua, com as suas vogais abertas, fechadas e reduzidas, puras e nasais, com os ditongos, o enfraquecimento das átonas, a metafonia dos nomes e verbos (*ôvo*, *óvos*; *dêvo*, *déves*; *sinto*, *sentes*; *receio*, *receamos*, *receamos*; *odiar*, *odeio*), a variedade dos plurais, produzida em parte pela forma abreviada de muitos termos, em razão da queda de *l*, *n* entre vogais – particularidades com as quais temos de conformar-nos.

As dificuldades apontadas por D. Carolina ficam minimizadas quando pensamos que o nosso sistema ortográfico, em muito boa hora, sempre se pautou por critérios fonológicos, e não exclusivamente fonéticos, o que facilita em muito a tarefa do estabelecimento de princípios propostos pelos ortógrafos do século XVI aos nossos dias.

Para um sistema baseado exclusivamente na representação física dos sons, em vez do valor distintivo dos fonemas, como faz hoje a fonologia, cabem muito bem as preocupações levantadas por Latino Coelho em 1879, à proposta da Comissão do Porto, que defendia uma ortografia em que "para cada som haja um único sinal, e cada sinal tenha por função exclusiva o transcrever um som e nada mais" (Coelho, 1879: 8):

> Porque é sabido que, por única, uniforme, que seja a língua de uma nação das que têm um só idioma, são tantas pelo menos as variantes de pronúncia, quantas as regiões em que o seu senhorio se reparte, e onde as tradições, os hábitos, os costumes, as procedências etnológicas, as afinidades com os países comarcãos imprimem à povoação um caráter provincial, distinto, autonômico moralmente.

> Qual será pois a prosódia que elegeremos como padrão para lhe referirmos a nova ortografia? A do Minho? A da Beira? A do Algarve? A de Lisboa? Mas na própria capital um ouvido mimoso e delicado, *teretes et religiosae aures*, na expressão de Cícero, alcançaria vislumbrar, ainda entre gente urbana e cultivada, mais de uma diferença essencial (Coelho, 1879: 14-5).

Conseguiu o sistema hoje vigente eliminar os grupos gregos *th*, *ph*, *rh*, *ch* (= *k*) e o *y*; as consoantes dobradas sem valor funcional; os grupos latinos *ct*, *mn*, *mpt*, *gm*, *gn* puramente etimológicos; com os recursos hauridos na fonologia histórica, pôde fazer frente às distinções de homófonos do tipo de *coser* e *cozer* ou *paço* e *passo*.

Os problemas surgiram quando o sistema tentou fixar o emprego dos sinais diacríticos, a começar do acento agudo e do acento cincunflexo, marcadores de vogais tônicas de timbre aberto e fechado.

Com esse movimento de pedra no complexo tabuleiro de xadrez fonético do português, surgiram e se aprofundaram os casos que marcam as diferenças e mudanças que caracterizam uma língua histórica falada em tantas partes do mundo. Como bem já tinham notado os primeiros gramáticos da língua, e mais recentemente o já citado Latino Coelho a comentar a dificuldade e as incertezas de fixar um padrão de pronúncia diante de tantas variantes, mesmo sem sair do território português, é impossível uma reforma ortográfica com vista a uma unificação no domínio de uma língua histórica baseada na realidade fonética.

Abre-se, dessa forma, o corredor de grafias diferençadas para atenderem à realidade fonética de Portugal e do Brasil: *António*, *Antônio*; *sêmen*, *sémen*, *pônei*, *pónei*, e tantos outros, o que põe em risco a propalada unificação como fator decisivo para a promoção de qualquer acordo entre os países lusófonos, especialmente entre Portugal e Brasil.

Dessarte, as Academias responsáveis pela unificação de um projeto de reforma ortográfica com vista à unificação deverão formular princípios de emprego de acentuação tônica que evitem os casos que envolvem os contrastes de timbre aberto e fechado, como já fazem – sem emprego de qualquer artifício diacrítico – em *poeta* (com *e* aberto) e *baeta* (com *e* fechado) e *osso* (com *o* fechado) e *ossos* (com *o* aberto), grafias zeladoras de diferenças ortoépicas que não constituem nenhuma dificuldade a um leitor de cultura mediana.

Por esse princípio simples, evitar-se-ão que, num projeto que visa uma unificação no sistema gráfico, sejam obrigados os portugueses a usar o acento agudo nas vogais *e* e *o* dos paroxítonos terminados em *n*, *r* ou *x*, quando imediatamente seguidos de *m* ou *n* (*sémen*, *xénon*, *fémur*, *vómer*, *Fénix*, *ónix* etc.), enquanto os brasileiros, neste mesmo caso e nas mesmas circunstâncias, usarão o acento circunflexo (*sêmen*, *xênon*, *fêmur*, *vômer*, *Fênix*, *ônix*, etc.).

Repare-se que, ainda que existente a mesma duplicidade de timbre na vogal tônica, os projetos ortográficos vigentes (1945 em Portugal, 1943 no Brasil) não obrigam o emprego de qualquer sinal diacrítico em *amo, ama, amigo* e tantos outros.

Esta preocupação de distinção fonética de timbre na vogal tônica chegou a criar um critério que mereceu reparo da crítica em nome da pretendida unificação. É o caso da acentuação divergente da terminação - *amos* do pretérito perfeito do indicativo dos verbos da primeira conjugação, para distingui-la do presente do indicativo (*falámos* em Portugal, *falamos* no Brasil), bem como a lição de que a forma *demos* seja contemplada, em Portugal, com um acento circunflexo (*dêmos*), no presente do subjuntivo, para distinguir-se de *demos*, pretérito perfeito do indicativo.

Outro caso análogo, que briga contra a unificação, é o que, no projeto de 1990, manda serem assinalados com acento agudo os ditongos *éi, éu, ói* nas palavras oxítonas, mas sem o referido acento nos paroxítonos, sob a alegação da existência de "oscilação em muitos casos entre o fechamento e a abertura na sua articulação". Assim, acentuam-se *anéis*, *céu(s)*, *herói(s)*, mas não os *ei* e *oi*, como *assembleia, epopeico,* etc., tendo em vista a existência de *aldeia, baleia* e *apoio*, *dezoito* e tantos outros.

Tenha-se presente que a unificação – fruto de mera convenção – não significa unificação linguística – resultado da técnica histórica e da tradição de uma comunidade.

Por isso, fixados os princípios ortográficos, eles não podem deixar de registrar as variantes fonéticas de língua, quer no domínio da ortoépia, quer no domínio da prosódia. Não são, portanto, objeto de unificação ortográfica divergências como *bebé* / *bebê*, *metro* / *metrô*, *aspecto* / *aspeto*, realidades que podem até coexistir tanto em Portugal quanto no Brasil, em variantes diatópicas, diastráticas e diafásicas.

A nossa proposta não é que os princípios fechem, *à outrance*, os olhos a tais fenômenos. O que aqui propomos é que eles erijam normas convencionais de escrita quc, principalmente na acentuação tônica, fujam a estabelecer critérios distintivos para contrastes do tipo *António* / *Antônio*, *amámos* / *amamos* (pretérito perfeito). Felizmente, são poucos esses casos, quase sempre em relação às vogais nasais e à certos ditongos; de modo que, numa análise mais profunda dentro desta perspectiva, as Academias de Portugal e do Brasil podem chegar a uma solução mais racional e com maior possibilidade de adesão geral.

BIBLIOGRAFIA

Barboza, Jeronymo Soares. *Grammatica philosophica da lingua portugueza, ou principios da grammatica geral applicados à nossa linguagem*. Lisboa: Typographia da Academia das Sciencias, 1822, p. 57.

Barros, João de. *Gramática da língua* portuguesa. Lisboa: Faculdade de Letras, 1971, p. 42.

Coelho, José Maria Latino. *Parecer apresentado à Academia Real das Ciências de Lisboa sobre a reforma ortográfica proposta pela comissão da cidade do Porto*. Lisboa: Tipografia da Academia, 1879.

Migliorini, Bruno. Note sulla grafia italiana nel Rinascimento. *Saggi Linguistici*, Firenze: Le Monnier, 1957, pp. 197-225.

Aspectos teóricos da ortografia

Luiz Carlos Cagliari

O que é a ortografia?

A ortografia[1] tem sido definida tradicionalmente através do significado grego das palavras que formaram a palavra portuguesa, ou seja, ortografia vem de duas palavras gregas que significam respectivamente correto e escrita. Certamente, esse modo de definir ortografia é muito falho, porque falamos português e não grego. Aliás, a palavra ortografia não era usada pelos gregos antigos, mas foi formada com a necessidade de se definir um termo técnico. O sentido etimológico não diz quase nada a respeito do que é a ortografia. Escrever corretamente uma palavra significa escrever uma palavra com as letras a ela atribuídas pela tradição ou por leis específicas. Este é um dos objetivos da ortografia, mas, na verdade, nem é o principal. No caso do Brasil, ele mostra o sentido legal, exigido por lei.[2] Assim, quem não escrever de acordo com a lei está cometendo uma contravenção e poderá ser penalizado com sanções. Onde não há uma lei, a questão passa a ser acadêmica.[3] Na história de todas as línguas, sempre há uma tradição que mostra um uso, que pode ser aceito ou não pelos ortógrafos.[4] Lendo os inúmeros tratados de ortografia que precederam as leis ortográficas da língua portuguesa, nos deparamos com uma discussão acadêmica sem fim, contestando a grafia usual de certas palavras, tentando corrigir erros, às vezes, produzindo novos erros, com novas propostas de grafia que, de um modo geral, sempre foram ignoradas pelo povo.[5] Somente o acesso à escola de grande contingente da população acabou determinando a forma de escrita de muitas palavras, saindo das salas de aula, dos livros, principalmente dos dicionários, para a vida das pessoas.[6]

Para entender melhor o que é a ortografia, é preciso partir dos sistemas de escrita. Infelizmente, os sistemas de escrita têm sido pouco estudados e, não raramente, por pessoas que não tinham interesses linguísticos, mas arqueológicos, antropológicos ou históricos.[7] A história da escrita ou da ortografia é um conjunto de ocorrências que podem ser encontradas, analisadas e classificadas em função do tempo e do lugar onde ocorreram. Mas isso diz pouco. Há algumas ideias fundamentais que raramente são abordadas.[8] Com relação aos sistemas de escrita, é preciso sempre partir da ideia de que eles foram criados para permitir a leitura. Todas as outras funções e usos são derivados daquela ideia inicial e fundamental. Ora, se o sistema de escrita permite a leitura, ele é uma representação da linguagem oral e só faz sentido se associado à linguagem oral; não é uma linguagem independente, não vale por si. A escrita nunca é uma representação direta do pensamento, porque este só existe na linguagem oral. Assim como alguém pode ver uma pedra e chamar aquela coisa de *pedra*, do mesmo modo, alguém pode ver a palavra escrita *pedra* e chamar aquela coisa de *pedra*. Alguém só pode reconhecer que uma forma gráfica é uma palavra se puder associar àquela forma uma palavra da língua, e todas as palavras estão armazenadas na linguagem oral. Fora daí, nada faz sentido.[9]

Porque a escrita está atrelada à linguagem oral, e esta é formada da união de sons e significados, formando o que chamamos tradicionalmente de signo linguístico (desde o morfema até o discurso), os sistemas de escrita têm sempre duas possibilidades de estabelecer um sistema. Num caso, o sistema de escrita procura representar graficamente primeiro o significado (do signo) para, através de um processo de decifração, o leitor chegar aos sons (daquele signo). Numa outra possibilidade, o sistema procura representar graficamente primeiro os sons para, através de um processo de decifração, o leitor chegar ao significado (do signo). Ao fazer isso, o signo escolhido como unidade para a escrita sempre foi preferencialmente o que chamamos de palavra. A palavra sempre foi uma unidade um pouco maior do que o morfema e um pouco menor do que um sintagma. Morfema é o menor signo usado pela linguagem. Assim, na palavra *meninos*, temos três morfemas (unindo sons e significados): *menin-* que significa criança; *-o-* que significa o gênero gramatical masculino e - *s* que significa plural. Portanto, quando falamos *meninos*, entendemos várias crianças do sexo masculino. Um sintagma é um conjunto de palavras de categorias gramaticais diferentes que exerce uma determinada função sintática. Desse modo, no sintagma *a casa amarela*, há um artigo *a*, um substantivo *casa* e um adjetivo *amarela*, e essas três palavras formam um conjunto que pode, por exemplo, ser o sujeito de uma frase, como em *a casa amarela foi* *destruída*. Em algumas línguas, como o chinês, as palavras têm uma formação bem próxima dos morfemas.[10] Mas, em línguas como o japonês e o português, as palavras costumam ser formadas por mais de um morfema. A definição de palavra na linguagem oral apresenta algumas dificuldades, sendo bem definida na escrita. Assim, definimos palavra como a unidade básica da escrita, de qualquer sistema de escrita. Na escrita, as palavras vêm delimitadas de alguma forma, ou por espaços em branco, como fazemos, ou pela disposição da escrita sobre o papel ou sobre outro material de suporte. Portanto, as palavras são facilmente detectadas na escrita.[11] O grande problema dos decifradores de escritas é saber a língua a que essas unidades de escrita estão associadas. Esta é uma das grandes dificuldades do trabalho de decifração da escrita maia, por exemplo. Por outro lado, muitos sistemas antigos de escrita foram decifrados com relativa facilidade depois que a língua e suas palavras foram reveladas e entendidas. Saber a língua é uma condição *sine qua non*. Para o usuário do sistema de escrita, como ele é também um falante nativo (ou que conhece a língua), a relação entre escrita e linguagem oral, através da leitura decifrativa é facilmente estabelecida, entendida e usada para a compreensão do que está escrito. Do ponto de vista da linguagem oral, todas as línguas podem reduzir um texto a expressões mínimas a que chamamos de palavras. Este é um suporte da escrita para saber identificar palavras e transcrevê-las. Na frase *Os meninos chegaram tarde ao jogo de futebol ontem de manhã*, podemos reduzir o texto a expressões que falamos isoladamente. Por exemplo, chegamos facilmente a uma sequência de sons identificada como *meninos*. Porém, não vamos adiante, separando *menin, o, s*. Fora da ideia de signo, entretanto, podemos silabar a linguagem oral: *me-ni-nos*, mas somente um especialista em linguagem vai além, separando as sílabas em segmentos fonéticos: *m-e-n-i-n-o-s*, ou, ainda, em traços distintivos, como faz a fonologia, com base nos mecanismos fonéticos de produção dos sons. Enfim, a palavra sempre foi a unidade preferida dos falantes. Também sempre foi a unidade preferida dos sistemas de escrita. Essa preferência tem tudo a ver com a noção de ortografia, porque a ortografia se constitui em função das palavras e não de outras unidades da linguagem. Isto tem muitas consequências, como veremos adiante.

Antes de prosseguir, é preciso fazer um parêntese para um comentário marginal, mas, talvez, importante para quem, de repente, teve algumas dúvidas. E como fica o alfabeto? Chinês escreve palavras (morfemas), mas japonês escreve sílabas... Letras, ideogramas, caracteres, glifos, etc., não são unidades importantes de escrita? A resposta é: sim! Porém, essas unidades são apenas unidades gráficas, não funcionais. A letra A é uma abstração de todas as formas que podem ser entendidas como sendo a letra A. E quem permite isso não é o alfabeto, mas a ortografia. O alfabeto foi criado por um princípio acrofônico, uma espécie de transcrição fonética que não pode ser usada diretamente, porque escreveria de modos diferentes uma mesma palavra da língua, quando pronunciada de modos diferentes em diferentes dialetos (cf. *ficamos*, *fiquemo*; *você*, *ocê*, *cê*). O mesmo vale para as escritas silábicas: como elas representam sílabas, a variação linguística geraria escritas diferentes. Imagine uma escrita silábica que tem um caractere para a sílaba *tchi* e outro para a sílaba *ti* e outro para a sílaba *te*. Um falante que diz *pótchi* escreveria de modo diferente de um falante que pronunciasse a mesma palavra como *póte* e ambos escreveriam de modo diferente de quem falasse *póti*. Esse tipo de variação na escrita é muito desconfortável aos usuários, para quem escreve e, sobretudo, para quem lê. Para resolver esse tipo de problema, todos os sistemas de escrita, ideográficos ou fonográficos, precisam ter uma ortografia que regulamente como os caracteres e outras marcas gráficas da escrita devem ser usados. No caso de uma escrita ideográfica, por exemplo, os números que escrevemos, há regras de escrita. Assim, um número 8 tem que ter duas bolinhas (ou algo semelhante graficamente) uma em cima da outra e não pode ser representado por uma cobrinha ou por outra forma gráfica que não é associada à representação daquela palavra, por exemplo, por ∞.

A ortografia age na parte gráfica e funcional da escrita.[12] É a ortografia que define os sons das letras. Desse modo, uma letra como o A, em português, tem muitos sons diferentes, dependendo de como as pessoas pronunciam as palavras. Por exemplo, a letra A tem o som de A em *ficamos*; tem o som de E em *fiquemo*; tem o som de U em *acharu*; tem o som nasalizado de Ã em *cano*; mas pode variar A com Ã na primeira sílaba da palavra *banana*. As letras AI têm o som de AI ou de A em *caixa*, mas não na palavra *saída*. Do alfabeto, pegamos apenas o nome das letras[13] e uma unidade abstrata de representação fonográfica na escrita, que será definida exatamente pela ortografia em função da pronúncia que os falantes da língua usam em seus dialetos.[14] Do mesmo modo, diante de uma escrita cursiva, principalmente mal escrita, conseguimos decifrar o que está escrito não porque reconhecemos as letras, mas porque as informações que podemos obter naquele caso nos permitem fazer uma hipótese sobre qual palavra está escrita. Essas hipóteses vêm da identificação das formas gráficas com letras que esperamos encontrar na palavra em função de sua ortografia. Se não fosse a ortografia seria quase impossível ler muitas formas de escrita cursiva. Um bom exercício é tentar ler uma escrita cursiva medieval, por exemplo, de um documento cartorial do português arcaico. Como a ortografia naquela época era diferente (e a forma morfológica de muitas palavras também), é difícil decifrar aquele tipo de escrita. Mas, quando o paleógrafo conhece como se escrevia a palavra, seu trabalho de decifração (reconhecimento das letras e identificação das palavras) se torna relativamente fácil.

Um chinês pode ler textos antiguíssimos, porque a forma gráfica e a ortografia das palavras mantêm uma relação conhecida com a semântica da mensagem, mesmo sabendo que a língua mudou muito com relação a vários aspectos, principalmente com relação à pronúncia. O chinês vai ler o texto antigo em seu dialeto, fazendo as adaptações necessárias. O mesmo fato acontece quando um cientista brasileiro, que não conhece dinamarquês, folheia um livro em dinamarquês e encontra uma fórmula química ou informações matemáticas, escritas em um sistema ideográfico como são as representações químicas e os números. Ele lê os gráficos, as fórmulas, os cálculos matemáticos em português, que é a sua língua (e até em sua variedade dialetal). A escrita ideográfica associada a uma ortografia permite isso. Com relação aos sistemas fonográficos, como o alfabético, a ortografia age do mesmo modo, agora não com o significado, mas com a pronúncia. Assim, diante de uma escrita alfabética do português, qualquer falante pode decifrar e ler em sua variedade dialetal. Uma pessoa pode ler Camões na ortografia original, mas não precisa pronunciar as palavras como Camões as pronunciava. A transposição para o dialeto do leitor só é possível graças à ação da ortografia que neutraliza a variação linguística na escrita. Se a escrita tivesse apenas o princípio alfabético, toda leitura acabaria produzindo a pronúncia de quem escreveu, como fazem as transcrições fonéticas usadas pelos linguistas para registrarem, através de um sistema especial de escrita, a exata pronúncia dos falantes das línguas.

Quem cria a ortografia?

Todos os sistemas de escrita têm uma ortografia, sem a qual não sobreviveriam, com exceção dos sistemas de transcrição fonética, mas mesmo estes têm regras de transcrição e convenções.[15] Nas línguas, a ortografia surge com o uso da escrita.[16] À medida que a língua vai sendo mais usada e difundida, vai-se formando uma tradição de escrita e as pessoas comuns passam a usá-la.

Como as línguas, as ortografias são dinâmicas, variam com o passar do tempo. Essa variação e essa mudança ocorrem porque aparecem novos modismos ou por ignorância de uso, que vai se generalizando. Depois de certo tempo, essas modificações são incorporadas e passam a funcionar como qualquer outra forma gráfica do sistema. Os inconformados, em geral pessoas cultas, acabam propondo reformas ortográficas através de tratados acadêmicos e, quando acham que suas vozes não são ouvidas e suas sugestões não são compreendidas e seguidas, apelam para as leis e obrigam os usuários a ter um sistema ortográfico, imposto por leis políticas.[17]

Entretanto, pela sua natureza, a ortografia não pode ser objeto de lei. Não faria sentido fazer leis que controlassem a variação e a mudança linguística, o modo de falar das pessoas, as estruturas sintáticas e discursivas, os gêneros discursivos, etc. Mas há sempre um gramático ou um político de plantão, morrendo de vontade que outros falem ou escrevam como eles. Algumas instituições, em geral as Academias de Letras ou de Ciências, conseguem, às vezes, impor certas regras que acabam influenciando o uso da ortografia na sociedade. Assim aconteceu com o italiano, com o espanhol e com o francês. O português foi além e acabou transformando as propostas das Academias em letra da lei. A língua portuguesa tinha uma longa tradição de ortógrafos que não se entendiam e que acabaram levando a língua do século XVI ao século XX a uma espécie de caos.[18]

No final do século XIX e começo do século XX, os acadêmicos acharam que estava na hora de parar de mudar a ortografia e estabelecer um sistema mais perene e igual para todos. Para quem acompanha a história da ortografia da língua portuguesa, de fato, nota-se que houve muita mudança ortográfica, porém, essas mudanças não criaram, na verdade, um caos, como se é levado a crer pelos reformistas do início do século XX. É bem claro e possível estabelecer sistemas ortográficos coerentes para períodos de tempo. Assim, no século XVI, com a grafia de *Os Lusíadas*, o sistema medieval de escrita deixa de ser usado. Na segunda metade do século XVIII e, principalmente, no século XIX, o sistema ortográfico de uso mais geral tinha incorporado os dígrafos PH para F, CH para QU, Y e W com pretensões (nunca expressas claramente) de tornar a escrita da língua portuguesa mais semelhante à do francês e do inglês, línguas de grande prestígio na época, com a desculpa esfarrapada de indicar a origem grega de algumas palavras.[19] O modelo de ortografia desse tipo, à moda francesa ou inglesa, não é, em princípio, nem melhor nem pior do que o modelo camoniano ou de qualquer outro, porque os objetivos da ortografia são alcançados de um modo ou de outro. Afinal de contas, qualquer tipo de ortografia continua permitindo a leitura e neutralizando a variação linguística. O grande problema para a ortografia é mudá-la e, dependendo da extensão da mudança, as consequências podem ser muito graves e até desastrosas. A história das reformas ortográficas da língua portuguesa é um bom exemplo disso e é por medo desses perigos que a língua francesa e a língua inglesa, apesar de toda a pressão que têm sofrido ao longo dos últimos séculos, preferiram permanecer sem grandes mudanças.[20]

O fato de a língua portuguesa estar sob o domínio de leis cria problemas de várias ordens. Em primeiro lugar, quem escreve fora dos padrões estabelecidos é suscetível de sanção, porque comete uma contravenção. É proibido por lei escrever com erro de ortografia! Em segundo lugar, uma língua como o português, que é uma língua falada em muitos países e que, portanto, tem peculiaridades, encontra uma dificuldade de uso internacional. Assim, todo autor estrangeiro deve ter seus livros adaptados ao sistema ortográfico vigente, o que pode descaracterizar certas obras, como as de Saramago.[21] No momento da reforma, ocorrem todos os problemas de adaptação ao novo sistema, desde as escritas de documentos oficiais, de livros, até o aprendizado do novo sistema pela população. Por outro lado, a reforma imposta por leis pode durar muito tempo sem mudanças e unificar as variantes que forçam o sistema a mudar. Quanto menos se mexe na ortografia, melhor ela servirá à língua por muitas gerações de usuários. A unificação também facilita as escolhas de escrita da língua por estrangeiros. Diante de vários sistemas em uso, um estrangeiro pode optar por um e, depois, ter que aprender outro.

A questão da unificação das ortografias da língua portuguesa foi o tema principal da proposta de Antônio Houaiss, por razões diplomáticas internacionais.[22] Ao propor um sistema único para todo o mundo lusofônico, encontrou grandes barreiras regionais. Logo no início, em discussões com ele e com outros, propus que se tornassem oficiais as grafias diferentes dos principais sistemas em uso, principalmente as grafias usadas em Portugal e no Brasil. Desse modo, com quase nenhuma mudança para os usuários atuais, os países lusofônicos poderiam ter oficialmente um sistema misto de ortografia e, de certo modo, único, porque válido para todos. Essa proposta foi aos poucos sendo entendida e aceita e alguns dicionários começaram a pôr em prática.[23] Depois que alguns dicionários começaram a misturar as ortografias de Portugal e do Brasil, vieram as emendas aos Acordos Internacionais, os quais dependem, atualmente, apenas de uma regulamentação para se tornarem obrigatórios.[24]

Uma questão que vem sempre à tona, quando se fala de reforma ortográfica, é a questão escolar, principalmente a questão da alfabetização. Pessoas despreparadas costumam afirmar que uma reforma ortográfica que tornasse a escrita mais próxima da fala, ou seja, que fosse uma espécie de transcrição fonética ou mesmo fonológica, seria de grande ajuda aos educadores no momento de ensinar as crianças a ler e a escrever. Isto é uma ilusão, fruto de ignorância.[24] Para uma criança que está começando a aprender a escrever, escrever *casa* com S ou com Z tanto faz. Quando se vê o que elas fazem, as dificuldades são de outra natureza: algumas chegam a escrever *qaza*, mostrando que as letras podem dar certo num caso, mas não em outros. Se é para escrever como se fala, na expressão *casas azuis e amarelas*, o S final de *casas* e de *azuis* deveria ser escrito com Z, porque se fala *kazazazuiziamarélas*. Reformas de tipo pedagógico, como essas, são muito pequenas e não resolvem os grandes problemas que os alunos têm, passando da fala que usam para a ortografia. Se a fala deles é diferente da fala que a ortografia reformada procura, de certo modo, representar, de nada adianta reformar. A criança que fala *nóis fiquemu* não vai achar uma ortografia *nóis fiquemu,* porque esse tipo de grafia não seria do agrado de quem propõe usar o Z em vez do S entre vogais.

Como a ortografia nunca se propôs a retratar a fala de ninguém, mas a neutralizar a variação linguística, qualquer proposta de transformar a ortografia em transcrição fonética não faz sentido e transformar em transcrição fonológica não muda nada com relação às dificuldades ou facilidades de memorização da grafia das palavras. O argumento segundo o qual pequenas reformas ajudam um pouco vale um pouco, não mais. O que se ganha por um lado se perde, e muito, por outro, porque toda reforma ortográfica traz muitos transtornos, alguns já mencionados anteriormente. As pessoas precisam aprender que o ideal é não mexer na ortografia e adotar metodologias mais científicas e interessantes para ensinar as crianças a ler e a escrever.[25]

Os problemas da escola são devidos quase que exclusivamente à incompetência de quem ensina, seja o professor ou o material didático. Além disso, vale lembrar que um falante adulto usa cerca de 1.500 a 2.000 palavras para a maioria das suas necessidades linguísticas no dia a dia. Afinal, aprender a ortografia das palavras mais comuns da língua não exige um esforço tão grande quando alguém pode imaginar, olhando as centenas de milhares de palavras que existem num dicionário. Ainda mais, apesar de a ortografia não retratar a pronúncia diretamente, todo sistema ortográfico dispõe de pequenas regras que facilitam muito a vida dos usuários, por exemplo, a regrinha que diz que, entre vogais, o som de Z pode ser escrito com Z, com S ou com X. Isso pode parecer complicado, mas exclui todas as outras letras do alfabeto e direciona a escrita para apenas algumas possibilidades. Além disso, não há muitas palavras que são escritas com X, o que faz com que essa seja a última opção em caso de dúvida. Outras regras ajudam muito mais, como aquelas que dizem que nenhuma palavra começa com a letra Ç ou que se escreve M diante de P ou B e N diante de outras consoantes, etc. A ortografia é tão sensível a regras que as reformas ortográficas definem as bases que indicam como o sistema ortográfico deve gerar a grafia das palavras (os famosos vocabulários ortográficos).

Ortografia e fonologia

Qualquer análise de algum aspecto da linguagem depende crucialmente da concepção de linguagem que o autor tem. Isto se aplica também aos estudos teóricos sobre a ortografia. Porque alguns pesquisadores têm ideias inadequadas a respeito dos sistemas de escrita, seus estudos sobre a ortografia também acabam gerando conclusões inadequadas ou mesmo inadmissíveis. Muitos equívocos vieram associados à palavra grafema. Com o estruturalismo, a Linguística separou a fonética da fonologia, atribuindo a esta um caráter abstrato e sistemático que não era próprio da fonética. A variação de pronúncia das pessoas ficou neutralizada pela fonologia, em grande parte. Para alguns, como os adeptos da fonêmica, cada dialeto tem um sistema fonológico próprio, evitando, assim, regras contraditórias ou absurdas, do tipo: no final de palavras ocorrem os fonemas /x/ (carioca) ou /h/ (mineiro) ou o fonema /r/ (Portugal), etc. A fonologia europeia partiu para abstrações e generalizações maiores, considerando tudo uma megalíngua e os fonemas dos diversos dialetos, quando alternativos na língua, passaram a ser representados por arquifonemas. Com isso, parecia que a sistematicidade do aspecto sonoro das línguas estava definitivamente resolvida, bastava ter os fonemas, os arquifonemas e seus respectivos alofones, além das regras sensíveis ao contexto. A análise podia partir dos sons dos indivíduos, falantes da língua, para detectar os fonemas e sua distribuição, montando assim um sistema abstrato de representação ou podia partir dos arquifonemas chegando-se aos fonemas, quando era o caso, e destes aos alofones ou fones, ou seja, à representação fonética da pronúncia dos falantes da língua. Já houve muita discussão entre os fonólogos a respeito dessas ideias e, na prática, a linguística viu uma sucessão de teorias, mostrando a insatisfação científica dos modelos.[26]

Nos Estados Unidos, a fonêmica de Kenneth Lee Pike ajudou a descrever muitas línguas indígenas das Américas (e de outros lugares também). Essas línguas não tinham sistemas de escrita, eram línguas ágrafas. A ação religiosa do SIL (Summer Institute of Linguistics) previa também arrumar um sistema de escrita para essas línguas para que a Bíblia fosse traduzida e entregue a esses povos. As adaptações que Pike fez dos modelos fonológicos estruturalistas, chegando ao seu modelo, a que chamou de fonêmica, tinham não apenas a intenção de descrever linguisticamente as línguas com relação à parte sonora, mas também servir de base ou de ponto de partida para a elaboração dos sistemas de escrita para as línguas ágrafas. Pike colocou como título de sua obra o seguinte: *Phonemics: a Technique for Reducing Languages to Writing* (Fonêmica: uma técnica para reduzir línguas em escritas). O ideal de Pike, certamente, era falso, apesar do esforço de muitos missionários em ter como sistema de escrita um modelo fonêmico quase intacto, que descrevia as línguas ágrafas.[27] Alguns dos sistemas propostos por eles, ou baseados na abordagem do SIL, trouxeram formas estranhas para a escrita, como letras inexistentes na tradição do alfabeto, diacríticos estranhos para marcar fonemas suprassegmentais ou articulações secundárias.[28] Os falantes nativos esperam da escrita apenas que forneça pistas que permitam que eles leiam. Nesse sentido, quanto mais simplificada for a escrita, melhores condições de leitura ela terá.[29] O uso de letras como o H e o X formando dígrafos é histórico e produziu excelentes resultados (veja como a língua portuguesa decidiu escrever as consoantes palatais, que não existiam em latim: CH, NH, LH).[30]

Por outro lado, o fato de uma escrita apresentar representações semânticas ambíguas não atrapalha nem a fonologia, nem a ortografia. A questão fica complicada quando se tem na ortografia uma ambiguidade de escrita que não corresponde a uma ambiguidade de pronúncia. Todavia tais casos são exceções raras e nunca um fato muito comum, porque o sistema de escrita também não aceita tal situação. Por exemplo, em português, a escrita *caminha* apresenta ambiguidade fonética e semântica. A língua resolveu de certo modo esse problema aceitando as duas pronúncias para os dois significados da palavra (verbo e substantivo). Como esses dois tipos de palavras ocupam lugares sintáticos diferentes nos enunciados, o leitor também tem uma informação contextual para decidir como ler a palavra.

Com o surgimento da fonologia estruturalista, na Europa mais do que nos Estados Unidos, surgiram inúmeras propostas de reformas ortográficas para várias línguas, cujo objetivo, quase sempre declarado, foi o de transformar a grafia das palavras numa espécie de transcrição fonológica.[31]

Voltando à proposta de Pike (1947: 244b), encontramos a seguinte definição de ortografia:

> Ortografia: *Técnica*: a simbolização dos fonemas pelas letras em uma correlação de um para um com os fonemas; *prática*: uma ortografia técnica modificada no tipo dos símbolos ou de outro modo para adaptá-la à tradição local, às facilidades de impressão, e coisas semelhantes; *científica*: uma ortografia, seja técnica ou prática, projetada para refletir um estudo cuidadoso de todos os fatos e pressões linguísticas e sociais (a tradução do inglês é minha).[32]

Pike foi direto ao sistema fonêmico para descobrir a melhor ortografia, seguindo a transcrição das palavras com seus fonemas. Como ele nunca fez isto para o inglês, nunca chegou a identificar os verdadeiros problemas de sua proposta. Todavia, seu trabalho, sem dúvida alguma, influenciou tudo o que se disse a respeito de ortografia depois do *Phonemics* (1947). Curiosamente, Pike sempre evitou o termo *grafema*, mesmo porque, para ele, bastava o termo fonema e letra.[33] Pike cita Troubetzkoy, mas não cita Hjelmslev; porém, ele provavelmente conhecia os trabalhos de Hjelmslev.

Louis Hjelmslev tomou de Ferdinand de Saussure o termo grafema e desenvolveu vários estudos sobre sistemas de escrita, com interesse especial nas questões de ortografia e nas possíveis e desejáveis reformas ortográficas, com o objetivo do ensino de língua estrangeira (francês e inglês). Hjelmslev influenciou de modo decisivo os rumos das pesquisas sobre sistemas de escrita na França e, em particular, do sistema ortográfico da língua francesa. Nessa tradição, a pesquisadora mais importante foi Nina Catach. Ela dedicou grande parte de seus estudos a pesquisas sobre a ortografia da língua francesa, em seus aspectos históricos e teóricos. Do ponto de vista histórico, desenvolveu muitas pesquisas com sua equipe de pesquisadores. Tratou também de questões escolares, estando sempre no limite entre uma reforma ortográfica mais abrangente ou apenas como estratégia didática, nos primeiros anos escolares. Tudo isso veio através de uma abordagem teórica, baseada fortemente na ideia segundo a qual o melhor sistema ortográfico é aquele que mais se aproxima do sistema fonológico. Para ela, a ideia de grafema, traduzida em uma unidade de escrita à moda do fonema para a fonologia, foi um ideal que sempre perseguiu, não vendo outras alternativas. Para complicar ainda mais suas análises, lançou mão de ideias e procedimentos de análise, tirados da semiótica, muito em voga nos trabalhos linguísticos franceses. Infelizmente, com esse instrumental teórico, suas pesquisas tiveram que andar por caminhos estranhos e conseguiram resultados muito reduzidos. Em vez de um sistema bem montado, encontrou um conjunto de elementos que resistiam a qualquer sistematização e generalização minimamente satisfatórias. Seu trabalho teórico é sem saída, porque sua concepção de sistema de escrita e de ortografia era equivocada. Em vários momentos, ela se deparou com questões que poderiam ter mudado seu modo de ver a escrita e a ortografia. Contudo, não foi além de onde alcançava a ideia que tinha de grafema dentro de um quadro teórico semelhante ao da fonologia. Nunca quis comprometer sua ideia fundamental, expressa nas várias caracterizações do grafema, e isto a impediu de ir adiante.

Kohrt (1986: 80), num encontro do qual participou Nina Catach, fez a seguinte observação:

> Na história da Linguística, o termo *grafema* tem estado dependente de alguns conhecimentos prévios da noção de fonema. Do ponto de vista da fonologia de Praga, que tem sido a mais importante para a teoria grafemática, duas concepções têm sido derivadas: a referencial, em que os grafemas são considerados como sinais dos fonemas, e a analógica, na qual os grafemas são estabelecidos do mesmo modo que os fonemas, isto é, por testes de comutação. Argumenta-se que nenhuma dessas concepções tem bom fundamento e que os termos *grafema* e *fonema* nunca podem formar um par. Apesar disso, não se deve descartar a primeira noção e, no final deste artigo, algumas dicas são dadas sobre como isso poderia ser usado no futuro (a tradução do inglês é minha).[34]

O próprio Kohrt (1986: 80-1), naquela ocasião, já lamentava o fato de certos termos dominarem a ciência, impedindo qualquer discussão contrária:[35]

> Vamos admitir que você esteja engajado numa discussão entre linguistas, e que o tópico que está sendo falado é sobre a linguagem escrita. Não há dúvidas de que, se você se atrever a usar a palavra *letra*, você está por fora. Hoje em dia, *letra* é considerado um termo de pessoas leigas, sem valor para qualquer linguista de pura raça. Se, ao contrário, você fala sobre *grafema* sem apresentar nenhum desafio, você está por dentro, e ninguém irá duvidar que você é um eminente membro da comunidade científica em questão. Mas agora que já adquirimos nossa entrada (ticket) para muitas discussões científicas a respeito da escrita, da ortografia e de tópicos relacionados, o que você realmente quer dizer usando o termo *grafema*? Deixe-me adivinhar (o que, pelo que me toca, é uma firme convicção): normalmente, a Linguística usa o termo *grafema* de um modo um

> tanto frouxo, e se eles tiverem alguma ideia um pouco mais específica a respeito dele, eles parecem simplesmente entender uns aos outros perfeitamente porque usam a mesma expressão (a tradução do inglês é minha).[36]

A influência de Nina Catach nos estudos sobre ortografia no Brasil tem sido muito grande, porque vários pesquisadores estudaram na França ou se ligaram a estudos franceses. A obra de Nina Catach é extensa, mas podemos apresentar algumas ideias fundamentais, que sempre nortearam sua abordagem teórica dos sistemas de escrita e, em particular, dos sistemas ortográficos.

Nina Catach tinha ideias não muito corretas a respeito dos sistemas de escrita, em geral. Por exemplo, a respeito da escrita egípcia antiga diz o seguinte: "Os hieróglifos, por exemplo, eram ideogramas (representando diretamente certos objetos, ações ou noções) enriquecidos de notações fonéticas" (Catach, 1978: 4) [37] (a tradução do francês é minha).[38]

Como sabemos, o sistema egípcio era consonantal, semelhante à escrita semítica antiga, embora os caracteres apresentassem uma complexidade maior (representação de dois ou até quatro consoantes através de um único caractere. Mas a escrita podia fazer o mesmo com dois ou quatro caracteres). Os determinativos fonéticos apareciam somente em casos especiais, como nos nomes próprios de origem estrangeira.

Em uma de suas primeiras obras, já aparecem suas ideias bem definidas, como em *L'Orthographe*, de 1978. Desde então aparecem também algumas ideias estranhas a respeito da ortografia, como quando diz:

> Toda escrita conhece certas regras ou convenções que controlam seu uso. Mas não é sem uma certa extensão do significado que podemos falar, por exemplo, de *ortografia* do grego e do latim (Meillet), uma vez que essas regras são pouco numerosas e muito simples. Algumas escritas alfabéticas como a do turco atual, por exemplo, ou do serbo-croata, são tão claras que a correspondência entre o som e o signo, o signo e o som, uma vez conhecida, permite se livrar praticamente de toda preocupação com *correção*, tal qual conhecemos na França (Catach, 1978: 3)[39] (a tradução do francês é minha).[40]

Nina Catach sempre se preocupou em mostrar a correspondência entre letras e sons, o que a levou inevitavelmente a escolher o modelo grafemático, cujas origens podemos remontar aos trabalhos de Hjelmslev.

Ao propor uma análise detalhada do francês, aparece uma noção central em sua obra, que é a noção de plurissistema. Ela reconheceu que grande parte do sistema ortográfico é representada por *fonogramas*, ou seja, letras que representam fonemas à moda das transcrições fonológicas. Outra parte, muito especial refere-se a grafemas de morfemas, isto é, desinências, flexão verbal, prefixos, sufixos, etc. Uma terceira parte é formada por *logogramas*. São unidades que se referem a radicais do tipo homófonos-heterógrafos. São palavras de uso frequente ou monossílabos que aparecem com distinções captadas ideograficamente (cf. *août*, *saoûl*, *taon*, *paon*, distintos de *ou*, *où*, *sou*, *temps*, *pan*, etc.) Em quarto lugar, o sistema conta com letras etimológicas e históricas, que são unidades cuja presença se justifica apenas em função da história da escrita da palavra. Então, o sistema ortográfico é formado de subsistemas, alguns de fácil reconhecimento por parte do leitor e outros um tanto enigmáticos, como ela mesma observa:

> Enfim, é impossível negar que o critério funcional, mesmo se admitirmos toda sua complexidade de realização propriamente gráfica em francês, não permite justificar todas as letras utilizadas. Resta um saldo, letras históricas ou etimológicas, que só respondem a uma certa *competência* no caso de um leitor sábio ou devidamente avisado a respeito das formas prescritas, fato este que não é o caso para o conjunto dos franceses [...] (Catach, 1978: 57) (a tradução do francês é minha).[41]

Nina Catach se firma na noção de grafema e de plurissistema e vai sofisticando sua abordagem. Nesse sentido, apresenta inúmeras subdivisões, níveis e categorias dentro do sistema e chega mesmo a apresentar critérios de identificação dos grafemas de base, de acordo com o grau de uso e, consequentemente, de importância que eles têm na língua. Esses critérios são: 1) grau de frequência da unidade (por exemplo, a sequência *sch* é quase nula em textos do francês; 2) grau de coesão e de estabilidade (por exemplo, a palavra *eau* representa um grafema); 3) grau da forma das palavras (*signifiance*) ou da pertinência fonológica (por exemplo, os conjuntos de letras duplas ou *th, rh*); 4) grau de rentabilidade linguística (por exemplo, casos de relações morfológicas como a desinência *-eau*, *-elle*, como em *oiseau* / *oiselle*); 5) grau de criatividade linguística (por exemplo, a terminação *-ing* em neologismos do tipo *parking*, *pressing*).

Não é o caso de apresentar aqui mais detalhes, que podem ser vistos em suas obras. Porém, ainda gostaria de chamar a atenção de modo sucinto para alguns pontos.

Porque a autora tem uma concepção estranha a respeito do que é um sistema de escrita ideográfico e fonográfico, e porque também tem uma visão pouco linguística a respeito do processo de leitura (decifração), acabou atribuindo à escrita um caráter visual não relacionado com a fala. Ela se refere a

"[...] signos inteiramente visuais, que não fazem uso dos fonemas da língua, mas de uma linguagem de imagens [...]". "Estas marcas falam apenas para nosso olho" (Catach, 1986: 3) (a tradução do inglês é minha).[42]

Dentro dessa abordagem do fenômeno, Nina Catach atribui a essas marcas o *status* de um signo. Ela trabalha sempre dentro de uma perspectiva semiótica. E dá o nome de *pleremas*, definidos como tendo sentido completo por si (*full of meaning*) (Catach, 1986: 4).

Segundo ela, os sistemas de escrita europeus caracterizam-se por apresentar elementos que são signos vazios (*empty signs*)[43] e elementos que são signos plenos (*full signs*), constituindo-se em polissistemas. A esse respeito, diz:

> Estas línguas são sistemas mistos, não somente porque fazem uso de tais subsistemas como a pontuação, figuras, etc., mas também por duas outras razões: coexistência de cenemas e pleremas, e coexistência de uma comunicação ligada à oralidade e outra baseada na visualidade (Catach, 1986: 4) (a tradução do inglês é minha).[44]

Dentro da abordagem estruturalista, com enfoque semiótico, as relações entre linguagem oral e escrita sempre estiveram no centro das atenções de Nina Catach. Do mesmo modo a noção de signo linguístico e as relações entre significado e significante. Daí serem de importância fundamental as noções de representação cenêmica e plerêmica. Tal preocupação a leva a explicitar e a definir melhor, sempre que possível, tais noções. A respeito da noção de representação cenêmica, diz:

> Portanto, vamos chamar de *cenêmico* todo sinal escrito cuja única função é distintiva: para a leitura em voz alta, esse sinal será "sinônimo" de fonema, com talvez umas poucas diferenças; para uma leitura visual, ele assume esta função sozinho, mesmo se, em nosso tipo de escrita, a ligação com a linguagem oral, na minha opinião, nunca é completamente quebrada (Catach, 1986: 8) (a tradução do inglês é minha).[45]

A respeito da noção de plerêmico, diz:

> Vamos considerar como *plerêmico*, nos nossos sistemas de escrita, dois tipos de sinais escritos: um que, enquanto sendo essencialmente cenêmico, apresenta informação complementar com relação à linguagem oral; o outro que, no nível do morfema e da palavra, funciona como um sinal visual (que não é "sinônimo" com nenhuma unidade oral) do ponto de vista da forma da expressão, associada à forma de conteúdo, carreando informação específica (Catach, 1986: 8) (a tradução do inglês é minha).[46]

No centro da abordagem da pesquisadora, existe uma ideia de interpenetração dessas unidades escritas com base na noção de comunicação, que vai definir a relação entre a oralidade e a visualidade da escrita. Na prática, Nina Catach mostra como analisar um sistema como os sistemas de escrita europeus: em primeiro lugar descartam-se todos os fonogramas (*the signs meant to note the phonemes*: os sinais que se referem aos fonemas). Assim, obtém-se a base do sistema de escrita. Em seguida, vai-se analisando o que sobrou, ponto por ponto, tirando tudo o que não mais pertence ao sistema e que, portanto, perdeu sua relação com a linguagem oral. Com isso, tem-se o sistema básico e os elementos complementares. Além disso, são identificados os elementos da oralidade e da visualidade da escrita.

Obviamente, tal procedimento é decorrente da visão que a autora tem dos sistemas de escrita. Numa outra perspectiva, os procedimentos metodológicos seriam diferentes e os resultados obtidos também.

Apenas mais uma citação, para mostrar o que Nina Catach pensava das relações entre linguagem oral e escrita, e da leitura, através de uma concepção de linguagem e de escrita que via esses fatos como pertencentes a metassistemas, sem grandes ligações entre eles.

Nina Catach diz o seguinte: "Podemos também nos servir de uma ou outra mídia sem pensar demasiado no conjunto oral / escrito simplesmente como suporte do próprio pensamento (Catach, 1996: 13)".

Mais adiante, faz o seguinte comentário:

> O escrito não significa o oral: assim como ele, dá acesso direto ao conteúdo e ao referencial. É a palavra fonética que significa a palavra oral e é a palavra soletrada que significa a palavra escrita; ambas são metalinguísticas. A distinção entre o escrito e o oral não poderia reduzir-se à das substâncias da expressão, não só porque há muitas outras diferenças, dado que a situação de palavra e a situação de escrita são irredutíveis, mas também porque a passagem constante de um sistema a outro apaga o essencial das diferenças. Estudam-se os produtos da transcodificação, o transcrito e o oralizado, e insiste-se em assimilar o que não pôde passar diretamente de um sistema para outro como um "resto" que necessita uma adaptação ao nível do conteúdo. Esse restante constitui o essencial da distinção entre oral e escrito (Catach, 1996: 73).

Nota-se que não ficou claro para a autora que o essencial da distinção entre o oral e o escrito é o fato crucial de eles serem usos diferentes da linguagem: um oral e outro escrito. O restante é supérfluo e idiossincrático.

A autora insiste no fato de haver uma *transcodificação* na passagem do oral para o escrito e deste para o oral (leitura). Dentro dessa visão, não aceita uma ideia como *traduzir*, mas a ideia de *adaptar*. Por causa da ortografia do francês, que representa, na escrita, fatos morfológicos e sintáticos (concordância), mesmo quando a fala não mais os tem (ambiguidade do oral), a autora acha que a escrita adapta o oral, recuperando tais traços perdidos na linguagem oral.[47] Essa não é uma ideia muito feliz, porque a linguagem oral e, consequentemente, o sistema da língua caracterizam tais marcas de outra forma, não foneticamente, mas sintaticamente ou semanticamente. Tanto isso é verdade que quem escreve sabe o que fazer na escrita, colocando lá essas marcas "visuais" que, de fato, não seriam necessárias, como acontece com outros fatos da linguagem oral não transportados para a escrita (prosódia, em geral). Por outro lado, ao recuperar certas marcas gramaticais (casos de concordância no francês, por exemplo), a escrita não modifica a linguagem oral, porque fazer isto geraria um erro. O que mostra a escrita (a concordância) não faz mais do que mostram os sons da língua, mesmo porque é através dos sons e não da visão da escrita que os falantes aprendem a falar, falam e controlam o que dizem. A consciência da concordância está no sistema oral e não no sistema escrito. Este apenas lembra o que o falante já sabe: se é plural ou singular, masculino ou feminino, sem precisar consultar a escrita para isto.

A obra de Nina Catach teve muitos colaboradores e muitos seguidores que desenvolveram vários aspectos teóricos e os aplicaram no estudo de alguns sistemas de escrita, principalmente no que se refere aos sistemas ortográficos. De um modo geral, as ideias básicas de Nina Catach aparecem fortemente dando suporte a esses trabalhos.[48]

Infelizmente, ao tentar entender e analisar a ortografia da língua francesa com uma abordagem grafêmica de base semiótica, Nina Catach caiu na armadilha do estruturalismo, vendo a escrita dentro de arcabouço teórico semelhante ao usado nas análises fonológicas. Infelizmente, com essa abordagem dos sistemas de escrita, e em particular da ortografia, grande parte de seu trabalho traz uma contribuição duvidosa para o estudo da escrita e da ortografia. Certamente, valeram o esforço da pesquisadora e os desafios que seu trabalho provocou, mas seus resultados são, em parte, decepcionantes. (Cagliari, 2004: 50).

As abreviaturas

Formas abreviadas de escrita sempre ocorreram em todos os sistemas de escrita. Nos sistemas alfabéticos, as abreviaturas tornaram-se mais importantes porque, sendo uma escrita fonográfica, a representação das palavras ocupa muito espaço. Repare no seguinte: 245 é uma escrita ideográfica, *duzentos e quarenta e cinco* é uma escrita fonográfica. Esta última necessita de muito mais espaço e de muito mais tinta. Por razões basicamente de economia de espaço e de material, as pessoas inventaram as abreviaturas. Outra razão para isso é a necessidade de escrever com rapidez. Neste caso, as letras se grudaram umas nas outras ou adquiriram formas gráficas que permitissem uma escrita veloz. Juntando a possibilidade de abreviar com a necessidade de escrita veloz, já na época de Cícero, foi inventado um sistema de taquigrafia.[49] A taquigrafia, por sua vez, exige que o usuário tenha um conhecimento especial e, sobretudo, muito treinamento para ser escrita ou mesmo decifrada. As abreviaturas comuns, por sua vez, são incorporadas ao sistema ortográfico da língua, à tradição de uso, que, muitas vezes, nem parecem abreviaturas. A palavra *radar* já foi uma abreviatura.[50] Os romanos usavam uma abreviatura para identificar seu poder junto com o do Senado: SPQR (*Senatus Populusque Romanus*).

O contrário das abreviaturas são as escritas expandidas, que agregam outros elementos para facilitar a leitura ou a decifração.[51] Os antigos egípcios usavam os determinativos semânticos para esclarecer que um nome próprio era de uma pessoa ou de uma cidade, entre outros usos. O nome dos faraós vinha escrito dentro dos casulos. Ainda hoje, seguindo essa tendência, encontramos em muitos jornais e revistas uma quantidade enorme de pictogramas que acompanham a escrita de palavras: ☏ 3333 - 0000. O número é de telefone e não, por exemplo, de um documento de identidade ou funcional. A identificação desses pictogramas também é regida por uma ortografia, como parte integrante do sistema de escrita. Uma pessoa que não conhece não sabe ler. Por exemplo, uma pessoa pode não saber por que a palavra *Perigo* aparece junto com o pictograma que representa *radiação*.

De um modo geral, as abreviaturas passam de geração a geração sem que os ortógrafos se preocupem muito com elas. Algumas são lembradas em tratados, em dicionários e até nas leis que regem a ortografia. Por causa disto, há várias formas de se abreviar palavras.[52] Pela mesma razão, algumas abreviaturas acabaram sendo ambíguas, isto é, abreviaturas que servem para representar palavras diferentes. Por exemplo, a abreviatura *v.* pode representar a palavra *verbete*, *verbo* ou *veja* numa mesma obra. A necessidade atual de escrever muita informação num espaço pequeno, como nas etiquetas de lojas e supermercados, agravada pelos recursos pobres que as máquinas etiquetadoras têm, faz com que encontremos nesses estabelecimentos comerciais um uso muito grande de abreviaturas ambíguas. Por exemplo, com a abreviatura M, um supermercado pode abreviar muitas palavras que começam com M, *maçã*, *milho*, *molho*, *mole* etc. A correta identificação é feita pelo funcionário ou pelo cliente, vendo o produto e o tipo de produto que é vendido no estabelecimento.

As abreviaturas são assinaladas na escrita através de marcas, para não confundir uma palavra abreviada com uma outra não abreviada. A indicação de palavra abreviada é antiga e o ponto sempre foi a marca mais usada e mais típica. Porém, outras marcas apareceram em diferentes momentos da história. Assim, no português medieval, o traço sobre letras, o til e letras sobrescritas eram marcas mais comuns e que, hoje, raramente usamos, exceto letras sobrescritas em algumas abreviaturas, como Prof.ª, Dr.ª, Nº, que, hoje, também costumam aparecer como Profa. ou Prof.a; Dra.; No. etc. Outra marca muito comum, desde os tempos antigos, é a barra inclinada que corta uma palavra. Muitas palavras de uso comum têm a primeira letra escrita em maiúscula, para denotar abreviatura. O uso de dois pontos é antigo. Algumas abreviaturas especiais aparecem na forma de monogramas, de letras encaixadas. Outras formas de abreviar são mais raras. A propaganda moderna tem introduzido algumas formas, misturando letras com marcas, criando, na verdade, logotipos[53] ou equivalentes, como em D+. O uso de numerais para representar quantidades ou até mesmo o artigo indefinido (1 = um) tem aparecido com mais frequência recentemente.

Tipos de abreviaturas: que letras são suprimidas e quais sinais ou marcas indicam a abreviatura? Há muita variação ao longo da história, mas há também algumas tendências que formam uma certa tradição ou modo de abreviar típico da língua portuguesa. No português medieval, a abreviatura podia aparecer praticamente em qualquer lugar da palavra, suprimindo qualquer letra. A tendência que foi se formando foi a de se abreviar eliminando letras a partir do fim da palavra. Também aqui, nem sempre as letras eliminadas seguiam as fronteiras de sílabas. Aliás, essa preocupação nunca existiu de modo sistemático, aparecendo ocasionalmente por coincidência com outros procedimentos. Os tipos de abreviaturas também levam em conta o tamanho das palavras. Palavras muitos curtas não aceitam a eliminação de letras que torne a leitura difícil ou, principalmente, ambígua no contexto em que ocorrem. Abreviaturas de apenas uma letra exigem um contexto muito recorrente e bem conhecido, como as abreviaturas que aparecem nos verbetes dos dicionários. Desde os tempos antigos, há uma regra que manda manter a sílaba inicial das palavras abreviadas, ou algumas letras das primeiras sílabas, de modo especial consoantes. Nota-se também uma tendência a terminar a grafia abreviada com uma consoante. As vogais são, em geral, as letras que mais facilmente são eliminadas nas abreviaturas. Todavia, evitamos abreviar palavras, escrevendo só consoantes, como os ingleses.[54]

Finalmente, é preciso levar em conta o fato de as abreviaturas serem dependentes do contexto (material, instrumentos) da escrita. Nos livros antigos, o corte de letra era feito para economizar pergaminho. Era também feito para indicar, no final da página, que palavra vinha no início da página seguinte. Num romance moderno, dificilmente encontraremos abreviaturas, a não ser aquelas que se referem aos pronomes de tratamento, nomes de ruas, títulos honoríficos. Em um dicionário, o uso de abreviaturas é obrigatório, para diminuir o tamanho da obra e facilitar a consulta. Com os computadores, as abreviaturas vieram através de uma tendência de escrita dos blogues e e-mails, com a intenção de simplificar a grafia das palavras, usando um modo diferente de grafar por estar sendo usado um meio diferente de escrever: o digital. Quem escreve um e-mail para uma pessoa conhecida acha que pode ter certas liberdades ortográficas..., aliás como acontecia, em uma escala muito menor, com as cartas manuscritas, antes dos computadores. Com o advento das máquinas de escrever, algumas formas de abreviatura começaram a ser mais usuais, fato que foi muito aumentado com o advento dos computadores pessoais. Os programas de computador que controlam estoques e bancos de dados, assim como os dicionários, tiveram que usar as abreviaturas em maior abundância. Aqui também a velocidade de escrita e de leitura, associada à necessidade de espaço para escrever, passou a exigir formas especiais de abreviaturas, em geral, com maior redução de letras. Por último, as máquinas etiquetadoras e as impressoras de notas fiscais das lojas e supermercados, pelo pouco espaço para escrita, introduziram um sistema próprio, muitas vezes, com formas abreviadas compreensíveis somente para as pessoas que trabalham no local.

Os sinais de pontuação e demais marcas da escrita

Desde os documentos mais antigos de escrita, os tabletes sumérios, os hieróglifos egípcios e a escrita chinesa, a escrita apresenta, além dos caracteres, algumas marcas que fazem parte do sistema. Além dessas marcas, as escritas também têm restrições com relação à apresentação do material escrito. Uma escrita chinesa fica bem em colunas, mas uma escrita alfabética ficaria estranha, sendo preferencialmente escrita seguindo uma linha horizontal. A maneira também de compor os caracteres pode ter regras específicas, como o han'gul coreano que amalgama os caracteres simples fazendo caracteres compostos, à semelhança visual dos ideogramas chineses. Os sistemas de escrita dos antigos hieróglifos egípcios escreviam os caracteres figurativos de tal modo que o leitor ia seguindo a frente ou face das figuras à medida que lia. Alguns documentos antigos da escrita alfabética usavam pontos ou pequenos traços para separarem as palavras, prática que se encontra ao longo da história do alfabeto em alguns documentos. Os gregos inventaram um sistema de pontuação para indicar se o enunciado era afirmativo, interrogativo ou interrompido (suspenso do ponto de vista prosódico). Com a produção dos livros manuscritos, houve um grande acréscimo de marcas, diacríticos, acentos, sinais de pontuação de muitos tipos para sinalizar ao leitor alguns fatos da linguagem oral em complementação aos caracteres e letras.[55]

Não é o caso de fazer aqui um levantamento dessas marcas gráficas. O que interessa é saber que muitas delas fazem parte integrante do sistema ortográfico da língua e que outras são idiossincráticas, ocasionais e dispensáveis. As normas que regem os sistemas ortográficos, como as que temos, propõem regras específicas para alguns sinais de pontuação e até para algumas marcas. Na língua portuguesa, as palavras podem ter acento; em grego, todas tinham acento; em latim, nenhuma tinha. A função desses diacríticos varia: em grego, mostram a localização do acento tônico (de altura ou de intensidade); em português, indicam a qualidade aberta ou fechada de algumas vogais das sílabas tônicas primárias. Em francês, os acentos têm várias funções: qualidade vocálica, localização da sílaba tônica, marca etimológica, processos fonológicos de geminação e truncamento. Com essas regras, o sistema ortográfico passou a regular não apenas as sequências de letras, mas também a localização dessas marcas no texto escrito.

Com o advento dos computadores pessoais, inúmeras marcas antigas e novas passaram a estar à disposição dos usuários. Nunca se usou tantas marcas na escrita como hoje. Os programas de computação permitiram também a apresentação do texto em diferentes formatações. Por último, nos e-mails e nos blogues, os textos passaram a ter uma grande variedade de desenhos agregados aos textos, os *emoticons*, animações e recursos semelhantes. Esses enfeites na escrita são dispensáveis.

Ortografia e escola

Em primeiro lugar, é preciso destacar aqui o fato de nossas escolas e livros didáticos precisarem urgentemente mudar a concepção que têm da natureza, das funções e dos usos da ortografia, conforme discutido anteriormente. Sem essa concepção correta a respeito do fenômeno, as ações da escola ficam muito prejudicadas. Por outro lado, com uma visão correta da ortografia, como fenômeno de escrita, as atividades escolares podem lidar com precisão com essa questão e obter melhores resultados.

Resumindo o que foi dito anteriormente, para destacar os aspectos principais, começamos definindo a função principal da ortografia que é a de permitir a leitura. Certamente, essa função é a função básica de todo sistema de escrita. A escrita tem essa função básica, porque é controlada pela ortografia. Um sistema sem ortografia não permitiria que a leitura de um texto escrito fosse feita de modo fácil e, às vezes, nem de modo correto. Além disso, um sistema sem ortografia precisaria basear-se em outros parâmetros, por exemplo, na transcrição fiel da fala, como faz a transcrição fonética, ou na transcrição de um sistema de representação, como da fonologia de uma língua. Há outras possibilidades, através de referências semânticas específicas, como as logomarcas, os sistemas de sinalização, etc. A escola deveria refletir com os alunos a respeito desses sistemas também. Mas o principal é o sistema ortográfico-alfabético que usamos comumente.

A segunda questão fundamental para se entender o que é a ortografia é o fato de a ortografia existir para neutralizar a variação linguística, necessariamente. Os sistemas ideográficos usam uma ortografia para neutralizar a atribuição semântica que a escrita representa. Assim, 8 representa o numeral oito e não duas bolinhas, uma em cima da outra; o mesmo número não pode ser escrito de modo horizontal: ∞, porque este representa quantidade infinita. Nos sistemas fonográficos, a ortografia neutraliza a variação fonética que caracteriza os diferentes dialetos da língua. Este aspecto é essencial à natureza da ortografia, a sua razão de ser. Porque a ortografia neutraliza a variação dialetal, um falante qualquer da língua, em diferentes lugares e tempos, pode ler uma mensagem escrita em sua língua. Assim, podemos ler Camões no original e até mesmo textos do português medieval. Um paulista pode ler um texto de um baiano, de um carioca ou de um gaúcho, ou mesmo de um português, de um moçambicano, sem dificuldades, desde que conheça o sentido das palavras.[56]

Podemos fazer diferentes tipos de leitura: podemos ler no nosso dialeto ou em outro. Alguém pode ler um texto teatral fazendo com que sua pronúncia se adapte à pronúncia de seus personagens. Na escola, é comum o professor pedir a seus alunos que leiam de acordo com a pronúncia do dialeto padrão adotado pela escola, nas diferentes regiões do país. Quando lemos para nós mesmos, em silêncio, lemos em nosso dialeto, como se estivéssemos conversando com alguém da nossa comunidade linguística. Um falante do dialeto paulista não lê Saramago no dialeto do autor, não lê Jorge Amado no dialeto baiano, nem Érico Veríssimo no dialeto gaúcho, mas em seu familiar dialeto paulista. E assim fazem todos os falantes da língua, cada qual passando da escrita ortográfica para a fala de seu dialeto. Obviamente, tal conhecimento da natureza da ortografia tem enormes consequências para as atividades escolares.

A terceira questão, não menos importante do que as anteriores, mas derivada delas, é o fato de a ortografia definir que sons as letras têm e até mesmo que letra deve ser interpretada, do ponto de vista do reconhecimento gráfico. É muito comum as pessoas acharem que o princípio alfabético (ou princípio acrofônico) significa que a letra A tem o som de [a], a letra B tem o som de [b], e assim por diante. Mas, como vimos anteriormente, essa é uma ideia errada a respeito do sistema de escrita alfabético, porque deixa de lado a função ortográfica que todo sistema de escrita precisa ter para ser de uso social, abrangente no tempo e no espaço.

Quando vemos uma escrita manuscrita, a primeira coisa que fazemos é a identificação das letras escritas, para, em seguida, procedermos à identificação da palavra. A decifração do aspecto gráfico das letras é sempre um problema sério para o leitor.[57] Hoje, uma escrita do português medieval, feita com letras merovíngias ou góticas, pode apresentar sérias dificuldades ao leitor não treinado na leitura daqueles sistemas de letras. Uma breve olhada na *Carta de Pero Vaz de Caminha* também faz ver ao leitor que a escrita cursiva de hoje é diferente da escrita de antigamente.[58] Como a escrita cursiva, além de um certo modismo social e histórico, tem traços que são marcas fortes da individualidade do autor, é comum as pessoas encontrarem dificuldades para decifrar o que outras pessoas escreveram. A dificuldade é maior quando se trata de pessoas estrangeiras, o que mostra que a educação forma um certo modismo no modo como as pessoas escrevem.

A outra função da ortografia, ligada à neutralização da variação dialetal, é a categorização funcional das letras.[59] É a ortografia e não o alfabeto que determina que som uma letra tem. O máximo que o alfabeto faz é dar nomes às letras e através deles indicar um dos sons que comumente é associado àquela letra.[60] Ao neutralizar a variação dialetal, uma palavra escrita ortograficamente pode ser lida de todas as maneiras, como todos os falantes pronunciam aquela palavra. Como há pronúncias diferentes, as diferenças mostram os valores fonéticos que as letras têm. Por exemplo, uma escrita como *encontramos* pode revelar para um falante do dialeto caipira que a letra A tem o som de E (*encontremu*), uma palavra como *acharam*, lida como *acharu*, mostra que a letra A tem o som de U; uma palavra como *tia* pode revelar para um falante que a letra T tem o som de TCH, e assim por diante. As diferenças entre alguns dialetos são pequenas, mas em outros são grandes. Uma pessoa que fala *bardji* e tem que escrever *balde* precisa aplicar algumas modificações que outras pessoas não fazem (cf. as pronúncias: *baudi*, *baudji*, *balde*...). Em outros casos, as diferenças aumentam por razões da estrutura morfológica das palavras. Assim, quem fala *nóis ponhamu* tem que escrever ortograficamente *nós pusemos*. Um mineiro que fala *sapassado quascai*; *um kidicarne cum mastumati* e tem que escrever ortograficamente *sábado passado quase caí*; *um quilo de carne com massa de tomate*, encontra-se diante de uma atividade muito complicada, se achar que a gente escreve como fala, que basta saber os sons das letras. A transformação, nesses casos, é muito grande e a correspondência entre a forma ortográfica e a pronúncia não é pequena, mas exige uma memorização maior por parte de quem escreve.[61]

Ortografia e alfabetização

Obviamente, antes de o professor tratar da ortografia, na alfabetização, o mais importante, essencial mesmo, é que o aluno aprenda a ler e, consequentemente, consiga escrever alguma coisa. A leitura é a alma e o segredo da alfabetização. Nenhum professor precisa ensinar o aluno a escrever, precisa ensinar como se faz para ler. Ler, aqui, significa decifrar o que está escrito. É saber que está escrito a palavra *pato* ou *gato* ou *rato*, quando vir uma dessas palavras escritas. Quando o aluno aprender a ler, a ortografia tem um papel fundamental. Como vimos antes, é a ortografia que define de que letra se trata (categorização gráfica) e qual som a letra tem (categorização funcional). É a ortografia que neutraliza a variação linguística, permitindo a leitura em qualquer dialeto. Além disso, ao ler, o aluno não precisa procurar em sua memória como se escrevem as palavras, uma vez que elas já estão escritas ortograficamente. Nesse sentido, ao pensar o processo em sentido inverso, isto é, partindo da fala para a escrita, vendo o material já escrito, o aluno pode ir formando regras de como passar de seu dialeto para a escrita ortográfica das palavras. O aluno vê escrito *tia, ficamos, compraram*, procura ler seguindo o professor: *tchia, ficãmus, cõmprarãu*, depois para a fim de pensar em como ele fala: *tchia, fikemu, cõpraru* e, ao fazer isto, aprende não somente as regras da decifração da escrita, como aprende também como passar de seu dialeto para a escrita ortográfica. Ler, no início, é o melhor exercício de decifração e de explicação de como passar da linguagem oral para a escrita.

Na prática de sala de aula, o professor começa ensinando como se faz para ler.[62] Ao mesmo tempo, leva os alunos a usarem o lápis, porque o manuseio dessa ferramenta é essencial: o aluno precisa rabiscar, fazer linhas, bolinhas, desenhos, como modos de treinamento. Como diz a pedagogia inglesa, todo ensino e aprendizagem se baseiam em duas palavras: desafio e habilidade. O professor deve sempre propor desafios aos alunos. Ao tentar resolver esses desafios, os alunos fazem hipóteses sobre como proceder, procuram entender o que se deve fazer, o que se espera e, finalmente, realizam alguma coisa, que pode estar certa ou errada. Quando seu trabalho é avaliado pelo professor, o acerto mostra uma habilidade e um erro mostra um novo desafio. E assim sucessivamente.

Ainda no começo do processo de aprendizagem da leitura (decifração), o fato de o professor promover exercícios de cópia, além de ajudar na habilidade de usar o lápis, contribui para mostrar ao aluno como se escreve, mecânica e ortograficamente. O fato de o aluno escrever uma palavra, naquele momento, representa um grande esforço, um desafio e um exercício de grande habilidade. Quem copia lê muitas vezes a palavra e desenvolve o senso de atenção, de correção e de compreensão das regras que associam letras e sons, sílabas e palavras, linguagem oral e linguagem escrita. Infelizmente, por razões equivocadas, alguns educadores acham que fazer cópia é apenas um exercício mecânico sem valor e privam os alunos desse tipo de exercício, justamente no momento em que ele é mais importante.

Conhecendo algumas regras de decifração (explicações de como se faz para ler), fazendo desenhos, copiando palavras, o aluno já pode ser desafiado a escrever a partir de sua iniciativa. Bem no começo, o professor solicitará que escrevam letras individuais e grupos de letras (sílabas). Escrever um P. Escrever um A. Escrever um T, escrever um O. Resultado: PATO. Trocar o P pelo R. Resultado: RATO etc. Cada professor tem um modo de ensinar essas coisas. Como é de se esperar, os alunos são afobados e querem logo escrever. A cópia é a preferida, mas o professor deve desafiá-los a escrever palavras secretas; cada um escolhe a sua. Esse exercício esbarra logo com um grande problema: a ortografia. Por mais que o professor explique como se faz para ler, a ortografia já vem pronta. Por outro lado, quando se parte da fala para a escrita, é preciso saber de antemão qual é a ortografia das palavras. Como os alunos não sabem, mas têm consciência desse fato, é comum se recusarem a escrever ou dizerem ao professor que não sabem escrever. É nesse momento que o pedido do professor se transforma em um desafio. Para resolver isto, o professor vai precisar abrir mão da escrita ortográfica nesse momento, solicitando que os alunos escrevam a palavra que quiserem (ou sugerida pela classe ou pelo professor) com as letras que eles acham que a palavra pode ser escrita. Depois de verificado o que cada um fez, o professor mostra a forma ortográfica e aproveita para explicar mais uma vez as relações entre letras e sons (leitura) e entre sons e letras (escrita), mostrando que, em princípio, uma palavra poderia ser escrita de muitas formas, mas precisa ser escrita ortograficamente, porque senão uma palavra apareceria escrita com muitas variantes, o que dificultaria a leitura, dirigindo a decifração para uma determinada pronúncia e dialeto.

Depois de uns tantos exercícios com letras, sílabas e palavras, o professor começa a ler frases, em geral, que representam uma história do tipo: *Maria comeu o bolo* ou *Minha mãe é bonita,* etc. A dificuldade de leitura de frases contará com explicações oportunas por parte do professor e com desafios que levem os alunos a quebrar a cabeça para descobrir por conta própria, por exemplo, o que está escrito em: *O GATO SE ESCONDEU NO MATO*. Feito isto, o professor pode pedir aos alunos que copiem a frase-história e, depois, substituam alguma palavra que eles quiserem. O resultado pode gerar muitas frases-história, que o professor vai comentar com os alunos.

Em seguida, o professor irá incentivar os alunos a contarem histórias orais, fatos, acontecimentos, impressões pessoais, etc. O passo seguinte é desafiar os alunos a escreverem pequenos textos, reproduzindo na escrita as palavras que usariam para contar oralmente suas histórias. Este é um momento delicado do processo de aprendizagem da escrita. É quando o aluno vai se deparar com várias palavras, cuja ortografia nunca viu e que podem trazer formas gráficas insuspeitas para eles. O desafio, agora, é maior, mas a atividade é mais gratificante para o aluno e para o professor. O fato de o aluno não saber a forma ortográfica de algumas palavras não deve ser motivo para ele não poder escrevê-la. Ele procurará uma representação possível, que alguém consiga ler. Depois, irá corrigir seu texto com a ajuda do professor, comparando o texto original que fez com o texto final, editado pelo professor. Esta comparação também ajuda o aluno a ver as dificuldades que encontrou, os acertos, os erros. Além disso, educa o aluno a não achar que pode escrever de qualquer jeito, mas que deve desenvolver a dúvida ortográfica quando escreve e, mais do que isso, procurar resolver essas dúvidas, até o ponto em que a ortografia das principais palavras já for memorizada.

Há momentos em que o professor desafia o aluno a escrever, fazendo do modo que ele acha que é possível escrever. Todavia, o professor deve facilitar a vida dos alunos, fazendo pequenos vocabulários ortográficos (fichas) para consulta, escrevendo na lousa as palavras, cuja ortografia os alunos quiserem saber para escrever seus textos e até pondo à disposição dos alunos pequenos dicionários, próprios para as atividades de alfabetização. Como a ortografia precisa ser memorizada, o aluno tem de saber onde e como achar a forma ortográfica das palavras que deve escrever. Certamente, uma atividade de escrita de um texto espontâneo exige um tempo muito grande para que os alunos façam um bom trabalho; exige muito esforço da parte deles e do professor. É melhor fazer menos textos, mas com uma metodologia melhor, do que fazer textos como simples pretexto para preencher o tempo ou cumprir um programa de ensino.

Ao ensinar a escrever ortograficamente, como em tudo na escola, o professor irá lidar com regras. Apesar de a ortografia neutralizar a variação linguística e, portanto, redefinir as relações entre sons e letras em função do modo como os falantes da língua dizem as palavras, o sistema de escrita ortográfico apresenta algumas regularidades ou tendências que ajudam muito o usuário a se guiar no momento em que escreve. Essas regras devem ser discutidas com os alunos nos momentos oportunos. Entre outras, as seguintes regras se aplicam ao nosso sistema ortográfico:

- Nenhuma palavra começa por: Ç, RR, SS.
- X no começo de palavra tem sempre o som de CH, mas no meio de palavras apresenta outros sons também: KS, S, Z (cf. *táxi*, *próximo*, *exame*).
- Sempre que houver a pronúncia TCH ou DJ aparece na escrita apenas TI ou DI.
- S no início de palavras tem o som de ÇÊ, mas entre duas vogais tem o som de Zê (cf. *sapo*; *casa*).
- Antes de P ou de B nunca aparece N, mas pode aparecer M (cf. *campo*, *bomba*).
- Há palavras que podem ser escritas com o final ÃO ou AM (verbos): se indicar futuro é com ÃO; se indicar passado é com AM (cf. *comprarão; compraram*).
- No final de muitas palavras, pronuncia-se I ou U, mas a ortografia escreve com E ou O (cf. *médico*; *doce*).

Obviamente, as regrinhas anteriores são apenas indicativas que ajudam a resolver casos gerais e não são regras absolutas. Mas, na alfabetização, não é necessário usar regras absolutas, porque as regrinhas ajudam o aluno a formar um mecanismo mental de desconfiança da grafia das palavras, de dúvida ortográfica e de como resolver alguns casos, principalmente se não puderem perguntar a alguém ou olhar em um dicionário. Dentro desse esquema, várias outras regrinhas podem ser feitas. O próprio professor pode propor listas de palavras e desafiar os alunos a fazerem as regras. Por exemplo, a regra que diz que Ç só aparece diante de A, O ou de U e nunca diante de E ou de I. Do mesmo modo G diante de A ou de O tem o som de GHÊ, mas diante de E ou de I tem o som de JÊ. A letra J aparece diante de qualquer vogal e tem sempre o som de JÊ. O mesmo não acontece com a letra G. E assim por diante.

O cuidado com a ortografia tem que começar na alfabetização e se estender a todos os anos da escola. Além disso, tem que ser uma preocupação na vida das pessoas. De vez em quando aparecem notícias de placas com grafias estranhas que, às vezes, provocam o riso, além de revelar a ignorância.

Ortografia e internet

Uma questão que tem aparecido recentemente é o fato de muitas pessoas começarem a usar muito mais abreviaturas do que costumamos ver em jornais, revistas e livros ou mesmo em cartas e em documentos pessoais. Ainda mais, os jovens começaram uma "revolta ortográfica", talvez em represália aos anos escolares em que os professores davam notas baixas por causa de erros ortográficos. Por outro lado, essa nova tendência pode ser apenas fruto do meio em que acontece. Com a internet, a comunicação ficou rápida demais, ficou abundante demais, ficou livre demais, sendo uma boa oportunidade para adolescentes manifestarem sua liberdade e marcarem a própria individualidade no mundo dos adultos, fugindo do mundo das crianças.

Em primeiro lugar, é preciso ver o que exatamente está acontecendo. Constato fatos da seguinte natureza:

- Aparecem palavras e expressões novas, como *aew*, *daew*, formas de saudação; *belesma*, *uhuuh*.

- Aparece um uso da gíria própria da idade e do local do internauta: *e pros cueca akele abrasso por tras...*, *busão* (ônibus), *fodinha* (coisa difícil).

- Como não podia deixar de ser, a grande maioria das palavras é de uso comum na linguagem oral.

- O uso de abreviaturas, principalmente, de palavras curtas e gramaticais, chama a atenção: *ateh* (até), *bj* (beijo), *cm* (como), *tdas* (todas), *q* (que), *pq* (porque), etc. Essas abreviaturas não seguem necessariamente a tradição nem as regras propostas na lei ou que constam dos dicionários. Porém, se voltarmos ao português arcaico, antes da imprensa, vamos encontrar muitas formas abreviadas do mesmo modo.

- Com o desenvolvimento e difusão desse tipo de escrita, apareceram muitas palavras abreviadas com a retirada das vogais, ficando apenas as consoantes: *cmg* (comigo), *ctz* (certeza), *fmz* (firmeza), *nd* (nada), *msm* (mesmo).

- Como os diacríticos (acento, til) não são usados, as palavras aparecem com a letra H ou M, marcando o contexto onde ocorreria a marca de acento gráfico ou o til: *ateh* (até), *bjaum* (beijão), *intaum* (então), *naum* (não).

- Ocorrências de E ou de O, que têm uma pronúncia com I ou U, aparecem em alguns casos, representadas por I ou U: *cumigu* (comigo), *genti* (gente), *mininu* (menino).

- Algumas letras foram trocadas, sem mudar a forma de representação que a escrita faz da pronúncia: *fikei* (fiquei), *kem* (quem), *mew* (meu), *seçaum* (sessão), *c* (se), *eskessam* (esqueçam).

- Algumas raras palavras aparecem numa representação incomum, de difícil leitura fora do contexto em que ocorrem: *mtaum* (montão), *pessu* (pessoal), *moh* (maior = gíria *mó*), *noxa* (nossa).

- Aparecem expressões do tipo interjeição ou que denotam atitudes do falante: *hahaha* (risada), *huahuahua* (risada), *kkkkkk* (risada), *rs* (risos), *comentemmmmm*.

- Há um grande número de sinais de pontuação e de outras marcas encontradas nos teclados ou em programas de computador.

Um estudo mais detalhado vai encontrar outras peculiaridades. Como acontece com qualquer sistema ortográfico, há peculiaridades que são, de fato, regras. As pessoas não podem inventar além de certo limite, porque senão a escrita se torna difícil ou mesmo incompreensível: o que quer dizer *lijok kra di pipok*? Por outro lado, mantendo a ideia básica segundo a qual a escrita tem como função principal permitir a leitura, a escrita que não segue a ortografia oficial precisa mostrar ao leitor como interpretar o que está escrito. Neste momento, muito do que se faz de diferente na internet baseia-se ou exige conhecimentos prévios que vêm do sistema tradicional de escrita do português. Assim, quando alguém escreve *t amu ??? mas vamos estuda mais mat pq o trosso tah feio, beijaummmm pra tds as otras guriahhhsss*, apesar da aparência estranha, a leitura não traz nenhuma dificuldade após uma simples análise do material escrito. Juntando as duas ideias: a escrita dos blogues tem limites de variação com relação ao modo como a língua portuguesa escreve ortograficamente e, em segundo lugar, a forma escrita precisa permitir que seus leitores consigam decifrar e entender a mensagem. Podemos concluir que estamos diante de um sistema ortográfico, em princípio, igual a qualquer outro. Essa escrita da internet só chama a atenção porque é nova e desconhecida de muitos leitores. As escritas do português arcaico apresentam as mesmas características, hoje.

A grande preocupação da escola com a escrita dos blogues também não se justifica. Como se trata de uma forma de cultura (a dos internautas dos blogues), a escola não devia condenar, mas discutir o assunto. Um professor esperto pode pegar escritas arcaicas e de outros séculos e comparar com a escrita dos blogues e com o sistema ortográfico vigente, para mostrar semelhanças e diferenças, mas, sobretudo, para discutir o que é escrever e o que é ortografia, como e quando usar um sistema ou outro. Além da forma gráfica das palavras, o que choca muitos professores é o estilo dos textos (gírias), o conteúdo (leviano ou mesmo ofensivo, com preconceitos, às vezes). Nós da escola nos acostumamos com a literatura tradicional e prestamos pouca atenção ao modo como os alunos falam entre eles, como ocorrem as conversas informais na sociedade, como o gênero polêmico predomina sobre o narrativo e outros. A internet tornou-se o lugar da expressão linguística mais corriqueira e comum, muitas vezes, não própria para um lugar como a escola, mas nem por isso menos real na vida das pessoas. Essas experiências criativas com a linguagem (não só com a forma gráfica das palavras ou com o esquema do texto), do ponto de vista pedagógico, servem para se contrapor ao tradicional, revelando facetas insuspeitas do tradicional e do novo. A escola sempre teve muito medo de lidar com o diferente, preferindo ter apenas as categorias certo e errado. Por outro lado, a língua portuguesa não vai ficar menor, menos apta, ridícula por causa da escrita dos blogues. O nosso patrimônio linguístico agrega todas as manifestações de linguagem oral e escrita que apareceram na história da língua e as novas, que aparecem a cada dia.

Notas

1 Este trabalho segue as ideias do livro *Aspectos Teóricos Linguísticos da Ortografia* de Luiz Carlos Cagliari. CNPq – Unicamp – Unesp FCL/Ar. 2004. O livro não foi publicado.

2 A língua portuguesa é a única língua, que eu conheço, que tem leis nacionais obrigando os cidadãos a seguir rigorosamente a grafia das palavras. Apesar disso, o povo não sabe que tal lei existe e, na prática, encontramos não raramente placas e documentos com palavras grafadas erradamente.

3 Em geral, são as Academias de Letras que propõem os vocabulários ortográficos, baseando-se em certos princípios e regras. Em geral, a Academia de maior prestígio apresenta seu trabalho, que passa a valer para todos os usuários da língua. Algumas variantes locais, contudo, costumam aparecer com o tempo, como acontece com o inglês americano e outras línguas. Os corretores ortográficos dos computadores mostram essas variantes.

4 No nosso mundo de escrita, há alguns casos em que algumas palavras não têm um padrão predefinido, constituindo palavras novas, que são criadas por diferentes necessidades, como a propaganda, a nomeação de coisas novas ou de novas qualidades ou sentimentos. Um caso curioso são as histórias em quadrinho (HQs), as tiras de jornal, as charges, etc. Uma palavra tão comum como *tigum* até hoje não foi inserida nos nossos dicionários. Há um certo preconceito dos dicionaristas com relação a esses usos da linguagem, mas eles fazem parte de nossa cultura escrita (Cagliari, 1993).

5 Entre os ortógrafos, podemos citar Duarte Nunes de Leão (1576), Álvaro Ferreira de Vera (1631), João Franco Barreto (1671), Luiz Antônio Verney (1746), João Moraes Madureira Feijó (1734), Luiz Caetano de Lima (1736), Luiz do Monte Carmelo (1767), até chegar aos ortógrafos dos séculos XIX e XX, cuja figura mais importante foi Aniceto Gonçalves Viana (1904). Entre os gramáticos, podemos citar: Fernão de Oliveira (1536), João de Barros (1540), Amaro de Roboredo (1619), Bento Pereira (1666), Jerônimo Soares Barbosa (1822), até chegar às inúmeras gramáticas do século XX. Na *Moderna Gramática Portuguesa* de Evanildo Bechara (2004) ainda há um capítulo dedicado às regras ortográficas.

6 As pessoas (e governos) costumam ver os resultados da educação escolar apenas através de provas e de avaliações de conteúdo, em geral teóricos. O fato de uma sociedade se ater a um padrão ortográfico (e às vezes, até a padrões de pronúncia e de sintaxe) mostra a eficiência da escola, mas fatos dessa natureza não costumam ser evidentes aos educadores.

7 Tenho escrito vários trabalhos sobre sistemas de escrita, como o livro, ainda inédito, intitulado *Sistemas de Escrita: história, natureza e usos da escrita*. CNPq – Unicamp – SOAS, 1987 (1ª versão) e 1995. Veja também artigos no livro *Diante das Letras: a escrita na alfabetização*. Campinas: Mercado de Letras, 1999 (em colaboração com Gladis Massini-Cagliari).

8 Através das definições, pode-se tirar uma concepção de ortografia e, consequentemente, o que o autor julga mais relevante (Cagliari, 1994a).

9 Não é raro encontrar muitos pesquisadores que se referem ao pensamento e à linguagem de um modo metafórico. Com o tempo, o que era inicialmente metafórico é entendido como sendo fato da ciência, e entra na tradição de conhecimentos, tornando-se altamente resistente à qualquer crítica lúcida.

10 As línguas aglutinantes costumam colocar um morfema ao lado do outro e evitam processos de derivação e o uso de flexões, mas podem usar processos de composição morfológica.

11 Na verdade, alguns sistemas de escrita têm um modo peculiar de caracterizar a palavra escrita. No alemão, por exemplo, a extensão das palavras é maior do que em outras línguas europeias. Alguns sistemas antigos, mesmo fonográficos como os hieróglifos egípcios, ou alfabéticos, apresentam sequências de letras sem marcas que delimitem as palavras. Nestes casos, cabe exclusivamente ao leitor proceder a uma segmentação para leitura e compreensão do texto.

12 Para mais informações sobre esses aspectos dos sistemas de escrita, veja o livro *Diante das Letras: a escrita na alfabetização* (Massini-Cagliari e Cagliari, 1999).

13 É o chamado princípio acrofônico que diz que no nome das letras existe um som que ela representa. Esse princípio veio com o alfabeto, ou seja, o princípio alfabético nunca foi exato, porque as línguas têm variações de pronúncia.

14 Alguns professores têm dificuldade em entender como uma letra é uma unidade abstrata, se está representada gráfica e funcionalmente. Do ponto de vista funcional, como foi dito, a letra não sabe que som representar antes de ver como o falante pronuncia as palavras. Do ponto de vista gráfico, a letra é apenas um rabisco convencional. A letra é tão abstrata quanto um número.

15 Veja o capítulo X do livro *Elementos de Fonética do Português Brasileiro* (Cagliari, 2007).

16 Jerônimo Soares Barbosa (1822), em sua gramática, diz que há três tipos de ortografia: a etimológica, que procura deixar nas palavras marcas de sua origem; a comum ou de uso geral, que segue os costumes das pessoas cultas, e a ortografia da pronunciação, que é um uso livre, e, de certo modo, individual, da escrita usando apenas o princípio acrofônico aplicado à pronuncia de cada um. O terceiro tipo não chega a ser uma transcrição fonética rigorosa, mas apenas um meio de as pessoas escreverem, quando não conhecem os outros dois tipos.

17 Para uma discussão sobre o valor de reformas ortográficas, veja Cagliari (1996).

18 Esse caos é relativo porque os diferentes sistemas ou variantes eram sempre localizadas no tempo, no espaço ou em função dos escritores ou mesmo de quem escrevia. Quando se somam todos esses fatores, o resultado nos surpreende pela variação existente no âmbito geral da língua.

19 Tradicionalmente, a periodização da história da ortografia da língua portuguesa tem sido vista numa sequência linear de modelos, começando com o modelo fonético atribuído ao português arcaico (do século XII ao século XV), falsamente chamado de período fonético; depois, com o modelo etimológico (do século XVI ao século XX) e o período reformado (do início do século XX até os dias de hoje). Essa visão da história aponta para alguns fatos, mas é totalmente inadmissível. Em primeiro lugar, a ortografia arcaica não era fonética. Entre a escrita medieval e os sistemas chamados de etimológicos, houve claramente um período influenciado pela obra de Camões. Durante os séculos XVI a XIX, houve também muita reação ao modelo chamado etimológico, com um modelo chamado, na época, de sônico. Na verdade, há outros fatores que nunca foram considerados no estabelecimento desses períodos, como aponta Messner (2002). Veja Cagliari (1994b e 1998).

20 Um trabalho curioso, mas pouco prático, é o de Blanche-Benveniste e Chervel (1978), em que eles propõem uma reforma ortográfica com uma liberdade que cria muitos problemas novos sem resolver os antigos.

21 José Saramago nunca permitiu que suas obras fossem publicadas com ortografia diferente do original. Como sabemos, o autor adotou alguns procedimentos ortográficos próprios.

22 Antônio Houaiss foi um diplomata, um dicionarista e um linguista especialista também em fonética, entre outras qualidades que tinha.

23 Dicionários desse tipo com as variantes portuguesas e brasileiras foram: *Novo Aurélio do Século XXI*, *Dicionário Houaiss* e o *Dicionário da Academia das Ciências de Lisboa*.

24 Veja as obras: *Alfabetização e Linguística* (1989) e *Alfabetizando sem o Ba Be Bi Bo Bu* (1998), ambos do autor e publicadas pela Editora Scipione, assim como o livro *Diante das letras: a escrita na alfabetização*, editado pela Mercado de Letras (1999) e que contém artigos de Gladis Massini-Cagliari e de Luiz Carlos Cagliari.

25 Veja a nota 19.

26 Primeiro veio o modelo estruturalista europeu e o de Bloomfield (1933) nos Estados Unidos; depois, veio o modelo fonêmico de Pike (1947) e o modelo fonológico de Troubetzkoy (1970); em seguida, o modelo gerativo de Chomsky e Halle (1968) e seus derivados, como o modelo de fonologia natural, de fonologia de charme e governo, de fonologia lexical, de fonologia de geometria de traços e, mais recentemente, o novo modelo de fonologia da otimalidade (Cagliari, 2002).

27 Veja o texto A ilusão de Pike apresentado por mim no GEL de 2005.

28 Alguém pode achar estranho encontrar em um programa de computador como o Word da Microsoft uma quantidade enorme de letras romanas cheias de diacríticos e marcas, ou mesmo letras que não fazem parte do alfabeto tradicional (cf. Ą Ć Đ Ĝ Ġ Ģ Ĥ Ễ Ứ etc.). Essas letras apareceram no programa porque alguma língua do mundo as usa em sua escrita. Esse conjunto de letras estranhas representa a ignorância de quem adaptou ou reformou algum sistema de escrita alfabética, introduzindo essas marcas porque, provavelmente, pretendia fazer com que o sistema ortográfico fosse uma espécie de transcrição fonética. A língua turca é usada, às vezes, como exemplo (cf. trabalhos de Nina Catach), mas quer quem fez o sistema, quer os pesquisadores que acham que a escrita é fonética estão enganados, porque a língua turca também tem variação dialetal.

29 Os pesquisadores se esquecem de que os leitores são falantes nativos da língua e que ao ler vão ter mesmo que reestruturar as informações e definir o enunciado de acordo com as regras da língua. A escrita não precisa fornecer todas as informações fonéticas, nem mesmo fonológicas. Por outro lado os pesquisadores acham imprescindível evitar ambiguidade fonética de leitura e se esquecem que os falantes nativos sabem quando uma escrita precisa ser pronunciada de um modo ou de outro, porque dominam o sistema de signos da língua e, para isto, não se servem apenas da fonética, mas também da semântica.

30 Para os cliques das línguas africanas, o X resolveu muito bem, como se pode ver no nome da língua xhosa, cujo som inicial é um clique lateral.

31 Depois de cem anos do surgimento do estruturalismo, é muito comum encontrar pessoas e obras que confundem fonética com fonologia, na teoria e na prática.

32 Orthography: Technical: the symbolization of phonemes by letters in a one-to-one correlation with the phonemes; practical: a technical orthography modified in type of symbols o in other ways in order to adapt it to local tradition, printing facilities, and the like; scientific: an orthography, whether technical or practical, designed to reflect a careful study of all the linguistic and social facts or pressures".

33 Pike (1947) manteve o termo *letra* para a unidade de escrita porque, para ele, a letra devia estar numa relação de um a um com as unidades do sistema fonológico, ou seja, com os fonemas.

34 "Throughout the history of linguistics, the term 'grapheme' has been dependent upon some previous understanding of the notion 'phoneme'. From the Praguian view of phonology, which has been most important for graphematic theory, two different conceptions have been derived: the 'referential' one, where graphemes are considered as phoneme signs, and the 'analogical' one, where graphemes are set up in the same way as phonemes, i.e., by commutation tests. It is argued that none of these conceptions is well founded and that the term 'grapheme' and 'phoneme' can never be really on a par. None the less, the former notion should not be given up, and at the end of the paper, some hints are given how it should be used in the future" (Kohrt, 1986: 80 – Abstract).

35 Meus trabalhos sobre ortografia têm encontrado grande resistência no Brasil porque os pareceristas acham que fora da abordagem grafemática francesa não existe nada de bom. Outros exemplos de preconceito intelectual na área da linguística e em outras ciências não são raros no meio universitário.

36 "Let us assume that you are engaged in a discussion among linguistics, and the topic that is spoken about is written language. There is no doubt that if you dare use the word 'letter', you will be out. Nowadays, 'letter' is considered a layman's term, unworthy of any real fullblooded linguist. If, however, you non-chalantly talk about 'grapheme', you will be in, and nobody will doubt that you are a distinguished member of the scientific community in question. But now, having got your ticket for a lot of scientific discussions about writing, orthography and related matters – what do you really mean by using the term 'grapheme'? And are you sure that your partners understand it just the way you do? Let me have a guess (which, as far as I am concerned, is a firm conviction): normally, linguistics use the term 'grapheme' in a rather loose manner, and if they have some more specific ideas about it, they merely seem to understand each other perfectly because they use the same expression". (Kohrt, 1986: 80-1)

37 Na verdade, os hieróglifos egípcios eram figurativos e, na sua grande maioria, eram representações de consoantes e de grupos de consoantes, sendo, portanto, de natureza fonográfica. O caráter figurativo dos caracteres tem levado muita gente a enganos sérios sobre os hieróglifos (Doblhofer, 1962).

38 "Les hiéroglyphes, par exemple, étaient des *idéogrammes* (représentant directement certains objets, actions ou notions) enrichis de notations phonétiques" (Catach, 1978: 4).

39 Veja a nota 23.

40 "Toute écriture connaît certaines règles ou conventions qui en contrôlent l'usage. Mais ce n'est pas sans une certaine extension de sens qu'on a pu parler, par exemple, de 'orthographe' du grec e du latin (Meillet), tant ces règles sont peu nombreuses et simples. Des écritures alphabétiques comme celles du turc actuel, par exemple, ou du serbo-croate, sont si claires que la correspondance entre le son e le signe, le signe et le son, une fois connue, permet pratiquement de se délivrer de tout souci de 'correction', tel que nous le connaissons en France" (Catach, 1978: 3)

41 "Enfin, il est impossible de nier que le critère fonctionnel, même si l'on admet toute sa complexité de réalisation proprement graphique en français, ne permet pas de justifier toutes les lettres utilisées. Il reste un reliquat, lettres historiques ou étymologiques, qui ne répondent à une certaine 'competence' que chez le lecteur savant ou dûment averti, ce qui n'est pas le cas pour l'ensemble des français [...] (Catach, 1978: 57).

42 "[...] entirely visual signs, which do not make use of the language of phonemes, but of the language of images [...] (Catach, 1986: 3). "These marks speak only to our eye [...]" (Catach, 1986: 3).

43 Em inglês, a palavra *sign* refere-se a sinal e a signo. Quando se refere ao material escrito, traduzo por sinal; quando se refere a uma unidade que associa sons e significados, traduzo por signo.

44 "These languages constitute mixed systems, not only because they make use of such subsystems as punctuation, figures, etc., but also for two other reasons: coexistence of cenemes and pleremes, and coexistence of a communication linked to orality and another one based on visuality" (Catach, 1986: 4).

45 "Therefore, we are going to call 'cenemic' any written sign whose only function is distinctive: for reading aloud, this sign will be 'synonymous' with the phoneme, with perhaps a few differences; for visual reading, it will assume this function alone, even if, in our types of script, the link with oral language is in my opinion never completely broken" (Catach, 1986: 8).

46 "We are going to consider as being 'pleremic', in our writing systems, two types of written signs: the one which, while being essentially cenemic, presents complementary information with respect to oral language; the other which, at the level of the morpheme and of the word, functions as a visual sign (which is not 'synonymous' with any oral unit) from the point of view of the form of the expression, associated with a form of content carrying specific information" (Catach, 1986: 8).

47 O exemplo que ela dá é a fala *j'sais pas*, que deverá ser escrita *je ne sais pas*.

48 Veja, por exemplo, o livro traduzido para o português, intitulado *Para uma Teoria da Língua Escrita*, publicado pela Editora Ática (1996) e organizado por Nina Catach.

49 Um sistema famoso foi atribuído a Tiro, que era escravo e secretário de Marcus T. Cícero, para escrever os discursos que o senador fazia de improviso. É possível que o sistema tenha sido inventado pelo próprio Cícero, mas passou para a história da escrita como *Tironian notae* (Danels and Bright, 1996).

50 Em inglês o acrônimo era *radio detecting and ranging*: detecção e determinação da distância por (ondas de) rádio (cf. *Dicionário Houaiss*: 2.374).

51 No *Dicionário Houaiss*, em vez de abreviaturas aparece o rótulo *reduções* (p. LX).

52 Não é o caso de se apresentar como as abreviaturas são lidas, mas há basicamente dois modos diferentes de ler: um através do nome das letras (INPS) e outro como uma palavra comum do léxico (Unicamp).

53 Algumas marcas comerciais são identificadas por letras (LG) e essas letras, numa forma gráfica específica, têm o valor de um logotipo.

54 Veja, por exemplo: em inglês a abreviatura é LTD e, em português é Ltda. Abreviaturas só com consoantes (INPS) revelam acróstico.

55 Veja meu artigo "Os sinais de pontuação" no livro *Língua Portuguesa: pesquisa e ensino*, vol. I (Cagliari, 2007).

56 Um fato interessante e curioso, que precisa de mais investigação, ocorre quando uma pessoa que conhece mediocremente uma língua não sabe pronunciar as palavras, mas consegue traduzir para sua língua grande parte da mensagem. Certamente, o fato de as palavras da língua original terem uma estrutura de letras que lembra palavras na língua do leitor o ajuda a fazer a interpretação. Esta é uma situação de leitura intermediária entre uma leitura de um sistema ideográfico e de um sistema fonográfico. Este fato curioso mostra até que ponto pode agir o caráter ideográfico da ortografia mesmo em um sistema de escrita de natureza fonográfica como o alfabético.

57 Veja o livro *Diante das Letras: a escrita na alfabetização* de Massini-Cagliari e Cagliari (1999).
58 Veja o fac-símile em Cambraia e Megale (1999).
59 Veja o livro *Alfabetizando sem o Ba Be Bi Bo Bu* de Cagliari (1998).
60 Este fato representa o princípio acrofônico que, na origem, criou o sistema alfabético. Um outro nome é *princípio alfabético*.
61 Desde a Antiguidade, os gramáticos se esforçam para que as pronúncias variantes desapareçam da língua, pelo menos aquelas que eles julgam erradas e que são, portanto, estigmatizadas na sociedade culta. Em muitas obras, a correção ortográfica implica em correção da pronúncia, ou seja, no não-reconhecimento do direito que os dialetos têm de existir, quando falados por pessoas não cultas.
62 Veja Massini-Cagliari e Cagliari, 1999, pp. 61-96.

BIBLIOGRAFIA

Aurélio. *Aurélio século XXI:* o dicionário da língua portuguesa de Aurélio Buarque de Holanda Ferreira. Coordenação e edição de Margarida dos Anjos e Marina Baird Ferreira. Rio de Janeiro: Nova Fronteira, 1999.

Barboza, Jeronymo Soares. *Grammatica philosophica da lingua portugueza, ou principios da grammatica geral applicados á nossa linguagem.* Lisboa: Typographia da Academia das Sciencias, 1822.

Bechara, Evanildo. *Moderna gramática portuguesa.* Rio de Janeiro: Lucerna, 2004.

Barreto, João Franco. *Ortografia da lingua portuguesa.* Lisboa: Na Officina de Ioam Da Costa, 1671.

Barros, João de. *Gramática da língua portuguesa.* Cartinha, Gramática, Diálogo em louvor da nossa linguagem e Diálogo da viciosa vergonha. Reprodução facsimilada, leitura, introdução e anotações por Maria Leonor Carvalhão Buescu. Lisboa: Publicações da Faculdade de Letras da Universidade de Lisboa, 1971 [1540].

Blanche-Benveniste, Claire; Chervel, André. *L'Orthographe.* 3. ed. Paris: François Maspero, 1978.

Bloomfield, Leonard. *Language.* New York: Henry Holt and Co., 1933.

Cagliari, Luiz Carlos. A evolução da escrita. In: Scoz, Beatriz J. L. (org.). *Psicopedagogia:* o caráter interdisciplinar na formação e atuação profissional. Porto Alegre: Artes Gráficas, 1987, v. 1, pp. 164-85.

______. *Alfabetização e linguística.* São Paulo: Scipione, 1989.

______. A escrita do barulho. *Estudos Lingüísticos XXII, Anais de Seminários do GEL.* Ribeirão Preto: Instituição Moura Lacerda e GEL, n. 1, 1993, pp. 615-22.

______. O que é ortografia. *Estudos Lingüísticos XXIII, Anais de Seminários do GEL.* CNPq / USP / GEL, v. 1, 1994, pp. 552-9.

______. Algumas reflexões sobre o início da ortografia da língua portuguesa. *Cadernos de Estudos Lingüísticos.* Campinas, Unicamp, IEL, DL, n. 27, 1994, pp. 103-11.

______. Como não fazer uma reforma ortográfica: o acordo de unificação das ortografias da língua portuguesa. *Letras.* Campinas, I. L. Puccamp, v. 15, 1996, pp. 81-98.

______. *Alfabetizando sem o bá-bé-bi-bó-bu.* São Paulo: Scipione, 1998.

______. A escrita do português arcaico e a falsa noção de ortografia fonética. In: Earle, T. F. (org.). *Actas do V Congresso da Associação Internacional de Lusitanistas.* Oxford-Coimbra: AIL, 1998, v. 1, pp. 57-69.

______. A ortografia na escola e na vida. In: Massini-Cagliari, Gladis; Cagliari, Luiz C. *Diante das letras:* a escrita na alfabetização. Campinas: Mercado de Letras, 1999, pp. 61-97.

______. *Análise fonológica:* introdução à teoria e à prática, com especial destaque para o modelo fonêmico. Campinas: Mercado de Letras, 2002.

______. *Aspectos teóricos linguísticos da ortografia.* Livro inédito, 2004.

______. *Elementos de fonética do português brasileiro.* São Paulo: Paulistana, 2007.

______. Os sinais de pontuação. In: Fávero, Leonor; Bastos, Neusa Barbosa; Marquesi, Sueli Cristina (orgs.). *Língua portuguesa*: pesquisa e ensino. São Paulo: PUCSP-Educ/Fapesp, 2007, p.117-27.

Cambraia, C. N.; Megale, H. et al. *A carta de Pero Vaz de Caminha:* reprodução fac-similada do manuscrito com leitura justalinear. São Paulo: Humanitas/FFLCH-USP, 1999.

Carmelo, Frei Luis do Monte. *Compendio de orthographia, com sufficientes catalogos, e novas regras, para que em todas as provincias, e dominios de Portugal, possam os curiosos comprehender facilmente a orthologia, e a prosódia, isto he, a recta pronunciaçam, e accentos proprios, da lingua portugueza:...* Lisboa: Officina de António Rodrigues Galhardo, 1767.

CATACH, Nina. *L'Orthographe*. Paris: PUF, 1978.

______. The rapheme: its position and its degree of autonomy with respect to the system of the language. In: GERHARD, Augst (ed.) *New Trends in Graphemics and Orthography*. Berlin: Walter de Gruyter, 1986, pp. 1-10.

CATACH, Nina (org.). *Para uma teoria da língua escrita*. São Paulo: Ática, 1996.

CHOMSKY, Noam; HALLE, Morris. *The Sound Pattern of English*. Nova York: Harper and Row, 1968.

DANIELS, Peter T.; BRIGHT, William (ed.). *The World's Writing Systems*. Oxford: Oxford University Press, 1996.

DOBLHOFER, E. *A maravilhosa história das línguas:* decifração dos símbolos e das línguas extintas. São Paulo: Ibrasa, 1962.

FEIJÓ, João de Morais Madureira. *Orthographia, ou arte de escrever, e pronunciar com acerto a lingua portugueza*. Lisboa Occidental: Oficina de Miguel Rodrigues, 1734.

GONÇALVES, Maria Filomena. *As ideias ortográficas em Portugal:* de Madureira Feijó a Gonçalves Viana (1734-1911). Lisboa: Fundação Calouste Gulbenkian/Fundação para a Ciência e a Tecnologia, 2003.

GONÇALVES VIANA, Aniceto dos Reis. *Ortografia nacional*: simplificação e unificação sistemática das ortografias portuguesas. Lisboa: Viúva Tavares Cardoso, 1904.

HJELMSLEV, Louis. *Essais linguistiques*. Paris: Les Éditions de Minuit, 1971.

KOHRT, Manfred. The term "grapheme" in the history and theory of linguistics. In: AUGST, Gerhard (ed.). *New Trends in Graphemics and Orthography*. Berlin: Wlater de Gruyter, 1986, pp. 80-96.

LEÃO, Duarte Nunes. *Orthographia da lingoa portuguesa – (1606):* origem da língua portuguesa. Lisboa: Per Ioão de Barreira. Editado por Maria Leonor Carvalhão Buescu, IN-CM, Lisboa 1983 [1576].

LIMA, Luis Caetano. *Orthographia da lingua portugueza*. Lisboa Occidental: Antonio Isidoro da Fonseca, 1736.

MASSINI-CAGLIARI, Gladis; CAGLIARI, Luiz Carlos. *Diante das letras:* a escrita na alfabetização. Campinas: Mercado de Letras, 1999.

MESSNER, Dieter. Conjecturas sobre a periodização da Língua Portuguesa. In: MASSINI-CAGLIARI, Gladis et al. (orgs.). *Descrição do português*: linguística histórica e historiografia linguística. Araraquara: Cultura Acadêmica/FCL, 2002, pp. 97-117.

OLIVEIRA, Fernão de. *Grammatica da lingoagem portuguesa*. Lisboa: Casa de Germão Galharde, 1536. (Edição fac-similada da Biblioteca Nacional de Lisboa, 1981)

PEREIRA, Bento. *Regras gerays, e comprehensivas da melhor orthografia com que se podem evitar erros no escrever da lingua latina & portuguez*. Lisboa: Domingos Carneiro, 1666.

PIKE, Kenneth Lee. *Phonemics:* a technique for reducing languages to writing. Ann Arbor: The University of Michigan Press, 1947.

ROBOREDO, Amaro. *Regras da orthographia portugueza*. Lisboa: António Aluares, 1615.

TROUBETZKOY, N. S. *Principes de phonologie*. Paris: Édition Klincksieck, 1970.

VERA, Álvaro Ferreira de. *Ortographia ou modo para escrever certo na lingua portuguesa*. Lisboa: Per Mathias Rodriguez, 1631.

VERNEY, Luiz Antonio. *O verdadeiro método de estudar, para ser útil à república, e à Igreja, proporcionado ao estilo, e necessidade de Portugal*. (1ª carta: reforma ortográfica), 1746.

Para a história da ortografia simplificada

Rolf Kemmler

Até finais do século XIX, o sistema ortográfico predominante, tanto em Portugal como no Brasil, era a *ortografia usual*, uma norma reconciliadora entre as tendências etimologizante e fonética,[1] incluindo ainda fortes traços pseudoetimológicos. Se bem que a ortografia tivesse sido objeto de uma breve listagem com caráter oficial ou semioficial nos anos 50 do século XIX,[2] na realidade, a primazia da ortografia usual criou grande incerteza quanto à escrita da língua portuguesa, pois a facultatividade existente impediu qualquer uniformidade.

O estabelecimento de uma ortografia simplificada única foi o alvo das duas grandes tentativas para uma reforma da ortografia em Portugal. O primeiro destes projetos foi o da *ortografia sônica*, proposto pelo portuense José Barbosa Leão e pela chamada "Comissão do Porto" (1877), um convênio de pessoas interessadas no assunto e reunidas para estabelecer as bases da nova ortografia, projeto este que acabou por fracassar, não por último devido à rejeição por parte da Academia das Ciências de Lisboa.[3]

O segundo projeto foi lançado pelos filólogos Aniceto dos Reis Gonçalves Viana e Guilherme Augusto de Vasconcelos Abreu mediante a publicação do opúsculo *Bases da Ortografia Portuguesa* (1885). Neste pequeno tratado, os dois autores estabeleceram as bases para uma ortografia simplificada, fundamentada nos frutos da linguística histórico-comparativa. Contrário ao desejo dos autores, o opúsculo não motivou nenhuma reação imediata.

Pior ainda: o governo se encarregou do assunto e declarou, na portaria de 24 de setembro de 1897 (publicada nesse dia no *Diário do Governo*) que, em publicações de ensino, não poderia ser empregada nenhuma ortografia reformada sem prévia consulta, sendo a única norma aceitável a *ortografia usual*. Visto que o diploma não estabeleceu nenhum sistema ortográfico, poucos anos mais tarde, o governo considerou necessário "esclarecer" o conceito de ortografia usual.[4]

Aparentemente sem fazer caso destas vicissitudes, Gonçalves Viana não desistiu e, tendo publicado, no entanto, uma série de opúsculos sobre questões de fonética e ortografia, continuou a sua missão, apresentando, em 10 de maio de 1900, à Academia das Ciências de Lisboa um amplo questionário de 115 perguntas relacionadas com a ortografia (Viana, 1900).[5] Estas questões foram discutidas e remetidas para uma comissão da academia, sendo o assunto mais tarde confiado a uma subcomissão do *Dicionário* (veja-se adiante em "O projeto do dicionário da Academia das Ciências de Lisboa").

Apesar disso, Gonçalves Viana continuou com os seus esforços e publicou, em 1904, a súmula dos seus trabalhos de natureza ortográfica, a *Ortografia Nacional: simplificação e uniformização sistemática das ortografias portuguesas*. Neste estudo, o ortógrafo mais uma vez apresenta o seu sistema simplificado, baseado em estudos diacrônicos e diatópicos. A esta obra o autor juntou, em 1909, o *Vocabulário Ortográfico e Ortoépico da língua portuguesa*. Foram, sobretudo, estas duas obras que iriam servir de base para quaisquer diligências posteriores no campo da ortografia.

A ortografia simplificada

Se o fim da monarquia e a fundação da República Portuguesa no dia 5 de outubro de 1910 fizeram com que a ideia de uma simplificação ortográfica fosse encarada mais favoravelmente em Portugal,[6] o mesmo se verificava dentro da Academia Brasileira de Letras. Tendo esta muito cedo procurado estabelecer um acordo com a Academia das Ciências de Lisboa,[7] tal entendimento não chegou a ser estabelecido tão cedo, pelo que cada um dos dois lados ia modificando o seu sistema ortográfico ao longo do tempo.[8]

A questão da simplificação ortográfica na Academia Brasileira de Letras (1901–1911)

Aparentemente motivado pelo tratamento da questão ortográfica no seio da Academia das Ciências de Lisboa, uma proposta feita na sessão de 13 de junho de 1901 pelo acadêmico José Medeiros e Albuquerque levou à criação de uma comissão destinada à fixação da ortografia no *Boletim* da Academia Brasileira de Letras:

> ACADEMIA BRASILEIRA
> Na última sessão ordinária dessa instituição literária o senhor Medeiros e Albuquerque propôs que fosse nomeada uma comissão para estabelecer várias regras tendentes a fixar a ortografia que deve a Academia usar em seu *Boletim.*
> No estado atual de nossa língua, inspirando uma verdadeira anarquia ortográfica, cada qual escrevendo como lhe parece e, o que e mais, procurando argumentos para demonstrar que sua ortografia é que é a certa, nenhum serviço mais assinalado pode a Academia prestar do que esse de fixar normas para seu uso, a fim de que em suas publicações oficiais não apareça em cada trabalho uma ortografia diversa conforme o modo de ver do respectivo autor.
> É muito provável, porém, que com a autoridade que tem a Academia, uma vez fixadas essas normas para seu uso, sejam elas também adotadas pelos Conselhos de Instrução Pública, pelas tipografias, pela imprensa e assim se terá dado um grande passo para a uniformização da escrita entre nós.
> Agora que a Academia Real das Ciências de Lisboa está empreendendo o trabalho da reforma da ortografia portuguesa, é muito oportuna a iniciativa da Academia Brasileira.
> O esforço conjunto das duas instituições pode produzir magnífico resultado, o que é sinceramente muito para desejar.
> A proposta do senhor Medeiros e Albuquerque foi aprovada após curto debate em que fizeram observações os senhores Silva Ramos, José Veríssimo, Rodrigo Octavio e Inglês de Sousa.
> O senhor Presidente nomeou para constituir a comissão os senhores Medeiros e Albuquerque, Silva Ramos e José Veríssimo, cujo trabalho, depois de impresso, será distribuído por todos os membros da Academia para ser devidamente estudado e resolvido assunto de tanta relevância.[9]

Não se sabe se esta comissão chegou a apresentar algum resultado. Sabemos, sim, que uns anos mais tarde, em 5 de maio de 1906, foi nomeada outra "comissão incumbida de propor a reforma ou fixação da ortografia da língua portuguesa, sendo designados os senhores João Ribeiro, José Veríssimo e Silva Ramos".[10] Parece que nenhuma das duas comissões tenha produzido efeitos significativos, pois muito mais tarde o acadêmico Medeiros e Albuquerque (1933: 7) – membro da comissão nomeada em 1901 – afirma o seguinte: "Foi em 1907 que a Academia Brasileira se ocupou pela primeira vez com a ortografia. Partiu de mim a iniciativa para esse ato."

Mais exatamente, foi em 25 de abril de 1907[11] que Medeiros e Albuquerque dirigiu à Academia Brasileira de Letras o seu projeto de reforma ortográfica para as publicações da Academia, que, após alguma discussão, foi aceita em 17 de agosto do mesmo ano (*Revista da Academia Brazileira de Letras*, 1910: 113),[12] sendo as bases estabelecidas por João Ribeiro (*Revista da*

Academia Brazileira de Letras, 1926: 233). Trata-se de uma pequena reforma simplificadora do sistema usual, sem qualquer pretensão de ser completa e cientificamente fundada em todos os aspectos de filologia e de fonética.[13]

Apesar da afirmação feita por Albuquerque (1933: 7) de que o seu projeto nada tivesse a ver com Gonçalves Viana, se nota que pelo menos algumas das soluções adotadas correspondem às ideias do ortógrafo português. Mesmo que a *Ortografia Nacional* não tivesse servido de modelo imediato, os trabalhos de Gonçalves Viana não foram totalmente ignorados, fato este que fica testemunhado por Veríssimo (1910: 122-5).[14] Se bem que não deixasse de ser contestada, a reforma aparentemente foi adotada com bastante rapidez, como testemunha a própria *Revista da Academia Brasileira de Letras*.[15]

Visto que a reforma de 1907 somente tratou de alguns pontos isolados, sem estabelecer um sistema coerente, não admira que, poucos anos depois, fosse sujeita a retoques. Assim, a partir de 20 de maio de 1911, foi feita uma revisão iniciada pelo acadêmico Mário de Alencar (*Revista da Academia Brazileira de Letras*, 1911: 182) a qual, votada no dia 1 de julho de 1911 e elaborada novamente por João Ribeiro, previa a reintrodução de <-s-> intervocálico em vez do <-z-> único, bem como a grafia dupla não só de <-rr-, -ss->, mas também de <-mm-, -nn-> (*Revista da Academia Brazileira de Letras*, 1911: 212).

A fim de sistematizar a ortografia de 1907, a Academia Brasileira de Letras resumiu, no quinto volume da *Revista da Academia Brazileira de Letras* (1912), todo o sistema ortográfico simplificado, e, incluindo as alterações introduzidas em 1911, estabeleceu ainda um breve formulário ortográfico (*Revista da Academia Brazileira de Letras*, 1912: 125-152).

Independentemente de quaisquer méritos ou defeitos das duas reformas acadêmicas, é claro que as repercussões não podiam ser muito extensas, considerado não só o elevado grau de analfabetismo no povo, como também o fato de a reforma não ser oficial, mas na realidade somente dizer respeito às publicações da Academia.

A ortografia oficial simplificada em Portugal (1911)[16]

O projeto de uma reforma ortográfica oficial foi iniciado por José António Dias Coelho, amigo de Gonçalves Viana e empregado da Imprensa Nacional, que solicitou, em 17 de dezembro de 1910, ao administrador-geral dessa empresa, Luís Carlos Guedes Derouet, que, face ao caos ortográfico existente nas publicações da empresa – e mesmo no órgão oficial *Diário do Governo* –, se estabelecesse uma ortografia única, de preferência o sistema proposto por Gonçalves Viana (Ministério do Interior, 1911: 4).

Derouet atendeu ao pedido de Coelho e, devido à sua iniciativa, foi nomeada, com portaria de 15 de fevereiro de 1911, uma comissão incumbida do estabelecimento de uma ortografia oficial e única. Faziam parte desta comissão os maiores filólogos do tempo, nomeadamente Carolina Michaëlis de Vasconcelos, Aniceto dos Reis Gonçalves Viana, António Cândido de Figueiredo, Francisco Adolfo Coelho e José Leite de Vasconcelos. Estes elementos da comissão decidiram, na primeira sessão de 15 de março de 1911, convocar mais seis vogais, nomeadamente António José Gonçalves Guimarães, António Garcia Ribeiro de Vasconcelos, Júlio Moreira, José Joaquim Nunes e Manuel Borges Grainha.[17]

Trabalhando com base nas obras de Gonçalves Viana, mas sobretudo no *Questionário*, a comissão se reuniu semanalmente, até ao fim dos trabalhos em 23 de agosto de 1911. Na portaria de 1 de setembro (Ministério do Interior, 1911: 5-6) o ministro mandou publicar o relatório da comissão, sendo publicados este e as bases da nova ortografia tanto no *Diário do Governo*, na portaria de 12 de setembro de 1911, como em separata. Ordenou ainda que fosse adotado o sistema ortográfico proposto, estabelecendo um prazo máximo de três anos para a sua adaptação em livros de ensino, devendo ser elaborado um vocabulário ortográfico[18] e uma cartilha. A comissão, por fim, não foi desfeita, mas deveria manter-se a fim de responder a qualquer dúvida no futuro. O anexo linguístico à portaria é bastante volumoso: consta do relatório dos trabalhos e de um resumo dos pontos de partida da comissão, seguidos por um *Formulário Ortográfico* de 47 parágrafos e um *Prontuário Ortográfico* de 97 parágrafos.

Repercussões: o Brasil, as Academias e a ortografia simplificada

É natural que as diligências portuguesas para uma reforma não ficassem desapercebidas no Brasil e, uma vez que a Academia Brasileira de Letras já tinha simplificado o sistema ortográfico em 1907, nada era mais lógico do que as duas Academias tentarem chegar a um entendimento.

O projeto do dicionário da Academia das Ciências de Lisboa

Ao lado da comissão oficial incumbida do estabelecimento da ortografia única para as publicações escolares públicas, existia ainda, dentro da Academia das Ciências de Lisboa, outra comissão, que, fazendo parte da comissão dedicada ao estabelecimento do *Dicionário da Língua Portuguesa,* visava estabelecer as bases ortográficas adotáveis nesse dicionário que, aliás, nunca chegou a ser publicado.[19] Desta comissão, que teve a sua origem na questão ortográfica ligada ao *Questionário* de Gonçalves Viana de 1900, fizeram parte os acadêmicos Cândido de Figueiredo, José Leite de Vasconcelos, José Joaquim Nunes e David Lopes, que começaram com os trabalhos em 2 de março de 1911, terminando em 21 de março de 1912. Não obstante à relativa "independência" que as bases ortográficas estabelecidas demonstravam em relação à ortografia oficial,[20] a comissão, reconhecendo a ampla difusão da ortografia oficial, propôs que a comissão do dicionário viesse a adotar esse sistema (Academia das Ciências de Lisboa, 1916: 13).

É algo estranho que a Academia das Ciências de Lisboa tenha, precisamente na mesma altura como o governo, decidido dedicar-se à questão ortográfica, já que uma solução oficial estava em vista. Dado que somente David Lopes não integrava a comissão "oficial" de 1911, não admira, contudo, que, mesmo que possa ter havido a tendência de se encontrarem soluções independentes, eventualmente o apego ao sistema oficial se viria a impor, já que este foi representado por três dos quatro elementos da comissão.

Acordo interacadêmico (1912)

O estabelecimento da ortografia oficial única em Portugal não foi precedido por nenhum contato oficial entre organismos governamentais portugueses e brasileiros. Em nível interacadêmico, foi, porém, no âmbito dos trabalhos da comissão do dicionário que novamente surgiu uma proposta de colaboração, feita por um acadêmico brasileiro.

Em 8 de junho de 1911, o acadêmico português Lúcio de Azevedo comunicou à Academia das Ciências de Lisboa uma proposta do acadêmico brasileiro José Veríssimo a favor de um acordo interacadêmico luso-brasileiro, destinado a aproximar ainda mais as grafias das duas Academias. Seguindo a afirmação de Veríssimo, de que um convite certamente seria bem acolhido pela Academia Brasileira de Letras (Academia das Ciências de Lisboa, 1914: 3-4), a comissão remeteu o assunto à Assembleia Geral para ser oficializado o convite. Dado que a Assembleia Geral, em 7 de dezembro de 1911, não alcançou o quorum por causa da falta de acadêmicos, o assunto teve que ser submetido a uma nova reunião em 4 de janeiro de 1912, sendo o consentimento comunicado à Academia Brasileira de Letras em 17 de janeiro. Uma vez que pouco mais tarde acabaram os trabalhos da comissão do dicionário, foi decidido em 18 de abril que se enviassem as bases ortográficas ao Brasil em forma datilografada, para que se pudesse obter o consentimento da Academia Brasileira de Letras, o que se fez em 10 de maio.

Neste mesmo mês, José Veríssimo foi eleito delegado para discutir o acordo para a Academia Brasileira de Letras, fato do qual a Academia das Ciências de Lisboa tomou notícia na sessão de 23 de maio. Para responder à pergunta do acadêmico brasileiro de quando seria possível a sua vinda, a comissão resolveu informar Veríssimo que "julgava conveniente que ele só viesse depois de férias" (Academia das Letras de Lisboa, 1914: 7). Com a resposta da academia portuguesa acabou a correspondência. Nunca veio uma resposta à carta da Academia das Ciências de Lisboa, nem veio o senhor Veríssimo...

Foi assim como nasceu a disputa interacadêmica. A Academia Brasileira de Letras evidentemente considerava que a Academia das Ciências de Lisboa quisesse retardar para poder em silêncio terminar o projeto sem intromissões, o que significaria que os portugueses teriam agido com má fé. É natural que a Academia das Ciências de Lisboa recusasse as acusações, tendo, embora tarde, sempre atendido às propostas e aos pedidos da Academia Brasileira de Letras.

Rematando o episódio, o acadêmico brasileiro João Ribeiro concluiu no seu parecer de 28 de junho de 1913 (Academia das Ciências de Lisboa, 1914: 9-11) que, enquanto a Academia Brasileira de Letras se tinha aproximado em grande parte da ortografia oficial portuguesa, o sistema segundo as bases da comissão do dicionário, que, aliás, divergiria da ortografia revista por ele em junho de 1911 em mais de 30 pontos, como também da ortografia oficial portuguesa, seria totalmente inaceitável para a Academia Brasileira de Letras nem podia ser objeto de discussões.

O resultado desta segunda tentativa para uma aproximação interacadêmica foi o aumento da incompatibilidade das ideias ortográficas das duas Academias. O que certamente ainda agravou a situação foi o problema de comunicação entre os dois países, ou seja, a morosidade do transporte da correspondência entre Lisboa e o Rio de Janeiro, bem como a falta de flexibilidade (isto é, o grande intervalo entre as sessões) das duas Academias, que causou os atrasos que levaram ao desentendimento. Outra questão ainda é saber se a academia portuguesa terá na altura estado realmente interessada numa intervenção brasileira: sem consulta prévia, foi apresentado o produto completo à Academia Brasileira de Letras, sendo assim bastante limitadas quaisquer possibilidades de participação num acordo.

Depois do fracasso do acordo interacadêmico

Ao passo que em Portugal a ortografia oficial se foi cada vez mais impondo,[21] também a Academia Brasileira de Letras continuou com o sistema simplificado de 1907/1911. Tendo apresentado a proposta em 18 de julho anterior (*Revista da Academia Brazileira de Letras*, 1926: 234), somente em 11 de novembro de 1915 o acadêmico brasileiro Silva Ramos conseguiu convencer os consócios da Academia Brasileira de Letras a adotar nesta instituição o sistema segundo a ortografia oficial portuguesa (Figueiredo, 1929: 196), fato este que Figueiredo, na qualidade de sócio das duas Academias, notificou à Academia das Ciências de Lisboa em 27 de janeiro de 1916 (Academia das Ciências de Lisboa, 1916: 3).

Na realidade, a ortografia da Academia Brasileira de Letras de 1907/1911 e a ortografia oficial portuguesa não eram sistemas tão díspares, embora à reforma brasileira faltasse o caráter sistemático da reforma portuguesa. Por outro lado, a reforma portuguesa não dizia respeito às realidades linguísticas do português do Brasil, como o faziam tanto a variante brasileira do sistema cacográfico da ortografia usual como o simplificado de 1907/1911, o que, obviamente, não deixaria de causar problemas.

E esta nova ruptura ocorreu quando, na sessão de 24 de novembro de 1919, a Academia Brasileira de Letras, devido à intervenção, feita em 13 de novembro pelo jornalista Osório Duque Estrada, regressou, graças a uma votação de 17 contra 7, "ao 'statu quo' [*sic*] anterior a taes resoluções até que seja melhor estudado e definitivamente resolvido o grave problema da simplificação orthographica no Brasil" (*RAL*, 1926: 293). Mas o retorno ao sistema anterior não significa que fosse abraçado o sistema reformado no seu estado primitivo. Pelo contrário: o retorno foi feito ao sistema antigo da ortografia usual.[22]

Apesar deste abandono do sistema português por parte da Academia Brasileira de Letras, este não deixou de ser usado e ensinado no Brasil como, em 1929, testemunhou Silva Ramos num discurso reproduzido por Assunção (1933: 102; 104-5):

> É falso, falsíssimo, como vou demonstrar, que a ortografia oficial portuguesa tenha sido geralmente repelida. Há dezoito anos que vem sendo ensinada na

> Escola Normal, nos cursos dos professores Mário Barreto, Sousa da Silveira e Jaques Raimundo; no Colégio Pedro II, nas aulas dos professores do Externato, José Oiticica, e do Internato, actualmente em disponibilidade, e mais proximamente dos professores Veras Nascentes, Clóvis Monteiro e Candido Jucá Filho, no Colégio Militar, nas escolas primárias, a partir de 1919, e nos cursos particulares de todos aqueles professores.
>
> [...]
>
> Meditem agora os meus caros confrades. Se reunirmos as alunas de todos os cursos da Escola Normal, em dezoito anos, as dos cursos por elas formados, os que frequentaram as escolas primárias de há dez anos a esta parte, os estudantes do Colégio D. Pedro II, do Colégio Militar, instruidos naquela grafia pelo professor Mário Barreto e os dos seus colégios particulares, onde leccionam os professores dos institutos oficiais que a adoptaram, os das escolas profissionais, que se estão iniciando, se nos lembrarmos de que outra não era a grafia da *Revista de Filologia Portuguesa*, que se publicou em São Paulo, sob a direcção de Sílvio de Almeida, e mais tarde de Mário Barreto, com grande aprazimento dos leitores, se abstrairmos dos indiferentes que não aceitam nenhuma norma de escrever ou as aceitam todas, chegaremos à penosíssima conclusão que só a Academia Brasileira de Letras a desconhece, só a Academia a desacata, só a Academia a despreza.

Silva Ramos faz referência a alguns dos maiores filólogos do seu tempo. O seu testemunho significaria, portanto, que a abolição do sistema português pela Academia Brasileira de Letras tenha criado no país uma duradoura resistência que eventualmente não poderia deixar de preparar caminho para uma simplificação ortográfica.

A reforma da ortografia simplificada (1920)

Já que não tinha sido dissolvida em 1911, a comissão "ficou em ofício" em prol da ortografia portuguesa, não havendo, no entanto, mais nenhuma reunião. Infelizmente tinham falecido, entre 1911 e 1920, cinco dos membros (Adolfo Coelho, Epifânio Dias, Gonçalves Guimarães, Júlio Moreira e Gonçalves Viana), pelo que a comissão ficou reduzida quase pela metade.

Dado quc via ainda a necessidade de serem regularizados alguns assuntos que em 1911 não teriam sido tratados de maneira satisfatória, Cândido de Figueiredo contatou (antes que falecessem os restantes membros da comissão), em 25 de novembro de 1919, os seus colegas sobreviventes Manuel Borges Grainha, José Joaquim Nunes, António Garcia Ribeiro de Vasconcelos, Carolina

Michaëlis de Vasconcelos e José Leite de Vasconcelos, para poder dissolver a comissão depois de eliminadas todas as dúvidas que ainda estavam pendentes.

A par dos vogais sobreviventes, Cândido de Figueiredo consultou ainda outros filólogos, nomeadamente os portugueses José Maria Rodrigues, David de Melo Lopes e António Augusto Cortesão, bem como os brasileiros Silva Ramos e Mário Barreto. As respostas não sendo unânimes, houve consentimento majoritário, pelo que Figueiredo podia remeter a decisão em 1 de setembro de 1920 ao então ministro da Instrução Pública, Júlio Dantas, que oficializou a reforma na portaria nº 2.533 de 29 de novembro de 1920. Na portaria, acompanhada pela correspondência trocada entre Cândido de Figueiredo e os outros titulares da comissão, mandou o ministro que as modificações entrassem em vigor, sendo aplicadas nos livros didáticos à medida que se esgotassem os exemplares já impressos. Finalmente, foi dissolvida a comissão ortográfica, sendo o seu trabalho considerado como terminado!(?)

Dois anos e meio mais tarde, em maio de 1923,[23] o presidente da Academia das Ciências de Lisboa, Júlio Dantas (que três anos antes era o ministro responsável pela mais recente reforma), viajou ao Brasil em missão oficial a fim de propor um acordo ortográfico interacadêmico (Castro; Duarte; Leiria, 1987: 210), ficando, porém, os seus esforços sem resultados.

As ortografias no Brasil nos anos 1920

Após a revogação do sistema simplificado, a ortografia cedo passou de novo a ser objeto das preocupações dos acadêmicos brasileiros. No plano de um *Diccionario Brasileiro da Lingua Portugueza,* o acadêmico Laudelino Freire incluiu, através dos pontos V-XX, os conceitos ortográficos básicos que a Academia Brasileira de Letras adotou para o referido dicionário na sessão 12 de junho de 1924 (veja-se Barroso, 1933: 37-43). Foi desse esforço que resultaram mais duas reformas do sistema ortográfico brasileiro.

O *Formulário Ortográfico* da *Revista de Língua Portuguesa* (1926)

Tendo a relativa falta de sistema, inerente à ortografia usual, continuado a criar irritações, em 22 abril de 1926 a Academia Brasileira de Letras passou a abandonar novamente a cacografia, ao adotar o sistema estabelecido pelo filólogo Laudelino Freire no *Formulário Ortográfico da Revista de língua portuguesa*. O formulário desta revista filológica, fundada em 1919, no qual são ampliadas as ideias ortográficas postuladas pelo mesmo autor em 1924, foi publicado tanto na revista, como também numa separata sem datação.[24] A separata apresenta alguns pontos divergentes do texto publicado na revista, os quais se encontram corrigidos através de uma errata anteposta ao texto. A reforma contém 52 pontos através dos quais é regulamentado todo o sistema ortográfico.

Embora se trate de uma simplificação ortográfica, também o sistema de 1926 não ultrapassa de maneira suficiente a ortografia usual, afastando-se tanto da ortografia oficial portuguesa como também da grafia acadêmica de 1907/1911.

O retorno à antiga ortografia acadêmica brasileira (1929)

Tal como as medidas anteriores, o sistema estabelecido por Freire aparentemente também não chegou a satisfazer os acadêmicos brasileiros, pois em 1° de agosto de 1929, em continuação dos trabalhos no *Diccionario Brasileiro da Lingua Portugueza*, o acadêmico Ramiz Galvão propôs (obviamente desconsiderando a decisão tomada em 1924 quanto à ortografia do dicionário), que esse dicionário fosse elaborado na mesma ortografia como o *Diccionario Contemporaneo* (1881) dos portugueses Francisco Júlio Caldas Aulete e António Lopes dos Santos Valente (*Revista da Academia Brazileira de Letras*, 1930: 29). Inquirida a esse respeito, a comissão da gramática apresentou o seu parecer em 26 de setembro de 1929, inclinando-se para a "ratificação das regras aprovadas pela Academia em 17 de agosto de 1907" (*Revista da Academia Brazileira de Letras*, 1930: 29).

O regresso da Academia Brasileira de Letras ao sistema de 1907 (sem tomar em consideração as reformas portuguesa e brasileira de 1911), feito, aliás, "com ligeira alteração" (*Revista da Academia Brazileira de Letras*, 1930: 33), foi formalizado após alguma discussão na sessão de 21 de novembro de 1929 (veja-se *Revista da Academia Brazileira de Letras*, 1930: 58-62).

As alterações feitas às bases de 1907 são pouco extensas, pelo que não chegaram a trazer a desejada coerência à praxe ortográfica no Brasil.[25] Mesmo assim, o acadêmico e deputado Humberto de Campos chegou a apresentar ao Congresso, em 26 de novembro de 1929, um projeto que previa a adoção oficial da ortografia acadêmica (*Revista da Academia Brazileira de Letras*, 1930: 378), adoção esta que, aliás, nunca foi concedida na forma desejada...

O Acordo Ortográfico Luso-Brasileiro (1931)

Antes que a reforma de 1929 pudesse ser oficializada, devido a uma iniciativa da Academia Brasileira de Letras,[26] em 30 de abril de 1931 foi assinado em ambos os países um primeiro acordo ortográfico entre a Academia das Ciências de Lisboa e a Academia Brasileira de Letras. Os assinantes do acordo foram, em Portugal, o presidente da Academia das Ciências de Lisboa, Júlio Dantas, bem como o embaixador brasileiro, José Bonifácio de Andrada e Silva, e, no Brasil, o presidente da Academia Brasileira de Letras, Fernando Magalhães, assim como o embaixador português, Duarte Leite. O acordo foi, portanto, bem mais do que uma simples aproximação interacadêmica já que na participação dos embaixadores ficava documentado o interesse oficial que os dois países tinham no acordo.

A fim de ser estabelecida a ortografia única, a Academia Brasileira de Letras se comprometeu a adotar a ortografia simplificada portuguesa de 1911/1920, tendo exigido por sua parte umas leves modificações das bases, que a Academia das Ciências de Lisboa reconheceu adotar. As Academias resolveram ainda juntar os seus esforços na solução de futuros problemas ortográficos, procurando através das suas influências junto dos respectivos governos que fosse oficializada a ortografia reformada.

Em Portugal, o acordo foi devidamente publicado no *DG,* em 25 de maio de 1931,[27] sendo oficializado através da portaria nº 7117 do ministro da Instrução Pública, Gustavo Cordeiro Ramos, em 27 de maio de 1931, limitando-se a portaria a apresentar em sete pontos breves as respectivas alterações ao sistema ortográfico vigente.

No Brasil, tendo em consideração "a vantagem de dar uniformidade à escrita do idioma nacional, o que somente poderá ser alcançado por um sistema de simplificação ortográfica que respeite a história, a etimologia e as tendências da língua" (Academia Brasileira de Letras, 1933: 19), a ortografia simplificada do acordo foi admitida no ensino bem como nas repartições e publicações públicas através do decreto nº 20.108 de 15 de junho de 1931, emitido pelo Governo Provisório de Getúlio Vargas.

As origens do desacordo ortográfico luso-brasileiro

Passado pouco tempo, já surgiram problemas ligados ao novo acordo. É que as duas Academias, nas suas negociações tinham ignorado a necessidade de estabelecer na mesma altura um formulário para codificar todos os preceitos ortográficos. Esta urgência certamente terá pesado mais para a Academia Brasileira de Letras, na impossibilidade de simplesmente aproveitar dos trabalhos de 1911. Perante a necessidade de dispor de um código ortográfico formal, foi o acadêmico brasileiro Laudelino Freire quem elaborou o formulário que, terminado em 3 de junho de 1931, foi aprovado na sessão da Academia Brasileira de Letras em 11 de junho de 1931 (Academia Brasileira de Letras, 1933: 42).

No âmbito da colaboração prometida, este formulário, bem como as letras A e B do *Vocabulário*, foi enviado à Academia das Ciências de Lisboa. Tendo em vista que muitos assuntos não tinham sido regulamentados na ocasião do estabelecimento do acordo, não surpreende que no parecer da comissão do dicionário da Academia das Ciências de Lisboa haja vários pontos litigiosos em que os acadêmicos portugueses não se declararam de acordo com as soluções propostas pelos acadêmicos brasileiros (*Revista da Academia Brazileira de Letras*, 1932: 422-6). Na sua resposta, a comissão do dicionário da Academia Brasileira de Letras acaba por refutar os argumentos dos acadêmicos portugueses, concluindo que "ficam assim dirimidas todas as dúvidas, e definitivamente realizado o Acôrdo" (*Revista da Academia Brazileira de Letras*, 1932: 430).

Assim "resolvidas" todas as questões abertas, saiu, em 1933, o *Vocabulário Ortográfico e Ortoépico da língua portuguesa* da Academia Brasileira de Letras, estabelecido pelo mesmo acadêmico. Dado que na altura o *Vocabulário* de 1933 já tinha sido publicado, o Governo Provisório ampliou a extensão do decreto de 1931 com o decreto nº 23.028 de 2 de agosto de 1933 (veja-se *Revista da Academia Brazileira de Letras*, 1933: 499-500). Nesse diploma a ortografia simplificada foi tornada oficial em qualquer correspondência e publicação pública ou empresarial, não sendo admissível o uso de outro sistema ortográfico no ensino após o dia 1º de janeiro de 1935, e devendo qualquer futura questão ser regulamentada pelo Ministério da Educação e Saúde Pública, após consulta das duas Academias.

É evidente que, ao estabelecer o *Formulário* e o *Vocabulário*, a Academia Brasileira de Letras atendeu sobretudo às suas próprias necessidades e às circunstâncias linguísticas e prosódicas próprias ao português do Brasil.

Na realidade, tanto a ortografia portuguesa como a variante brasileira passaram logo a divergir do plano do acordo, havendo modificações mais ou menos extensas em relação ao que fora acordado. As modificações mais graves foram, porém, introduzidas pelo lado português, estando já expressas na publicação do texto do acordo no *Diário do Governo.*[28] Daí resultou que, na verdade, o acordo ortográfico de 1931 não estabeleceu uma ortografia oficial única para os dois países, mas antes uma dupla grafia, conceito esse que viria se tornando a única solução viável para a questão ortográfica.[29]

O grande impedimento para qualquer unificação ortográfica eram as fortes tendências nacionalistas dos anos 1920 e 1930.[30] Mesmo que as pessoas ligadas diretamente ao acordo quisessem chegar de boa fé a uma unificação ortográfica, havia sempre, em cada um dos dois países, quem quisesse evitar que, em matéria ortográfica, o outro ganhasse uma vantagem. Dado que a base do acordo era uma ortografia portuguesa e sendo as modificações com maior relevo de origem brasileira, não estranha que os nacionalistas portugueses como os brasileiros não tivessem visto com bons olhos a imposição por via oficial de ideias ortográficas oriundas de outro país. Entre os protestos de natureza nacionalista em ambos os países, os mais fortes se registraram no Brasil (veja-se Leão, 1934: 194-8).

Perante as óbvias dificuldades e tendo em vista que o acordo não tinha levado ao desejado resultado, as academias passaram a tentar resolver a questão por meio de "entendimentos" (Leão, 1934: 186), com o resultado de que a questão das consoantes mudas foi resolvida através do seguinte "desentendimento": "Ainda bem que o *Acôrdo* de 31 não era acôrdo, e que nos *Entendimentos* posteriores se resolveu que cada uma das duas nações fizesse, neste ponto grave, o que *entendesse*" (Leão, 1934: 187).

Pela sua natureza, os entendimentos equivaliam à primeira introdução de uma dupla grafia oficial. Claro que a atitude assumida quanto aos pontos discutidos, que na realidade corresponde a um simples "cada um a seu gosto", não fez com que fosse estabelecido um sistema coerente, especialmente não uma dupla grafia coerente. Houve, sim – mas só por breve tempo –, uma relativa "paz ortográfica" entre as duas Academias, de maneira que os portugueses grafaram segundo o acordo com as alterações puramente portuguesas, enquanto no Brasil foram aplicadas as bases do acordo e do vocabulário, incluindo as alterações puramente brasileiras.

Além de outras razões, o eventual fracasso do acordo de 1931 se deve, não por última, sobretudo à incapacidade das Academias de tratarem desta matéria naquela altura. Os acadêmicos não estavam preparados e, na realidade, não havia verdadeiros especialistas que se tivessem dedicado ao problema não só com zelo, mas também com os conhecimentos necessários na área da Linguística. Mas vejamos as críticas feitas à atuação da Academia Brasileira de Letras, no *Estado de São Paulo* de 28 de julho de 1931 por um jornalista anônimo (Assunção, 1933: 140):

> Verifica-se, assim, com desprestígio da "ilustre companhia", que a ortografia, que está sendo seguida pelos acadêmicos e pelos jornais que já a adoptaram apressadamente, difere profundamente daquela que de acordo com as mesmas bases será seguida pelos portugueses, que as entenderam muito bem, o que não se poderá dizer dos nossos imortais. Assim, a Academia Brasileira, em vez de ter concorrido para unificar a língua escrita nos dois países, terá apenas contribuido para aumentar a balbúrdia ortográfica já existente. Teremos assim em vez de duas, como até agora, tres grafias em curso, uma em Portugal e duas no Brasil. Os espíritos sarcásticos já estão observando que a Academia Brasileira deverá abster-se de uma vez para sempre de se envolver em questões de filologia em geral e de ortografia em particular, porque cada vez que o faz as conseqüências são desastrosas e só concorrem para ridículo da assembleia dos imortais. Outros, porém, afirmam que o facto não tem gravidade, pois quando a Academia se aperceber, depois de toda a gente, que não entendeu o acordo que assinou, terá um simples e pronto remédio: fazer outra reforma ortográfica, que será a quinta ou a sexta. Ao que nos consta, na última sessão da Academia já houve quem levasse para o seio da douta corporação a súmula das dúvidas que surgiram cá fora. E talvez ainda seja possível emendar a mão na elaboração do prometido vocabulário.

Constituição *vs.* acordo ortográfico

Infelizmente, o aparente sossego não duraria muito tempo: de maneira muito vaga, o artigo 26º das disposições transitórias da Constituição da República dos Estados Unidos do Brasil de 16 de julho de 1934 restabeleceu como ortografia oficial aquela que estava em vigor em 1891, ano em que fora instituída a primeira Constituição.[31] Trata-se, portanto, de mais um regresso à ortografia usual:

> Art. 26. Esta Constituição, escripta na mesma orthographia da de 1891 e que fica adoptada no paiz, será promulgada pela Mesa da Assembléa depois de assignada pelos Deputados presentes e entrará em vigor na data da sua publicação (Serviço de Publicidade da Imprensa Nacional, 1934: 62).

Dado que a ortografia do acordo já tinha sido aplicada uns anos antes de ser abolida oficialmente, não admira que a resistência contra uma imposição da norma antiga fosse grande, vindo especialmente do lado dos profissionais da língua, nomeadamente de professores.[32] Um pedido parecido, formulado pela Companhia Editora de São Paulo, no sentido de serem abolidas as mudanças que a Constituição de 1934 fez à ortografia em vigor, mantendo-se o sistema de 1931, foi indeferido em 26 de abril de 1935 pelo ministro de Educação, Costa Manso, que esclareceu que, embora fosse dada preferência ao sistema misto, o simplificado não teria sido proibido.[33] Em vez de restabelecer a ortografia usual, a Constituição de 1934 levou, portanto (mais uma vez), à coexistência dos sistemas misto e simplificado.[34]

Segundo Castro, Duarte e Leiria (1987: 211), o regresso à ortografia simplificada teria sido consumado em 10 de novembro de 1937 através da nova Constituição que teria mandado aplicar as "bases ortográficas da Academia Brasileira". Não houve, porém, nenhum passo na Constituição que regulamentasse o assunto,[35] mas foi devido à forte oposição gerada pelo artigo 26 que "[...] em março de 1937, o presidente Vargas mandou readmitir a título definitivo, na administração, no ensino e nas publicações oficiais, a ortografia académica" (IBGE, 1941: 74).

A ininterrupta discussão ortográfica levou a que, passado pouco tempo e sendo reavaliada a questão ortográfica,[36] fossem de novo postas em vigor as bases ortográficas do acordo de 1931, conforme estipulou o Decreto-Lei nº 292 de 23 de fevereiro de 1938.[37] Este diploma mandou aplicar a nova ortografia a partir de 1º de junho de 1939, devendo ser publicado um vocabulário ortográfico pelo Ministério de Educação e Saúde (veja-se o *Pequeno Vocabulário da língua portuguesa* – PVOLP). Por causa das divergências com Portugal, ligadas à Acentuação Gráfica, o Decreto-Lei contém, como única alteração, as *Regras para a acentuação gráfica,* que preveem o uso de uma acentuação divergente (Horta, 1939: 16) que Melo (1988: 166) caracteriza como "defeituosíssima".[38]

Os vocabulários das Academias

Depois dos "entendimentos" que seguiram ao acordo de 1931, os ânimos de ambos os lados se haviam acalmado. Se bem que, em Portugal, a reforma de 1911 viesse acompanhada pelo respectivo *Vocabulário Ortográfico*, elaborado por Gonçalves Viana, esta obra não foi atualizada após o acordo de 1931, faltando, assim, um vocabulário de caráter oficial que tinha que ser estabelecido. É notável que os vocabulários que as duas Academias mandaram elaborar não se limitam a representar a respectiva "grafia oficial" dos dois países, mas deram início a mais um ato da história ortográfica da língua portuguesa.

O Vocabulário Ortográfico da Língua Portuguesa (1940)

A fim de estabelecer um vocabulário que não só correspondesse à ortografia atual, mas também à intenção de remediar as deficiências da ortografia portuguesa introduzidas através do acordo de 1931, a Academia das Ciências de Lisboa resolveu, em meados dos anos 30, que fosse elaborado um *Vocabulário Ortográfico*.[39]

A comissão encarregada da elaboração do *Vocabulário* era, no início, presidida por José Maria de Oliveira Simões, sendo reforçada em inícios do ano de 1938 por Francisco da Luz Rebelo Gonçalves, que pouco mais tarde passou a presidir esta Comissão. Os trabalhos continuaram até 1940, tendo a primeira parte sido impressa em julho de 1939, após a aprovação pela Classe de Letras que se seguiu à leitura feita por Rebelo Gonçalves em várias sessões do mês anterior. Apesar de ter estado prevista a publicação do *Vocabulário* durante o ano de 1940, no âmbito das comemorações da fundação e da restauração de Portugal, a impressão não terminou senão em dezembro daquele ano.[40] O *Vocabulário Ortográfico da língua portuguesa* de 1940 é uma obra de XCII, 821 páginas, prefaciada por um vasto catálogo com a apresentação da obra, as bases e, especialmente, as normas gráficas aplicadas. Após uma análise das modificações do acordo de 1931, foram consideradas as vantagens e desvantagens das respectivas regras, para finalmente serem mantidas ou rejeitadas.

Embora Castro, Duarte e Leiria (1987: 212) afirmem que o *Vocabulário* teria reintroduzido as consoantes mudas, na realidade estas tinham persistido. Já que se mantêm os casos da pronúncia facultativa de um dado elemento e da função diacrítica da consoante etimológica, o tratamento dado pelo *Vocabulário* de 1940 às consoantes mudas não foi uma reintrodução, mas sim uma "reoficialização" face ao acordo de 1931. Outro ponto que distingue o *Vocabulário* das anteriores medidas ortográficas é o tratamento extenso do uso de maiúsculas, um ponto que até então aparentemente não tinha sido um dos temas mais urgentes para os ortógrafos.

A proposta da revisão do Acordo Ortográfico Luso-Brasileiro (1939)

Bem antes de terminados os trabalhos no *Vocabulário*, Rebelo Gonçalves fez com que novamente houvesse contatos interacadêmicos. Em 3 de junho de 1939, Júlio Dantas, como presidente da Academia das Ciências de Lisboa, enviou à Academia Brasileira de Letras um ofício com a proposta de serem modificadas cinco das 25 bases do acordo de 1931. Junto com o ofício, os acadêmicos brasileiros receberam as bases estabelecidas por Rebelo Gonçalves.

Na resposta de 2 de setembro de 1939, a comissão brasileira encarregada da análise dessas bases informou que o voto majoritário teria sido favorável.[41] Graças a este entendimento, nos "Preliminares" do *Vocabulário*, a comissão afirma o seguinte:

> A correspondência trocada sôbre o assunto entre as duas corporações [...] mostrou, com os esclarecimentos que a propósito ainda deu o director da referida Comissão, não haver divergências fundamentais e ser possível a revisão do Acôrdo Luso-Brasileiro segundo as considerações expostas. Está, portanto, esta obra em condições de apresentar essa necessária revisão, indo assim ao encontro dos votos formulados por especialistas da língua de um e de outro lado do Atlântico (Academia Brasileira de Letras, 1940: XII).

Embora, mais uma vez, as academias tivessem chegado a um "acordo" no que diz respeito à ortografia, faltava a participação dos respectivos governos: a comissão brasileira não estava em condições de aceitar a proposta de um novo acordo, uma vez que, ao longo dos anos 30, o governo brasileiro se tinha encarregado da solução da questão ortográfica, tornando necessária uma nova intervenção legislativa para ser feita outra modificação à ortografia oficial em vigor. Além disso, imagina-se, que a parte brasileira deveria ter estado pouco motivada para fazer um novo acordo ortográfico, visto ter havido, ao longo dos oito anos anteriores, um total de quatro mudanças do sistema ortográfico brasileiro. Assim, o presidente da Academia Brasileira de Letras, Antônio Austregésilo, respondeu em 2 de setembro de 1939, entre outras coisas: "O Brasil rege-se actualmente pela ortografia decretada em 23 de fevereiro de 1938. Não poderemos pois aceitar qualquer modificação da actual ortografia sem novo decreto governamental" (Boletim da Academia das Ciências de Lisboa, 1939: 160).

Foi assim que, apesar da participação e do consentimento da Academia Brasileira de Letras na fixação das bases do *Vocabulário*, este esforço da Academia das Ciências de Lisboa acabou por não ter nenhum resultado.

O Pequeno Vocabulário da Língua Portuguesa (PVOLP)

Mais uma vez, o ministro Capanema decidiu encarregar-se da questão ortográfica, propondo na sessão de 29 de janeiro de 1942 à Academia Brasileira que fosse adotada como modelo do *Vocabulário Ortográfico da Língua Nacional* a grafia do *Vocabulário* português de 1940, aliás, com umas poucas modificações próprias do português do Brasil.[42] Embora a proposta do ministro tivesse em vista o cumprimento do disposto no Decreto-Lei de 1938, pouco admira que a Academia Brasileira de Letras, sem querer abrir mão do seu monopólio em matéria ortográfica, "[...] sentiu-se ferida nos seus brios e determinou torpedear a atividade do ministro da Educação, reivindicando a solução do problema ortográfico. Declarou-se luta, de que saiu vencedora a Academia" (Melo, 1988: 166).[43] Das deliberações da Academia Brasileira de Letras resultou, em 29 de janeiro de 1942, o estabelecimento das *Instruções para a Organização do Vocabulário Ortográfico da Língua Nacional*, um catálogo de 60 regras ao qual se seguiu o Decreto-Lei nº 5.186 de 12 de janeiro de 1943.

Longe de desistir, em março de 1943, o ministro "apresentou 'ao exame da Academia Brasileira de Letras' um volumoso (756 p.) *Projeto do Vocabulário Ortográfico da Língua Nacional* (Imprensa Nacional, Rio, 1943), de que se tiraram cinquenta exemplares em provas tipográficas paginadas" (Melo, 1988: 166), esforço este que obviamente não logrou o êxito desejado.

Mais bem-fadada mostrou-se, porém, a iniciativa da Academia, que, na sessão de 12 de agosto de 1943, aprovou o formulário ortográfico de 53 pontos, sendo o resultado de leves retoques feitos pelo filólogo José de Sá Nunes às *Instruções* de 1942. O *Pequeno Vocabulário Ortográfico da língua portuguesa* (PVOLP) acabou por vir a lume em dezembro de 1943,[44] não sendo o atributo "pequeno" senão um eufemismo, já que a obra se estende ao longo de XLVII, 1.342 páginas.

O Acordo Ortográfico Luso-Brasileiro (1945)

Com a publicação dos dois vocabulários ortográficos, as duas Academias dispunham de instrumentos de trabalho comparáveis e, assim, conseguiram aproximar-se ainda mais de um possível acordo ortográfico.

A Convenção Ortográfica Luso-Brasileira (1943)

Presumivelmente devido a uma sugestão pelo ministro Capanema,[45] perdedor na questão do *Vocabulário,* poucos dias após a saída do prelo do *PVOLP*, em 29 de dezembro de 1943,[46] foi assinada por António de Oliveira Salazar e pelo embaixador brasileiro João Neves da Fontoura a *Convenção Ortográfica Luso-Brasileira*, que depois foi oficializada no Brasil por Getúlio Vargas, em 18 de janeiro de 1944[47] através do decreto nº 14.533. Em Portugal, foi Salazar que, na função de ministro dos Negócios Estrangeiros, dirigiu, em 24 de janeiro de 1944, a proposta de ratificação da Convenção à Assembleia Nacional, tendo esta sido "aprovada por unanimidade" pelos deputados presentes na sessão da Câmara Corporativa em 6 de fevereiro de 1944.[48]

Nos seus quatro artigos, a Convenção, que viria entrar em vigor em 1º de janeiro de 1944, previa o estabelecimento de um acordo ortográfico com base nos princípios estabelecidos pelas duas Academias no âmbito da discussão das bases do *Vocabulário* de 1940, incluindo os princípios básicos aplicados no *PVOLP*. Além de facilitar um futuro acordo ao ceder o direito às academias para estas poderem resolver quaisquer questões ortográficas suscitadas, em vez de terem que recorrer aos respectivos governos para pedir licença, a Convenção previa também uma extensiva colaboração e consulta no futuro.

Resumindo, a Convenção de 1943 *não* regulamentava a ortografia como sistema de regras, mas sim estabeleceu as bases legais para que este sistema pudesse ser alterado pelas Academias. Se bem que houvesse quem a intitulasse de *acordo* (indicando o ano de 1943), não se trata senão de um engano.[49]

A Conferência Interacadêmica e o Acordo Ortográfico Luso-Brasileiro (1945)

A comissão interacadêmica, criada graças à Convenção de 1943, começou com os seus trabalhos em Lisboa, no dia 12 de julho de 1945, onde se tinham reunido os acadêmicos portugueses e brasileiros.[50] A Conferência, por sua vez, delegou de entre os seus membros uma *comissão de redação*, da qual faziam parte os três especialistas mais eminentes dos dois países, nomeadamente o presidente Rui Ribeiro Couto (Brasil) e os vogais José de Sá Nunes (Brasil) e Francisco da Luz Rebelo Gonçalves (Portugal). Iniciados os trabalhos no mesmo dia, a comissão terminou, após 27 sessões (Hauy, 1989: 6), em 10 de agosto de 1945, apresentando nas "Conclusões Complementares do Acordo de 1931" (*DG*, 273/1945: 1038-42) o Instrumento do acordo, assinado no mesmo dia pelos outros membros da Conferência Interacadêmica.[51]

Com base neste instrumento, foram ainda estabelecidas as 51 "Bases Analíticas do Acordo Ortográfico de 1945" (*Diário do Governo*, 273/1945: 1042-53), documento assinado em 25 de setembro. Além disso, foram aprovadas, em 2 de outubro, as *Instruções* para o *Vocabulário Ortográfico Resumido da língua portuguesa*, o qual viria a ser estabelecido pela Academia das Ciências de Lisboa. O protocolo de encerramento, por fim, foi assinado em 6 de outubro, preconizando a submissão do acordo e dos documentos anexos aos dois governos para a devida oficialização.

Resultado dos dois *Vocabulários* de 1940 e de 1943, o acordo de 1945 reconciliava as divergências existentes nos dois países, procurando estabelecer uma grafia única. Perante a dificuldade da expressão de duas realidades fonéticas diferentes, foram escolhidas formas únicas predominantes, ora conforme o sistema português, ora conforme o brasileiro. Na realidade, a maioria das soluções adotadas no acordo provinha da parte portuguesa, incluindo, claro, o próprio sistema da ortografia simplificada. Se bem que tenham cedido em alguns pontos de (talvez) menor importância, torna-se óbvio que os negociadores portugueses não se deixaram convencer em outros casos mais importantes, como, por exemplo, na velha questão das consoantes mudas, fato que Leão (1946: 6) comenta da seguinte maneira:

> Não podemos deixar de admitir a necessidade que a Delegação portuguesa teve de ceder em vários pontos a favor da prática brasileira (por vezes desrazoável), como a Delegação brasileira houve de decair também a favor do sistema ortográfico português. Por exemplo, num ponto que, para nós,

representa quase que a essência do Acordo – a conservação das letras mudas ou facultativamente proferidas –, a vitória portuguesa (permita-se-nos a expressão) poderia computar-se numèricamente em 90%.

Ao lado da publicação no *Diário do Governo*, os documentos do acordo de 1945 foram publicados numa separata de 56 páginas. A primeira edição do opúsculo intitulado *Convenção Ortográfica Luso-Brasileira* saiu ainda à luz em 1945, sendo outra edição, mais divulgada, publicada em 1946, aliás, sem indicação de tratar-se da segunda edição. Foi, portanto, neste opúsculo que o acordo resultante da Conferência Interacadêmica ficou designado pela primeira vez como *Convenção*, termo esse que, encontrando-se já aplicado ao convênio de 1943, fez com que se criasse a confusão entre o convênio puramente legal de 1943 e o acordo de 1945, de natureza linguística (veja-se também "A Convenção Ortográfica Luso-Brasileira – 1943").

O acordo em Portugal

A aprovação do acordo foi rápida. Em Portugal, o Decreto-Lei nº 35.228 foi publicado pelo governo português representado por António Óscar de Fragoso Carmona, António de Oliveira Salazar e José Caeiro da Mata em 8 de dezembro de 1945. O acordo não só foi tornado oficial em Portugal, mas também nas colônias portuguesas, nomeadamente através da portaria nº 11.212 de 27 de dezembro (*Diário do Governo*, 288/1945) passada pelo ministro das Colônias, Marcelo José das Neves Alves Caetano.[52] Estando prevista a entrada em vigor a partir da data de publicação, a aplicação da nova grafia foi tornada obrigatória para todas as publicações impressas em Portugal (e colônias) a partir de 1º de janeiro de 1946,[53] enquanto os prazos para a aplicação do acordo em livros de ensino e outros casos de exceções deveriam ser regulamentados por portaria individual do Ministro da Educação Nacional.

O *Vocabulário Ortográfico Resumido da Língua Portuguesa* (1947)

É natural que o acordo tenha alterado, de modo considerável, o conteúdo dos *Vocabulários* de 1940 e 1943. Tinha, por isso, sido concebido o *Vocabulário Resumido*, obra destinada a servir de vocabulário único para as duas nações. O novo *Vocabulário Resumido* foi elaborado pelos dois filólogos Francisco da

Luz Rebelo Gonçalves e José de Sá Nunes (relator) os quais, como sabemos, tinham ambos as suas experiências em estabelecer um vocabulário ortográfico. Como previsto no artigo 2° do Decreto 35.228 de 1945 (DG, 273/1945: 1037), a elaboração do *Vocabulário Resumido* cabia à Academia das Ciências, tendo em vista que a parte brasileira havia, ainda no âmbito da conferência interacadêmica, elaborado um "(...) projecto do referido Vocabulário, de que foram presentes à Conferência algumas folhas".[54] O resultado deste esforço, o *Vocabulário Ortográfico Resumido da língua portuguesa*, foi publicado em 1947 em ambos os países: o exemplar português é uma obra de XLII, 475 páginas (Academia das Ciências de Lisboa, 1947), enquanto a versão brasileira tem XLII, 497 páginas (Academia Brasileira de Letras, 1947).

Visto que as instruções do *Vocabulário Resumido* já tinham sido elaboradas e aprovadas no âmbito da Conferência Interacadêmica, não surpreende que os dois vocabulários se tenham mantido fiéis ao estipulado no acordo.

O acordo no Brasil

No Brasil, o acordo foi oficializado pelo governo José Linhares através do Decreto-Lei nº 8.286 de 5 de dezembro de 1945. De maneira diferente ao que acontecia em Portugal, a adesão ao acordo não era unânime no Brasil. Dado que muitos viram com maus olhos o "êxito" que o lado português obteve nas negociações do acordo, começou uma amarga polêmica "antiacordo" em que participaram muitos cidadãos brasileiros.[55] Mesmo que alguns brasileiros, como especialmente José de Sá Nunes, se tivessem pronunciado a favor do acordo, tanto em jornais e revistas, discursos públicos e particulares e ainda em livros, tais esforços não surtiram efeito.

É que, no entanto, apesar de o acordo ter sido oficializado e tornado obrigatório sem demora, não aconteceu nada para garantir a sua aplicação prática no Brasil. Na realidade, a "nova" ortografia estava a ser ora seguida, ora não, de modo que mesmo o *Diário Oficial*, o órgão governamental no Brasil, parece não ter seguido a ortografia decretada nesta publicação (veja-se Melo, 1988: 167). Até a "própria Constituição do Brasil, publicada em 1946, não seguiu a reforma de 1945, sendo tôda ortografia pelo acôrdo [sic!] de 1943" (Bueno, 1958: 288), o que torna evidente que o sistema se encontrava numa posição tão fraca que precisava ser ou reforçado ou abolido definitivamente.

Após tanta polêmica, a abolição da ortografia de 1945 viria do lado político-legal: devido ao fato de a Convenção de 1943 ter sido apenas promulgada como decreto, sem ter sido ratificada oficialmente (o que, por sua vez, exigia a Constituição), em 20 julho de 1948, o presidente pediu ao Congresso Nacional que a ratificasse retroativamente, por se tratar do documento em que se baseava o acordo de 1945.[56] Segundo Castro, Duarte e Leiria (1987: 214), teria sido este pedido o que deu início a uma demorada batalha parlamentar que levou ao projeto de lei, apresentado pelo deputado Coelho de Sousa em 14 de dezembro de 1951. Contrário ao pedido do presidente, este projeto visava revogar o Decreto-Lei nº 8.286 de 1945, restabelecendo o sistema ortográfico do *PVOLP*.

De tudo isso resultou que, em 21 de outubro de 1955, o Presidente João Café Filho teve que promulgar a lei nº 2.623 que previa o regresso ao sistema ortográfico do *PVOLP,* sendo, no mesmo instante, ratificada a Convenção de 1943.[57] Apesar do caráter claramente provisório da revogação do acordo, é óbvio que o regresso ao sistema do *PVOLP* fez com que o acordo de 1945 nunca tivesse uma oportunidade para lançar raízes no Brasil, aprofundando-se assim ainda mais as divergências ortográficas, e tornando ainda mais difícil qualquer futuro entendimento.

Novas aproximações interacadêmicas

O silêncio em matéria ortográfica entre os dois países perdurou até finais dos anos 60: não foram as Academias, mas sim alguns ilustres filólogos que, partindo dos problemas causados pela falta de uniformidade gráfica, tentaram encontrar uma solução para a questão ortográfica.

A moção do Simpósio Luso-Brasileiro de 1967

De 30 de abril até 6 de maio de 1967, realizou-se em Coimbra o I Simpósio Luso-Brasileiro Sobre a língua portuguesa Contemporânea. No âmbito deste encontro, na sessão de 4 de maio de 1967, por iniciativa de José Gonçalo Herculano de Carvalho,[58] foi apresentada uma moção assinada por alguns dos participantes, destinada a obter uma simplificação e unificação das ortografias da língua portuguesa. O principal motivo dos filólogos subscritores da moção não foi, porém, a mera apresentação de um modelo para a unificação, mas, sim, dar um passo para mostrar que ainda era possível chegar a um entendimento no que diz respeito à ortografia luso-brasileira. A moção foi assinada por Antenor Nascentes, Joaquim Mattoso Câmara, Sílvio Elia, Gladstone Chaves de Melo, Adriano da Gama Kury, Vitorino Nemésio, Jacinto do Prado Coelho, Luís Filipe Lindley Cintra, Maria de Lourdes Belchior Pontes, Álvaro Júlio da Costa Pimpão, Manuel de Paiva Boléo, Américo da Costa Ramalho, José Gonçalo Herculano de Carvalho, contando a discussão com a participação de Adriano Leite Teixeira, Walter de Sousa Medeiros, Óscar Lopes, Albertina Fortuna de Barros, Leodegário Amarante de Azevedo Filho, António Gomes Ferreira, Celso Cunha, Adriano Nunes de Almeida, Jorge de Morais Barbosa, Artur de Almeida Torres, António Salgado Júnior, Custódio Lopes dos Santos, Paulo Quintela e Aryon Dall'Igna Rodrigues (*Actas do* I Simpósio Luso-Brasileiro Sobre a língua portuguesa, 1968: 221-6).

Como se vê, tiveram parte na moção alguns dos filólogos mais notáveis da lusofonia. Não se deixando desviar por questões de nacionalismo ou outros temas não pertinentes à questão, os assinantes da moção deram prevalência, nos pontos analisados, à solução mais óbvia nos casos duvidosos: a dupla grafia oficial. O resultado foi obtido por voto majoritário, mas não unânime. É, por isso, claro que nem todos os participantes tenham estado de acordo com todos os pontos da moção (foram até apresentadas ideias que ainda excederam as propostas da moção), encontrando-se todas as opiniões contrárias ou adicionais anexas ao texto da moção.

O projeto nº 504/67 e a reforma de 1971

Embora a moção contasse com a assinatura de muitos acadêmicos influentes tanto de Portugal como do Brasil, ela não teve grande resultado em Portugal e teria ficado sem efeito se não fosse o deputado paulista Alceu de Carvalho, que, em 7 de agosto de 1967 apresentou o projeto de Lei nº 504/67 para alterar o sistema ortográfico consagrado no *PVOLP* pela Lei de 1955. Neste projeto, o deputado Carvalho propôs a simplificação da acentuação gráfica.

Referindo-se diretamente à moção do Simpósio, o projeto não parou nos pontos expostos na moção, mas, indo mais além, previa não só a abolição do trema, mas também a abolição quase na íntegra do acento grave, deixando de lado a questão das consoantes mudas e da acentuação divergente de esdrúxulas.

Assim, o projeto 504/67 não representava uma solução perfeita e completa para a questão ortográfica, nem, aparentemente, foi isso que se pretendeu: tratou-se, sim, de algumas das questões mais cruciais da ortografia luso-brasileira. Tendo isso em vista, o projeto foi submetido à *Comissão de Educação e Cultura* da Câmara dos Deputados e analisado no parecer do deputado Eurípides Cardoso de Menezes, que, em sessão de 6 de maio de 1970, chegou à conclusão de que nada se deveria fazer sem ouvir a Comissão encabeçada por Antenor Nascentes. Esta Comissão, que ainda contou com os filólogos e acadêmicos Cândido Jucá Filho, Celso Ferreira da Cunha, Carlos Henrique da Rocha Lima, Olmar Guterres da Silveira, Evanildo Bechara, Aires da Matta Machado Filho e Aurélio Buarque de Holanda, apresentou o seu parecer em 11 de junho de 1970.[59] Em conclusão, a comissão, bem como um grupo de professores da Universidade de Brasília, encabeçado por Adriano da Gama Kury, concordou sumariamente com o projeto, mas, tendo em consideração a Convenção de 1943, viu-se obrigada a indicar que seria indispensável incluir também as duas Academias nacionais além da Academia Brasileira de Filologia, possibilitando assim a participação do lado português.[60]

Tendo sido feita consulta à Academia das Ciências de Lisboa em 15 de junho de 1970, a comissão composta por Gustavo Cordeiro Ramos, Jacinto do Prado Coelho e Luís Filipe Lindley Cintra (relator) apresentou um parecer positivo em 27 de janeiro de 1971, que foi aprovado pela dita instituição na sessão plenária de 4 de fevereiro de 1971 (Soares, 1971: 24-5).[61] Pouco mais tarde, em 22 de abril de 1971, a Academia das Ciências de Lisboa e a Academia Brasileira de Letras assinaram um breve acordo ortográfico, destinado à simplificação ortográfica através da redução da acentuação gráfica.[62]

Na realidade, o pequeno acordo de 1971 mudou pouco. Em Portugal só ficou abolido o acento grave em todas as ocorrências em que não se trate de um resultado da crase (tendo os outros pontos já encontrado uma solução na reforma anterior), enquanto no Brasil a medida constituía uma cesura mais grave (mas, note-se, menos dura, pois a proposta da reforma tinha saído do solo brasileiro). A reforma foi promulgada no Brasil em 18 de dezembro de 1971 por Emílio G. Médici e Jarbas G. Passarinho como Lei nº 5.765. Além de conter as alterações já referidas, a lei previa a elaboração de um vocabulário onomástico, bem como uma reedição do Vocabulário Comum e do *PVOLP* conforme as novas regras. Embora a lei entrasse em vigor com a publicação, foi estipulado um prazo de quatro anos para que as editoras pudessem adaptar as edições em curso (Hauy, 1989: 16).

Ignoramos por que a ratificação do novo acordo pela parte portuguesa levou tanto tempo para ser oficializada, mas foi só em 6 de fevereiro de 1973 que se publicou o Decreto-Lei n. 32/73, aprovado por Marcello Caetano e José Veiga Simão e promulgado pelo presidente Américo Deus Rodrigues Thomaz em 1º de fevereiro de 1973. O Decreto-Lei, de forma semelhante à portaria 7.117 de 1931, contém somente as alterações que o acordo introduz no sistema atual português. Não se cita prazo, nem são previstas medidas suplementares, o que nos leva a presumir que estava previsto para entrar em vigor com a publicação.

Ambos os países permaneceram fiéis ao que tinham concordado as duas Academias e, ao contrário das medidas anteriores, não houve qualquer dúvida respeitante à aplicação do conteúdo do novo acordo. Portugal até introduziu a aplicação da "nova grafia" nas suas colônias pela portaria n. 519/73 de 6 de fevereiro de 1973 (Hauy, 1989: 7). Podemos concluir que, pela primeira vez, Portugal e Brasil chegaram a um acordo luso-brasileiro, porque as disposições desta tentativa entraram e ficaram em vigor até os nossos dias, tendo a necessidade de simplificação superado qualquer forma de nacionalismo ou egoísmo linguístico.

O projeto de acordo ortográfico (1975)

Face à rapidez e falta de complicação com que se realizou a aproximação de 1971, não admira que os membros da comissão portuguesa se deixassem motivar a esperar que esta iniciativa poderia levar a questão ortográfica mais adiante:

> Antes de encerrar este Parecer, não quer esta Comissão deixar de afirmar que, na sua opinião e propósito, esta sua intervenção deve ser considerada apenas como um primeiro passo de alcance ainda limitado, no âmbito de diligências que desejaria ver ràpidamente intensificadas e ampliadas, sob a forma de uma estreita colaboração entre as duas Academias, no sentido de se atingir a simplificação e unificação ortográficas, há tanto desejadas e tão necessárias, e pelas quais, depois da iniciativa tomada na Câmara de Deputados do Brasil, parece, agora mais do que nunca, possível realizar um esforço conjunto com probabilidades de o ver alcançar resultados positivos (Soares, 1971: 25).

A continuação deste espírito de colaboração fica documentada numa entrevista feita ao filólogo português Luís Filipe Lindley Cintra, em que se fala de uma nova tentativa para os dois países lusófonos chegarem a um acordo ortográfico (veja-se Castro, Duarte e Leiria, 1987: 216): enquanto as duas academias teriam preparado o acordo de 1971, uma comissão de Acadêmicos incluindo Jacinto do Prado Coelho, Luís Filipe Lindley Cintra, Américo da Costa Ramalho e António Ribeiro dos Santos teria preparado os trabalhos frente a outra comissão semelhante no Brasil. As comissões das duas Academias acabaram com a elaboração de um projeto de acordo em 1975, pouco depois do 25 de abril de 1974.

Tanto o fato de Portugal ter sido uma democracia recém-criada e cheia de problemas internos, enquanto o Brasil, no tempo das negociações, ainda se encontrava em regime de ditadura militar,[63] como também a existência, em ambos os países, de demasiados problemas de outra natureza podem ter sido decisivos para impedir naquele momento um novo empenho oficial em questões ortográficas. Sejam quais tenham sido as razões,[64] o resultado do projeto de 1975 foi nulo, ou seja, os resultados dos trabalhos apenas foram aproveitados para servir de base para projetos posteriores.

Em relação a projetos anteriores, o plano do acordo previsto parece ter sido razoável, já que ao lado da ortografia unificada era previsto o atendimento às necessidades de ambos os países com a simultânea admissão de dupla grafia e facultatividade, onde fosse necessário. Na realidade, só desta maneira poderia ser feita justiça aos dois países, sem causar vantagens nem desvantagens para um dos parceiros.

Claro que a aproximação ortográfica ficou ainda mais difícil com a libertação das colônias portuguesas em 1975. Surgiram, assim, mais cinco países de fala e escrita oficiais portuguesas.

O Encontro de Unificação Ortográfica da Língua Portuguesa e o acordo resultante (1986)

Entre os dias 6 e 12 de maio de 1986, encontraram-se na Academia Brasileira de Letras no Rio de Janeiro delegações de seis dos países de língua oficial portuguesa, salvo da Guiné-Bissau (representada pelo representante de Cabo Verde) e Timor-Leste,[65] nomeadamente Angola, Brasil, Cabo Verde, Moçambique, Portugal, bem como São Tomé e Príncipe. A fim de acabar com a questão ortográfica, foi estabelecido um primeiro acordo ortográfico plurinacional. Os alvos do encontro convocado a convite do presidente Sarney por

Antônio Houaiss, que serviu de secretário-geral, foram a limitação da acentuação gráfica e do uso do hífen, bem como a abolição das consoantes mudas. Das negociações resultou o protocolo do Encontro de Unificação Ortográfica da língua portuguesa que contém as bases analíticas da ortografia simplificada da língua portuguesa de 1945, renegociadas em 1975 e consolidadas em 1986, documento assinado no último dia da reunião, em 12 de maio de 1986.

O acordo do Rio trouxe algumas medidas incisivas. Foram abolidos quase todos os sinais diacríticos, as consoantes mudas características da ortografia em Portugal e o hífen. Visto que outras medidas menos graves já tinham em outras ocasiões provocado gritos de escândalo, não admira que o novo acordo fosse iniciar uma tempestade. Esta começou logo após a publicação do acordo, sendo este mais atacado do que apoiado, independentemente das razões...[66] Se bem que no parágrafo 6º do Protocolo as delegações se tivessem obrigado a recomendar aos seus respectivos governos a adoção do novo sistema ortográfico, o acordo não foi ratificado, visto que a sua aplicação tinha essencialmente sido inviabilizada "[...] pela reacção polêmica contra ele movida sobretudo em Portugal" (República Portuguesa, 1991: 44).[67]

Acordo Ortográfico da Língua Portuguesa (1990)

Com o fracasso do acordo de 1986 não ficaram resolvidos os problemas ortográficos dos países de língua portuguesa. Em continuação dos trabalhos já feitos, a Comissão Nacional da língua portuguesa (CNALP) promoveu um intercâmbio de ideias ortográficas que culminou, em 14 de dezembro de 1988, no envio de um "Anteprojecto de Bases da Ortografia Unificada da língua portuguesa", o qual, com ligeiras modificações, foi aceite na resposta dada em 4 de janeiro de 1989 pela Academia Brasileira de Letras (Alves, 1993: XXIII-XXIV). Foi assim que, num encontro na sede da Academia das Ciências de Lisboa em 12 de outubro de 1990, especialistas de todos os países de língua oficial portuguesa – incluindo ainda uma "delegação de observadores da Galiza" – [68] estabeleceram formalmente as bases ortográficas.

Com base nestes trabalhos, os ministros de Cultura e detentores de cargos afins dos países participantes assinaram o acordo em outro encontro em Lisboa, realizado em 16 de dezembro de 1990. O acordo consta de duas partes: a primeira parte com as disposições legais, que estabelecem assuntos como o nome oficial “Acordo Ortográfico da língua portuguesa (1990)”,[69] a obrigação legal de os países signatários tomarem as medidas necessárias para o estabelecimento de um vocabulário comum até o dia 1º de janeiro de 1993 e, finalmente, a entrada em vigor do acordo em 1º de janeiro de 1994, depois de ratificado pelos respectivos governos. A segunda parte, o “ANEXO I”, contém, por outro lado, todas as medidas ortográficas em XXI bases.

Ao contrário do que aconteceu com o acordo do Rio, o novo acordo, que já em 4 de junho 1991 foi ratificado em Portugal na Resolução da Assembleia da República nº 26/91 e pelo presidente no Decreto 43/91 de 23 de agosto, contém medidas menos incisivas.[70] Mesmo que os problemas resolvidos sejam os mesmos, a novidade é, entre outros assuntos, a eliminação das consoantes mudas e a introdução da *dupla grafia oficial*, nomeadamente nos casos de consoantes etimológicas, proferidas numa pronúncia culta, em outra não; e, no caso da acentuação gráfica, a grafia de vogais tônicas abertas numa das pronúncias cultas, enquanto proferidas tônicas fechadas em outra pronúncia. Esta solução, que levou quase 60 anos para ser adotada com alguma coerência, encontra-se assim fundamentada pelo filólogo brasileiro Antônio Houaiss (1991: 13, 15):

> A unificação da ortografia não implica a uniformização do vocabulário da língua; pelo contrário, respeitando-se as pronúncias cultas de cada país, passa-se a admitir duplas grafias, embora as regras ortográficas sejam as mesmas para todos os países signatários do Acordo.
> [...]
> O novo Acordo privilegia o critério fonético em detrimento do etimológico, ou seja, é o critério da pronúncia que justifica a existência de grafias duplas e a supressão das consoantes “mudas” ou não articuladas.

No Brasil, o acordo foi aprovado, através do Decreto Legislativo nº 54 de 1995 que reza o seguinte:

> Art. 1º. É aprovado o texto do Acordo Ortográfico da Língua Portuguesa, assinado em Lisboa, em 16 de Dezembro de 1990.
> Parágrafo único. São sujeitos à apreciação do Congresso Nacional quaisquer atos que impliquem revisão do referido Acordo, bem como quaisquer atos que, nos termos do Art. 49,1 da Constituição Federal, acarretem encargos ou compromissos gravosos ao patrimônio nacional.
> Art. 2º. Este Decreto Legislativo entra em vigor na data da sua publicação (Academia Brasileira de Letras, 1999: LVIII).

Independentemente de – em princípio – ter sido oficialmente adotado por Portugal e pelo Brasil, o acordo de 1990, que deveria estar em vigor desde 1994, não é aplicado nem em Portugal, nem no Brasil.[71,72] Acontece que entretanto houve dois protocolos modificativos por ocasião de encontros dos governos dos países da CPLP em 17 de julho de 1998 (Protocolo Modificativo 2000) e 26 e 27 de julho de 2004, tendo neste último encontro sido estabelecido que o acordo entraria "[...] em vigor com o terceiro depósito de instrumento de ratificação junto da República Portuguesa" (Segundo Protocolo s. d.). O acordo e os seus protocolos modificativos já foram ratificados pelo Brasil, Cabo Verde e São Tomé e Príncipe. Portugal, que foi o primeiro país a ratificar o acordo, ainda não o fez. Assim, apesar da simplificação do processo através da eliminação de uma data fixa de entrada em vigor, o assunto continua pendente, mesmo que, em princípio, todas as questões abertas tenham sido resolvidas...

A Proposta de Simplificação e Uniformização da Língua Portuguesa (PSUOLP) (2002)

No IV Congresso dos Lusitanistas Alemães em Germersheim, em setembro de 2001, o ilustre lusitanista Luciano Caetano da Rosa (então da Universidade Humboldt, Berlim) apresentou ainda outra proposta para uma unificação da ortografia portuguesa: a Proposta de Simplificação e Uniformização da língua portuguesa (PSUOLP) (Rosa, 2002). Tendo apresentado o seu projeto à consideração dos mais variados organismos governamentais, políticos e culturais e científicos dos países lusófonos, Rosa preconiza uma reformulação do sistema ortográfico atual.

Junto com as iniciativas oficiais e semioficiais que acabamos de retratar, ao longo dos últimos noventa anos houve múltiplas tentativas para a introdução de um sistema ortográfico mais simplificado, na maioria no sentido sônico. O projeto de Rosa, porém, foi elaborado com base no sistema da ortografia atual, mudando-o, revolucionando-o.

Para não nos perdermos numa digressão demasiadamente longa, basta realçar como feição mais aparente do novo sistema a substituição de qualquer acento agudo (e parcialmente do acento circunflexo) pelo acento grave, que passa a servir unicamente para indicar a tonicidade, sem nenhuma indicação do timbre (por exemplo, *estàs, albanès, dòceis, sòtão, Luìs, acadèmico*). Outro ponto significativo é a simplificação das sequências consonânticas, que passam sendo simplificadas quando não proferidas.[72]

O sistema resultante da proposta de Rosa é coerente. O seu autor conseguiu realmente estabelecer o desejado sistema uniforme, aplicável à lusofonia. Mas convém lembrar-se do tempo em que anteriores medidas em matéria ortográfica demoraram para ser largamente aceitas e aplicadas – e na verdade ainda hoje nem todas as disposições do pequeno acordo de 1971 são seguidas por todos os escreventes! Para que uma medida ortográfica tão inovadora e tão radical como o sistema PSUOLP seja devidamente divulgada, várias gerações de alunos terão que passar pelas escolas.

A proposta de acentuação da PSUOLP choca claramente com os hábitos gráficos de séculos de vernacularidade: o uso sistemático do acento grave como acento tônico não tem equivalente na história da ortografia portuguesa. Segundo a PSUOLP, todos os utentes da língua portuguesa no presente se encontrariam confrontados com uma norma gráfica que põe em questão muito dos seus conhecimentos de ortografia, o que faz com que seja de prever que dificilmente será aceita pelo público em geral.[73] Pior ainda: para as editoras uma norma ortográfica completamente nova, uma mudança radical de regime ortográfico, significaria enormes despesas em termos de reedições, muitos livros, como os livros escolares, passariam a ser inutilizáveis.[74] Na primeira grande mudança de regime ortográfico, em 1911, este choque não se tornou tamanho, simplesmente porque a norma ortográfica de Gonçalves Viana já se estava a divulgar desde 1904, e já contava com muitos adeptos na altura da reforma.

Para terminarmos, o sistema ortográfico da PSUOLP é fruto de observações lógicas sobre a(s) ortografia(s) da língua portuguesa, mas, infelizmente, não parece mais do que um sonho irrealizável que não passará além do que alcançou a Comissão do Porto!

Ao longo de todo o século XX, a ortografia da língua portuguesa em Portugal e no Brasil foi sujeita a grande número de reformas de natureza oficial e semioficial. Essas mudanças fizeram com que o sistema fonético-etimológico, estabelecido de modo científico por Gonçalves Viana, cedesse, com o último acordo, a outro sistema em que prevalece o critério fonético. Falta, porém, a unidade ortográfica, seja luso-brasileira, seja de todos os países de língua oficial portuguesa, processo de aproximação esse que já foi iniciado em 1898.

Tratava-se de um fim difícil de atingir, pois enquanto em Portugal às vezes se verificava pouca vontade de aceitar sugestões vindas do lado brasileiro, no Brasil, as ortografias acadêmicas e oficiais sofreram graves incisões devido a maiorias acidentais ou causas afins. Assim, devido às razões mais variadas, as negociações de uma colaboração em matéria ortográfica só num caso tiveram bom termo. Foi este o caso da pequena reforma de 1971 que, lembre-se, foi feita devido à prévia intervenção de vários linguistas e especialistas na matéria.

Nos tempos mais modernos, as considerações de natureza egoísta ou nacionalista, próprias dos anos 1920 a 1950, deixaram felizmente de ter importância. Como demonstrou o entendimento a que chegaram os acadêmicos brasileiros e portugueses no acordo de 1990, é possível os dois grandes adversários em matéria ortográfica fazerem as pazes, sendo agora necessário que o poder político se comprometa a cumprir a sua parte. Para atingir este fim, os linguistas especializados na matéria deverão acompanhar o processo que iniciaram no estabelecimento do acordo, encorajando os seus governos a porem em prática a ortografia de 1990.

A unidade ortográfica será, por fim, possível quando, de uma vez por todas, as questões extraortográficas e extralinguísticas deixarem de ter peso na discussão. Façamos votos para que isso aconteça e que a ortografia simplificada, antes de fazer cem anos, passe a ser chamada, com todo o direito, "ortografia simplificada e unificada"![75]

Notas

* Os nossos sinceros agradecimentos vão para os ilustres colegas e amigos Antônio Martins de Araújo (Rio de Janeiro) – a quem ainda devemos a bondade de nos ter fornecido alguns raros e valiosos elementos para este artigo – e Luciano Caetano da Rosa (Berlim), que contribuíram de maneira considerável para que este texto ficasse menos imperfeito em termos de conteúdo, estilo e, sim, ortografia! Advirta-se que o presente artigo se encontra redigido em conformidade com as normas ortográficas do Brasil, sendo de resto respeitada a grafia original de qualquer texto citado. Para uma versão anterior, veja-se Kemmler (2006).

1 Veja-se a este respeito Barbosa (1822: 56-8) e Kemmler (2001: 249-52).

2 O raríssimo *Guia* (Administração da Imprensa Nacional: s. d.) de 16 páginas foi publicado pela Imprensa Nacional entre 17 de outubro de 1855 (data do último diploma legal mencionado) e 1859, ano em que saiu do prelo o terceiro volume do *Diccionario Bibliographico Portuguez* de Inocêncio Francisco da Silva, que faz menção do opúsculo (Silva 1858: III, 423). Ignoramos se o opúsculo teve alguma repercussão na época, mas cremos que Gonçalves Viana (1900: 6) se esteja a referir a esta publicação, na sua *Proposta de um Questionário,* quando pergunta "13. Tem a Imprensa Nacional de Lisboa competencia e autoridade para fixar orthographia portuguesa? Por quem e em que diploma lhe foram reconhecidas?", cf. também Kemmler (2001: 278, nota 323).

3 Para mais informações sobre as ideias ortográficas de Barbosa Leão e o destino do projeto, veja-se Kemmler (2001: 253-66, 272-73).

4 Veja-se a reprodução destes dois diplomas em Kemmler (2001: 251-52).

5 Agradecemos ao amigo Telmo Verdelho (Aveiro) o oferecimento de um dos raríssimos exemplares deste opúsculo de 22 páginas. O texto da *Proposta de um Questionário* foi reproduzido na *Ortografia Nacional* (Viana, 1904: IX-XVI).

6 Veja-se o artigo de Bourdon (1976) que, de maneira muito convincente, ilustra o relacionamento entre a ortografia simplificada e os republicanos portugueses da época, tendo-se a maioria dos monarquistas se mostrado mais inclinados para a ortografia usual.

7 Note-se que a questão ortográfica dentro da Academia das Ciências de Lisboa surgiu no âmbito da proposta apresentada em 29 de abril de 1898 pelo acadêmico brasileiro Joaquim Francisco de Assis Brasil, destinada ao estabelecimento de um sistema ortográfico luso-brasileiro. Para informações mais detalhadas sobre esta discussão, veja-se Kemmler (2001: 275-81).

8 Na sua obra escrita em 1906 (publicado postumamente em 1915), o filólogo maranhense Filipe Franco de Sá (1841-1906), pioneiro em estudos da pronúncia do português do Brasil, manifestou a seguinte opinião quanto às propostas de Gonçalves Viana: "Mas, quanto á qualidade do som, a pronuncia, em Portugal é differente da nossa, como adiante diremos. Compete á Academia Brasileira de Letras, quando se julgar para isso com autoridade bastante, decidir se convem acceitar a accentuação graphica dos portuguezes, procurando a gente culta conformar com ella a pronuncia; ou continuarmos a não pôr accento senão nos casos em que hoje commummente se põe; ou, finalmente adoptarmos differente accentuação, conforme á nossa pronuncia. O melhor fôra, a ser possivel, que a nossa Academia chegasse a um accordo com a de Lisboa sobre a orthographia para que se não escreva a lingua diversamente, na Europa e na America" (Sá 1915: 71). Sobre o autor e a obra em questão, veja-se Araújo (s. d.).

9 Visto que não se conservam atas da sessão em questão, o único testemunho é este artigo do diário carioca *Jornal do Comercio* de 15 de junho de 1901, reproduzido na ortografia moderna por Henriques (2001: 229).

10 Henriques (2001: 230), que parece citar as atas da Academia Brasileira de Letras, sem, aliás, mencionar a fonte exata.

11 O documento publicado na *Revista da Academia Brazileira de Letras* (1910: 85-90) é assinado "Sala das sessões da Academia Brazileira, em 25 de abril de 1907. Medeiros e Albuquerque" (*Revista da Academia Brazileira de Letras* 1910: 90). Na sua edição das atas da Academia Brasileira de Letras, Henriques (2001: 230) afirma que o projeto de Medeiros e Albuquerque teria sido apresentado em 2 de maio de 1907.

12 Nessa data foram estabelecidas as "Bazes do Vocabulario Ortografico" (*Revista da Academia Brazileira de Letras*, 1910: 109-113).

13 Veríssimo (1910: 122): "Demais, a Academia absolutamente não se preocupou de ortografia fonetica ou sonica. O seu fim declarado foi simplificar dentro do systema actual, chamado mixto."

14 Medeiros e Albuquerque baseou o seu projeto no sistema ortográfico aplicado no *Novo Dicionário da Língua Portuguesa* (1899) de Cândido de Figueiredo, sendo este uma mistura entre a ortografia usual e uma grafia simplificada (para mais informações sobre as ideias ortográficas subjacentes ao referido dicionário, veja-se Figueiredo, 1899: XIV-XIX). Pode constatar-se que a ortografia de 1907 é, sim, uma variação brasileira de um sistema simplificado de origem portuguesa, tendo-se originado nos trabalhos de Cândido de Figueiredo, de Gonçalves Viana ou nos dois. Na realidade, o projeto do dicionário de Figueiredo não era alheio a Gonçalves Viana e Vasconcelos Abreu, já que ambos foram "cooperadores" que contribuíram para este nos campos "linguagem comparada, etymologias, etc" e "indicações etymologicas e livros subsidiarios", respectivamente (Figueiredo, 1899: XXXIII-XXXIV). Não admira que também entre os linguistas brasileiros a reforma de 1907 seja encarada como sendo de origem portuguesa, assim como afirma Melo (1988: 165): "Era a réplica brasileira da *Ortografia Nacional*. Na prática, o sistema se mostrou lacunoso e imperfeito, pelo que se recorreu ao expediente das meias-solas e dos pontos-falsos, em subsequentes reuniões da Academia." Também Aguiar (1984: 65) constata o seguinte acerca da origem da reforma de 1907: "Observando bem o texto desta reforma, notamos imediatamente a influência do grande mestre português, Gonçalves Viana, em *Ortografia Nacional*, de 1904. Seu apelo teve eco primeiro aqui. Lá, só diante de nossa reforma. Breve, começariam os acórdãos entre as duas nações."

15 Para além desse uso interno da academia, Henriques (2001: 232) testemunha uma primeira repercussão oficial quando afirma que a ortografia simplificada de 1907 teria sido "[...] oficialmente abonada pelo Ministro da Justiça Tavares de Lira em 11 de setembro de 1907 como uso válido nos 'exames preparatórios, sem prejuízo da nota de aprovação'. Na prática, todavia, esse ato ministerial nunca foi cumprido nos exames".

16 Para todos os textos de natureza oficial e legal, ligados à reforma de 1911, veja-se Ministério do Interior (1911).

17 O filólogo Augusto Epifânio da Silva Dias não chegou a fazer parte da comissão, tendo recusado o cargo.

18 Este vocabulário foi devidamente estabelecido pelo relator da comissão de 1911. Foi já em 1912 que Gonçalves Viana publicou o *Vocabulário Ortográfico e Remissivo da Língua Portuguesa*, uma obra de 650 páginas que, elaborada com base no *Vocabulário Ortográfico e Ortoépico da Língua Portuguesa* de 1911, ao longo

das suas sete edições serviria tanto de vocabulário oficial como de modelo para os futuros vocabulários de língua portuguesa.

19 Veja-se, com mais referências, Kemmler (2001: 277).

20 Conforme se afirma nas *Bases* (Academia das Ciências de Lisboa, 1916: 9), a comissão baseou-se em *As Ortografias Portuguesas* de Gonçalves Viana (1902) e nas *Bases* oficiais de 1911.

21 A resistência à nova ortografia foi mínima, sendo esta quase exclusivamente limitada aos esforços de Alexandre Fontes, um jornalista que até chegou a pedir ao presidente da República que revogasse a ortografia oficial em favor de uma ortografia etimológica.

22 É óbvio que a decisão não foi tomada por unanimidade. O projeto foi vetado pelos acadêmicos Amadeu Amaral, Antônio Austregésilo, Filinto de Almeida, Carlos Magalhães de Azeredo, Mário de Alencar, Medeiros e Albuquerque e Silva Ramos, não devendo, como alude Figueiredo (1929: 198), o voto obtido pela proposta de Osório Duque Estrada ser considerado mais do que ***o*** resultado de uma maioria acidental.

23 Veja-se a referência feita no discurso do ministro da Educação, José Caeiro da Mata, na sessão de encerramento em 15 de agosto de 1945, reproduzido em *Conferência Interacadémica* (1947: 88).

24 Os antecedentes do formulário foram publicados por Laudelino Freire em 1920 (*Revista da Língua Portugueza*, 1920: 7-13) e 1922 (*RLP* 1922: 11-20), veja-se Souza (s. d.). As opiniões sobre esta iniciativa particular são díspares: em relação às *Regras Ortográficas* de 1920, Alencar (1922: 103) opinou, de maneira esperançosa: "Cortes, proscripções, reformas, lá estão nas sabias 'Regras orthographicas' destinadas à particularidade da 'Revista de Lingua Portuguesa, mas que depois irradiar-se hão pelo país todo, acabando esse ecletismo que ahi está, a atrapalhar, a difficultar, a confundir, e anarchizar deploravelmente a unidade graphica do idioma.' Um ano depois, porém, o português Campos (1923: XXXI-XXXII) fez umas suaves críticas ao formulário de 1922: "E mais recentemente, em Julho de 1922, a *Revista de Língua Portuguesa* publicou um *Formulário Ortográfico,* organizado pelo seu ilustre director, dr. Laudelino Freire, trabalho menos corajoso do que a reforma portuguesa, mas em verdade baseado nela, e que assim constitui uma espécie de compromisso entre aquela nossa reforma e a chamada *grafia usual* anterior. Parece que êste novo código de escrita tem sido adoptado por alguns professores e escolas, de modo que o Brasil está actualmente usufruindo três grafias, pelo menos: a antiga, a oficial portuguesa, e a do dr. Laudelino Freire."

25 Foi, entre outros pontos, devido às falhas e incoerências do sistema adotado que, no seu parecer de 26 de junho de 1930, a Academia Cearense de Letras (1930: 21) acabou por recusar a reforma feita pela Academia Brasileira de Letras.

26 Veja-se Laudelino Freire (*Jornal do Comércio* de 11-06-1931, citado em Assunção, 1933: 133): "A idéa do acordo partiu da Academia Brasileira."

27 Na verdade, era já a segunda publicação do acordo. Em 7 de abril de 1931, fora publicado pela primeira vez, mas aparentemente com faltas. "Por ter saído com inexactidões, novamente se publica o seguinte acôrdo firmado entre a Academia das Sciências de Lisboa e a Academia Brasileira de Letras, em 30 de abril de 1931, para a unidade ortográfica da lingua portuguesa, com o qual S. Ex.ª, o Ministro concordou por seu despacho de 4 do corrente: [...]". Nota-se porém, que as referidas "inexactidões" ainda persistiram na publicação em 25 de maio: o sumário deste número do *Diário do Governo* menciona o "acordo firmado [...] em 11 de Abril de 1931" enquanto as assinaturas no fim do "instrumento" datam de 31 de abril de 1931 (data esta que é impossível por o mês de abril só ter trinta e não trinta e um dias), tendo o acordo na verdade sido assinado em 30 de abril. Veja-se para tudo o *Diário do Governo* (25 de maio de 1931b: 907).

28 As divergências em relação ao acordo assinado entre as duas academias foram coerentemente conservadas no texto oficial da portaria 7.117 de 27 de maio de 1931. Veja-se também Pinto (1931: 86).

29 Foi na ocasião da sua resposta quanto à questão das consoantes mudas ora em Portugal, ora no Brasil, que os acadêmicos brasileiros estabeleceram pela primeira vez o conceito da *dupla grafia* (*Revista da Academia de Letras,* 1932: 428). Não admira que este ponto cedo se tenha tornado num pomo de discórdia, já que as negociações prévias não previam nenhuma dupla grafia para palavras que apresentam realidades fonéticas distintas.

30 Curiosamente, até houve quem, favorecendo o sistema português, se pronunciasse contra o acordo com Portugal, como acontece em Assunção (1933: 124-5): "Também eu defendi e apoiei essa reforma [a de 1929], desaconselhando sempre qualquer entendimento com Portugal, embora partidário convicto do sistema português. [...] E' que já contava com a oposição que, só por isso, o acordo sofreu desde o começo."

31 Ao lado da mais frequente (e criticada) leitura que fazia da ortografia objeto de regulamentação dentro do trecho do artigo 26°, houve, no mesmo momento, vozes críticas, juristas que manifestaram dúvidas de que teria sido a vontade dos constituintes adotar e promulgar a ortografia, mas sim a própria Constituição: assim afirmou o consultor-geral da República, Francisco Campos e Mário Masagão, membro do Supremo Tribunal de Justiça (Aguiar, 1984: 76-7).

32 Entre as muitas pessoas, foram muitos professores do ensino secundário do Distrito Federal que se manifestaram num abaixo-assinado em 26 de julho de 1934 (IBGE, 1941: 27-28 – Aguiar 1984: 78 indica a data errada de 20 de julho), um Congresso Ortográfico realizado por professores no estado de São Paulo em 19 de agosto de 1934 (IBGE, 1941: 29-31), o Congresso Nacional de Educação de 4 de junho de 1935 (IBGE, 1941: 31-7), o Congresso das Academias de Letras de 5 de maio de 1936 (IBGE, 1941: 38-39) bem como ainda outros grêmios culturais que se declararam contra a reintrodução da ortografia usual, preferindo o sistema do acordo de 1931.

33 Veja-se Americano (1935: 15) e *Revista da Academia de Letras* (1935: 460).

34 É notável que até houve entidades públicas que se opuseram à medida, como a prefeitura do Distrito Federal, que, no decreto 5575 de 12 de junho de 1935, mandou adotar a ortografia do acordo ortográfico, tal como tinha sido decretada em 1931/1933 (*Revista da Academia de Letras*, 1935: 447-51).

35 Consulte-se, sem efeito, Barreto (1971: 427-500). Mesmo assim, parece que a Constituição de 1937 tenha sido escrita na ortografia simplificada e não no sistema usual (veja-se, a este respeito, IBGE, 1941: 64).

36 Frente aos problemas óbvios, o ministro Gustavo Capanema resolveu criar uma comissão com os filólogos Sousa da Silveira, Augusto Magne e Antenor Nascentes, a fim de ser estabelecida uma nova reforma. Acabados os trabalhos em 31 de dezembro de 1937, o projeto foi arquivado, sendo somente aproveitados alguns pontos nas "Regras para a Acentuação Gráfica" que foram anexadas ao Decreto-lei nº 292/1938. Veja-se Castro, Duarte e Leiria (1987: 211), Melo (1988: 166) e *Actas* (1968: 198).

37 Publicado no *Diário Oficial* de 28 de fevereiro de 1938. O texto integral foi também publicado em Horta (1939: 15-21).

38 Melo (1988: 166) baseia a sua opinião nas contradições introduzidas pela reforma, como, p. ex., em *Brás* = Exemplo da regra 7ª ~ *Braz* = Nota ao § 2º, nº 5º do acordo de 1931.

39 Na sessão da Classe de Letras de 20 de janeiro de 1938 (*Boletim da Academia das Ciências de Lisboa,* 1938: 27), Júlio Dantas, como presidente da Classe, exprimiu a necessidade de reforçar a comissão do vocabulário para ainda conseguir imprimi-lo em 1939, sem, aliás, mencionar a data exata quando foram iniciados os trabalhos no Vocabulário.

40 Na sessão da Classe de Letras de 12 de dezembro de 1940 (veja-se *Boletim da Academia das Ciências de Lisboa* 1940: 225) Rebelo Gonçalves comunicou à Academia das Ciências de Lisboa que tinha terminado o trabalho no Vocabulário.

41 Para os votos dos acadêmicos brasileiros, veja-se os anexos à Sessão Plenária Extraordinária de 2 de outubro de 1939 (em: *Boletim da Academia das Ciências de Lisboa* 1939: pp. 150-74).

42 Monteiro (1954: 91-2). Sem indicar uma data exata, Melo (1988: 166) afirma que a proposta de Capanema teria sido formulada em 1941.

43 Note-se que a Academia Brasileira de Letras, sem se declarar abertamente contra a proposta do ministro na ocasião, resolveu, na mesma sessão, que o "VOCABULÁRIO ORTOGRÁFICO DA LÍNGUA NACIONAL terá por base o VOCABULÁRIO ORTOGRÁFICO DA LÍNGUA PORTUGUÊSA da Academia das Ciências de Lisboa, edição de 1940, consoante a sugestão do senhor Ministro de Educação e Saúde, aprovada unanimemente pela Academia Brasileira de Letras em 20 de janeiro de 1942" (Monteiro 1954: 93). Neste caso, a oposição aberta foi substituída pela ampliação tácita do número de itens que iriam divergir do plano do vocabulário português para treze em vez das quatro modificações propostas por Capanema (Monteiro, 1954: 93-5).

44 O prefácio assinado pelos elementos da comissão incumbida do estabelecimento do *Vocabulário* foi assinado em 8 de dezembro de 1943 (*Academia Brasileira de Letras,* 1943: XIII). Trata-se dos mesmos acadêmicos (José Carlos de Macedo Soares, Fernando Magalhães, Cláudio de Sousa, Rodolfo Garcia e Afonso d'Escragnolle Taunay) que já assinaram as *Instruções* (1942: 5). Como afirma Albuquerque (1953: XIII), o primeiro exemplar impresso do *PVOLP* teria sido oferecido à Academia Brasileira de Letras em 16 de dezembro de 1943. No entanto, Amaral (1943: 68) menciona uma publicação na "Imprensa portuguesa dos dias 11, 12 e 13 de março de 1943", que afirma que o embaixador brasileiro Macedo Soares teria entregado umas páginas das provas tipográficas de um *Vocabulário da Língua* a Júlio Dantas. Visto que a fonte citada se refere ao *Vocabulário* como tendo sido "organizado pela ilustre Casa de Machado de Assis", julgamos que terá sido nesta altura que Macedo Soares, presidente da Comissão, entregou partes (e talvez também as *Instruções*) do *PVOLP*, tal como sugerem os prefaciadores do *PVOLP* (*Academia Brasileira de Letras,* 1943: XII).

45 É o que afirma Delgado (1968: 192). Foi-nos, contudo, impossível, verificar esta informação.

46 Contrário a qualquer outra publicação, Castro, Duarte e Leiria (1987: 212) indicam, erroneamente, o dia 23 de dezembro de 1943, e não 29 de dezembro de 1943 para a assinatura da convenção.

47 Também aqui Castro, Duarte e Leiria (1987: 212) erram ao indicar a data de 18 de janeiro de 1943, em vez de 1944.

48 República Portuguesa (1944: 84). Este opúsculo contém todos os discursos proferidos pelos deputados naquele dia, carecendo, porém, de interesse linguístico.

49 Foi, entre outros, Luft (1972: 1) quem, pelo menos ao longo de 25 edições, afirmou erradamente "O Acordo Ortográfico Luso-Brasileiro de 1943 fixou a acentuação gráfica em 16 regras e 17 observações". Este tipo de referência errada à natureza da Convenção de 1943 é bastante frequente. Assim, sem mencionar a origem das suas informações, Aguiar (1984: 79) aponta para o Acordo Ortográfico Luso-Brasileiro a data de "12/08/43". Face às alterações ortográficas que o autor descreve, cremos tratar-se do acordo de 1945, ficando assim patente que, devido à falta de informações mais detalhadas, Aguiar (1984: 81-2) não entendeu a natureza (e a diferença) da Convenção de 1943 e do acordo de 1945.

50 Delgado (1968: 193) afirma que os acadêmicos brasileiros se teriam deslocado a Lisboa em 1 de junho de 1944. Deve, porém, tratar-se de uma gralha, dado que a Conferência Interacadêmica não começou senão um ano mais tarde, em 12 de julho de 1945, pelo que a data certa da deslocação deve ser 1 de junho de 1945. Também na obra documentária do evento (Conferência Interacadémica, 1947) não se encontra nenhuma referência a qualquer encontro no ano anterior.

51 Os vogais da Conferência eram Pedro Calmon (Brasil), Gustavo Cordeiro Ramos (Portugal), José Maria de Queiroz Velloso (Portugal), Olegario Marianno (Brasil) e Luiz da Cunha Gonçalves (Portugal), sendo Júlio Dantas (Portugal) o presidente.

52 Governo-Geral do Estado da Índia (1955: 1).

53 A *Revista de Portugal* (note-se que o fundador da revista era Álvaro Pinto, que já em 1931 tinha comentado o primeiro acordo ortográfico) citava, mesmo anos depois de o acordo ter sido oficializado, muitas vezes os cinco artigos do decreto oficial para, além de informar, aproveitar o espaço vazio. Nestas citações, é indicado como data de obrigatoriedade da adoção o dia 1º de janeiro de 1956 em vez de 1946, o que deve ser considerado erro de transcrição. Veja-se, p. ex., *Revista de Portugal* (1957: 221).

54 *Diário do Governo* (273/1945: 1.053), parágrafo 4º do "Protocolo de encerramento da Conferência ortográfica de Lisboa".

55 É natural que a maior parte da polêmica ao redor do acordo de 1945 tenha sido publicada em jornais, revistas e livros brasileiros que desconhecemos. Para termos uma ideia do "barulho" que se levantou por causa do acordo, seja, porém, suficiente o comentário feito por Bueno (1958: 288) de que "Grande celeuma levantou o novo instrumento ortográfico, quer em Portugal, quer no Brasil, neste muito maior do que naquele", ou uma olhada para qualquer volume da *Revista de Portugal, Série A - Língua Portuguesa*, que, ao longo da sua existência entre 1942 e 1972 sempre se mostrou dedicada à questão ortográfica e publicou dezenas e dezenas de artigos dedicados ao acordo ortográfico. É claro que neste âmbito não podemos analisar todo o conjunto de artigos publicados na *Revista de Portugal* ou nas demais revistas, visto que esta polêmica poderia ser um tema para um trabalho independente. Assim, escolheremos apenas aquilo que nos pareça mais pertinente.

56 Castro, Duarte e Leiria (1987: 214) afirmam que, em 14 de julho de 1948, o presidente Getúlio Vargas teria enviado essa mensagem ao Congresso Nacional, enquanto na retrospectiva dos esforços para uma unificação ortográfica no âmbito de um parecer à proposta de lei do deputado Alceu de Carvalho em 1967, o relator Eurípedes Cardoso de Menezes afirmou que teria sido em 20 de julho de 1948 e que o presidente que enviou a mensagem teria sido Enrico Gaspar Dutra. É certa esta afirmação, visto que Vargas somente regressou ao poder em 1950. Veja-se "Uniformização da ortografia luso-brasileira" em *Revista de Portugal: Série A-Lingua Portuguesa* (1970: 324).

57 "Uniformização da Ortografia Luso-Brasileira" em *Revista de Portugal: Série A-Lingua Portuguesa* (1970: 325).

58 Carvalho (1997: 42): "Pretendendo que a breve 'Proposta de Unificação e Simplificação da Ortografia' assentasse no mais largo consenso possível, comecei por a submeter ao parecer de 13 filólogos participantes do Simpósio – 6 brasileiros e 7 portugueses – os quais, com uma só exceção, a subscreveram sem hesitar e sem pedir argumentos justificativos."

59 A Comissão da Academia Brasileira de Letras também emitiu parecer positivo, sendo endossado pelos acadêmicos Pedro Calmon, Josué Montello, Afrânio Coutinho, Aurélio Buarque de Holanda Ferreira e Barbosa Lima Sobrinho (Souza, 1971: 22-3).

60 Aparentemente a ligação bem direta entre o projeto de lei como resultado da moção do Simpósio de 1967 e a medida de 1971 foi pouco ou nada percebida: Castro, Duarte e Leiria (1987: 216) afirmam: "Esta moção foi bem acolhida no Brasil, mas passou despercebida em Portugal" e notam que em 1971 se fez um "acordo limitado" entre as duas Academias. É provável que os autores não tenham feito a ligação por desconhecerem o projeto de lei 504/67. Tratando-se de um projeto legislativo que não produziu efeito imediato, não admira

que o fato esteja pouco divulgado, como em "Uniformização da ortografia luso-brasileira" (*Revista de Portugal: Série A-Lingua Portuguesa* 1970: 321-328).

61 Pelo que consta da documentação reunida por Souza (1971: 26-7), a proposta de reforma contou também com o apoio dos reitores das Universidades de Lourenço Marques e de Luanda.

62 É óbvio que Bourdon (1976: 262) se engana quando afirma o seguinte: "En 1972, une nouvelle simplification, supprimant certains accents graves, a éte décidée au Portugal."

63 Como afirma Antônio Houaiss, citado por Castro, Duarte e Leiria (1987: 216).

64 A "Nota explicativa do acordo ortográfico da língua portuguesa" (1990), em República Portuguesa (1991: 44), anexo II que segue ao diploma oficial do acordo, e que apresenta explicações tanto históricas como linguísticas sobre o acordo, afirma acerca do fracasso do projeto de 1975 que este "[...] não foi, no entanto, aprovado oficialmente por razões de ordem política, sobretudo vigentes em Portugal".

65 Note-se que este país, também conhecido como Timor Lorosae, era, até há bem pouco tempo, uma colônia portuguesa sob domínio indonésio, só tendo sido internacionalmente reconhecido como país independente em 20 de maio de 2002.

66 Toda a questão se encontra amplamente documentada em várias obras editadas na altura. A polêmica encontra-se especialmente bem documentada em Castro, Duarte e Leiria (1987), que apresentam ainda os textos das tentativas anteriores.

67 Não deixa, no entanto, de ser curioso que Carvalho (1997: 42-3), face ao óbvio fracasso do acordo de 1990, volte "a terçar armas pela que foi minha dama, a Proposta Ortográfica de 1986". Para ilustrar o seu ponto de vista, o linguista português tem razão quando refuta como inválidos argumentos (pouco linguísticos) como a função prosódica das consoantes etimológicas ou a "necessidade" da acentuação gráfica (Carvalho, 1997: 43-4).

68 República Portuguesa (1991: 9). Nota-se que esta é a única referência oficial à delegação galega que, aliás, já em 1986 esteve representada por um observador.

69 República Portuguesa (1991: 9).

70 Para uma análise sucinta mais informativa das principais áreas de conflito dos acordos de 1986 e 1990, veja-se Thielemann (1997).

71 Não está, portanto, certa a afirmação de Thielemann (1997: 444) de que o acordo somente teria sido ratificado em Portugal. Também a sua conclusão (1997: 458) de que o acordo não terá podido entrar em vigor em 1994 por falta da ratificação no Brasil se baseia em fatos errados. Mas é verdade que a questão fica pendente: já que o Brasil ratificou o acordo após a data oficial da entrada em vigor, a questão deixou de ser a ratificação, ficando por ser resolvido quando a nova ortografia realmente entrará em vigor!

72 Em tese, o referido acordo está em vigor desde 2006, com a assinatura por Cabo Verde e São Tomé e Príncipe, do Segundo Protocolo Modificado; em Portugal e no Brasil foram assinados alguns decretos presidenciais que tornaram o acordo factível desde 2008. (nota do Organizador)

73 Aparentemente Rosa (2002: 12) pretende prescrever aos brasileiros a pronúncia [ĸt] de <aspecto>: "Mas aqui e em nome da regular sistematicidade, os brasileiros devem também escrever 'aspeto' e não 'aspecto', deixando-se de pronunciar /kt/." Não se pode negar a influência que a escrita tem sobre a pronúncia, manifestando-se neste caso como hipercorreções na língua falada. Mas, apesar de concordarmos com Rosa na avaliação do fenômeno, dificilmente podemos admitir que um sistema de regras ortográficas venha estabelecer o modo como todo um país deve pronunciar uma palavra!

74 Parece-nos óbvio que a avaliação pelo público utente da língua seria diferente se o autor decidisse usar o acento agudo para indicar a vogal tônica, em vez do acento grave que – deixando de lado a crase – praticamente está em desuso há mais de trinta anos...

75 Não deixando de ser verdade, como nos indicou Rosa, numa troca de opiniões particular, que a produção de reedições hoje em dia é muito mais fácil devido à existência dos computadores que simplificam o processamento dos dados, se torna óbvio que os custos temidos pelas editoras seriam ligados aos livros já produzidos e existentes na norma anterior que permanecem nos armazéns até serem esgotados.

76 Para terminar, seja-me permitida uma pequena nota final de caráter pessoal. No momento em que sai do prelo, o presente artigo é fruto de treze anos de pesquisa na área da história da ortografia portuguesa em todas as fases. Com trabalho próprio, mas também com a ajuda e dicas recebidas de muitos colegas, creio ter desvendado a maioria dos mistérios ligados à questão ortográfica em Portugal e no Brasil no século passado. No entanto, a experiência ensina-me que novos elementos desconhecidos, ou pior, elementos desconsiderados, possam servir para melhor conhecermos a história dos sistemas ortográficos no século XX, século tão perto, mas – em termos de história da ortografia – aparentemente tão longe! A quem ler peço que me perdoe quaisquer erros e omissões, fornecendo-me as informações que fazem falta, ou melhor,

em contribuir para a investigação nesta área tão interessante através de uma publicação que possa iluminar faltas que eu possa ter cometido!

77 Agradecemos a Margarida Ramos da Imprensa Nacional – Casa da Moeda (Lisboa) – o envio de uma cópia deste opúsculo que parece só se conservar na Biblioteca da IN-CM.

78 Visto tratar-se de uma obra fac-similada com a paginação do original e sendo todo o conjunto conhecido pelo nome genérico de "Inocêncio", prescinde-se de fazer menção aos volumes elaborados por Venceslau Brito Aranha (vols. IX-XXII) ou Ernesto Soares (vol. XXIII), citando-se p. ex. como "Silva (1858: I)" ou Silva (1972: XXIII).

BIBLIOGRAFIA

ACADEMIA BRASILEIRA DE LETRAS. *Vocabulário ortográfico e ortoépico da língua portuguesa*: organizado pela Academia Brasileira de Letras de acôrdo com a Academia das Ciências de Lisboa, vocabulário oficial. Rio de Janeiro: Z. Bonoso & Cia, 1933.

______. *Instruções para a organização do vocabulário ortográfico da língua nacional*. Rio de Janeiro: Instituto Brasileiro de Geografia e Estatística, 1942.

______. *Pequeno vocabulário ortográfico da língua portuguesa*. Rio de Janeiro: Imprensa Nacional, 1943.

______. *Pequeno vocabulário ortográfico da língua portuguesa*. Rio de Janeiro: Academia Brasileira de Letras, 1999.

______. *Vocabulário ortográfico resumido da língua portuguesa*: organizado em conformidade com o que decidiu a Conferência Interacadémica de Lisboa e aprovado pelo decreto-lei n. 8.286, de 5 de dezembro de 1945. Rio de Janeiro: Imprensa Nacional, 1947.

ACADEMIA CEARENSE DE LETRAS. *A reforma ortográfica da Academia Brasileira* (parecer da Comissão de Lexicografia e Filologia). Fortaleza: Selecta, 1930.

ACADEMIA DAS CIÊNCIAS DE LISBOA. *Relatório apresentado à Assembleia Geral sobre o convite para colaboração na reforma da ortografia portuguesa feito à Academia Brasileira de Letras*. Lisboa: Imprensa Nacional, 1914.

______. *Bases da ortografia que deve ser adoptada no dicionário da Academia:* relatório da Comissão do Dicionário. Lisboa: Imprensa Nacional, 1916.

______. *Vocabulário ortográfico da língua portuguesa*. Lisboa: Imprensa Nacional, 1940.

______. *Conferência Interacadémica Luso-Brasileira de Lisboa para a unidade da língua escrita: discursos e alocuções*. Lisboa: s. n., 1947.

______. *Vocabulário ortográfico resumido da língua portuguesa*. Lisboa: Imprensa Nacional, 1947.

ACORDO DO SEGUNDO PROTOCOLO MODIFICATIVO AO ACORDO ORTOGRÁFICO DA LÍNGUA PORTUGUESA. Disponível em: <www.cplp.org/docs/documentacao /Acordo%202o%20Protocolo%20Modificatv%20Acordo%20 ortogr%20LP.pdf>. Acesso em: 29 jul. 2007.

ACTAS DO I SIMPÓSIO LUSO-BRASILEIRO SOBRE A LÍNGUA PORTUGUESA CONTEMPORÂNEA. Coimbra: Coimbra, 1968.

ADMINISTRAÇÃO DA IMPRENSA NACIONAL. *Guia para servir de auxilio na composição das obras em que for mandada seguir a orthographia usada na imprensa nacional*. Lisboa: Imprensa Nacional, s. d.[1]

AGUIAR, Gentil de. Ortografia portuguesa e etimologia. *Estudos Leopoldenses 21*, São Leopoldo: UNISINOS, n. 79-80, pp. 1-216, 1984.

ALBUQUERQUE, Arci Tenório d'. *Vocabulário ortográfico da língua portuguêsa: organizado com base nas "Instruções" da Academia Brasileira de Letras de 1943*. Rio de Janeiro: Aurora, 1953.

ALENCAR, Renato de. *Traições da língua portuguesa*. Recife: O. R. Dantas, 1922.

ALVES, Manuel dos Santos. *O novo acordo ortográfico*. Lisboa: Universitária, 1993.

AMARAL, Vasco Botelho de. *A bem da língua portuguesa*. Lisboa: Revista de Portugal, 1943.

AMERICANO, Renato (ed.). *Sôbre a questão ortográfica:* a valiosa opinião do notável professor Antenor Nascentes, do Colégio Pedro II e do Instituto de Educação, e o voto, brilhantemente fundamentado do ministro Costa Manso, da Côrte Suprema. Rio de Janeiro: Renato Americano, 1935.

ARAÚJO, Antônio Martins de. O primeiro tratado brasileiro da pronúncia padrão, s.d. (trabalho inédito).

ASSUNÇÃO, Mota. *Origens e ortografia da língua brasileira:* o "livro branco" do acordo ortográfico luso-brasileiro. Rio de Janeiro: H. Antunes, 1933.

BARBOSA, Jerónimo Soares. *Grammatica philosophica da lingua portugueza ou principios da grammatica geral applicados à nossa linguagem.* Por J. S. B., deputado da Junta da Directoria Geral dos Estudos, e escolas do reino em a Universidade de Coimbra. Lisboa: Academia das Sciencias, 1822.

BARRETO, Carlos Eduardo (org.). *Constituições do Brasil.* São Paulo: Saraiva, 1971. 2 v.

BARROSO, Gustavo. *A ortografia oficial.* Rio de Janeiro: Civilização Brasileira, 1933.

BOLETIM DA ACADEMIA DAS CIÊNCIAS DE LISBOA. Lisboa: [vários anos], s. n.

BOURDON, Albert-Alain. Orthographe et politique sous la première république portugaise. *Arquivos do Centro Cultural Português*, Lisboa, v. X, pp. 261-300, 1976.

BUENO, Francisco da Silveira. *A formação histórica da língua portuguesa.* Rio de Janeiro: Acadêmica, 1958.

CAMPOS, Agostinho de (org.). *Paladinos de linguagem*: terceiro volume. Lisboa: Aillaud, Paris: Bertrand, 1923. (Antologia Portuguesa)

CARVALHO, José Gonçalo Herculano de. Ortografia e as Ortografias do Português. *Confluência*, Rio de Janeiro, n. 13, pp. 39-46, 1997.

CASTRO, Ivo; DUARTE, Inês; LEIRIA, Isabel (orgs.). *A demanda da ortografia portuguesa.* Lisboa: Edições João Sá da Costa, 1987.

DELGADO, Manuel Joaquim. *Estudos linguísticos:* o idioma português. Lisboa: Editorial Império, 1968.

DIÁRIO DA REPÚBLICA. Acordo ortográfico da língua portuguesa. I Série - A, n. 193, 23 ago. 1991.

______. Protocolo modificativo ao acordo ortográfico da língua portuguesa, assinado na Praia, Cabo Verde, em 17 de julho de 1998, pelos governos da República de Angola, da República Federativa do Brasil, da República de Cabo Verde, da República da Guiné-Bissau, da República de Moçambique, da República Portuguesa e da República Democrática de São Tomé e Príncipe. I Série A, n. 23, 28 jan. 2000.

DIÁRIO DO GOVERNO. Portaria de 20 de setembro de 1897. n. 215, 24 set. 1897.

______. Portaria de 1º de fevereiro de 1901. n. 31, 8 fev. 1901.

______. Portaria n. 2.553 de 29 de novembro de 1920. n. 266, 30 dez. 1920, pp. 1.768-73.

______. Instrumento do acôrdo firmado entre a Academia das Sciências de Lisboa e a Academia Brasileira de Letras, em 30 de abril de 1931, para a unidade ortográfica da lingua portuguesa. I Série, n. 120, 25 maio 1931a, pp. 907-8.

______. Portaria n. 7.117 de 27 de maio de 1931. n. 126, de 1º jun. 1931b, p. 1.028.

______. Decreto n. 35.228. I Série – n. 273, 8 dez. 1945, pp. 1037-53.

______. Decreto n. 32/73 de 1 de fevereiro de 1973. n. 31, 6 fev. 1973, pp. 169-70.

FIGUEIREDO, António Cândido de. *A ortografia no Brasil.* Lisboa: A. M. Teixeira & C., 1929.

______. *Nôvo diccionário da língua portuguesa.* Lisboa: Tavares Cardoso & Irmão, 1899. 2 v.

FREIRE, Laudelino (org.). Formulário orthographico da Revista de Lingua Portugueza: organizado por Laudelino Freire, approvado e adoptado pela Academia Brasileira de Letras. *Revista de Lingua Portugueza.* Rio de Janeiro, s. d.

______ (org.). Formulário orthographico da Revista de Lingua Portugueza. Organizado por Laudelino Freire, approvado e adoptado pela Academia Brasileira de Letras. *Revista de Lingua Portugueza.* Rio de Janeiro, 1926, pp. 7-24.

GONÇALVES, Francisco da Luz Rebelo. *Tratado da ortografia.* Coimbra: Atlântida, 1947.

GOVERNO GERAL DO ESTADO DA ÍNDIA. *Acordo ortográfico da língua portuguesa:* acordo resultante da Conferência Interacadémica de Lisboa para a unidade ortográfica da língua portuguesa de 10 de agosto de 1945. Goa: Imprensa Nacional, 1955.

HAUY, Amini Boainain. *Acentuação gráfica em vigor.* São Paulo: Ática, 1989.

HENRIQUES, Claudio Cezar. *Atas da Academia Brasileira de Letras:* presidência Machado de Assis (1896-1908). Rio de Janeiro: Academia Brasileira de Letras, 2001.

HORTA, Brant. *Vocabulário ortográfico oficial:* de acôrdo com o decreto-lei n. 292 de 23 de fevereiro de 1938. Rio de Janeiro: Getúlio M. Costa, 1939.

HOUAISS, Antônio. *A nova ortografia da língua portuguesa.* São Paulo: Ática, 1991.

INSTITUTO BRASILEIRO DE GEOGRAFIA E ESTATÍSTICA. *O Instituto Brasileiro de Geografia e Estatística e a ortografia:* documentário oferecido e dedicado à Academia Brasileira de Letras. Rio de Janeiro: s. n., 1941.

KEMMLER, Rolf. Para uma história da ortografia portuguesa: o texto metaortográfico e a sua periodização do século XVI até à reforma ortográfica de 1911. *Lusorama*, n. 47-8, pp. 128-319, out. 2001.

______. História da ortografia simplificada em Portugal e no Brasil. In: KEMMLER, Rolf; SCHÄFER-PRIESS, Bárbara; SCHÖNBERGER, Axel (orgs.). *Portugiesische Sprachgeschichte und Sprachgeschichtsschreibung*. Frankfurt am Main: Domus Editoria Europaea, 2006. (publicado em *Lusorama*, n. 1, v. 11, pp. 187-234)

LEÃO, António da Costa. *Prontuário de ortografia*. Lisboa: Emprêsa Nacional de Publicidade, 1934.

______. *Prontuário de ortografia*. Lisboa: Empresa Nacional de Publicidade, 1946.

LUFT, Celso Pedro. *Novo guia ortográfico*. São Paulo: Globo, 1972.

MEDEIROS E ALBUQUERQUE, José. *Vocabulário brasileiro da ortografia oficial*. Rio de Janeiro: Francisco Alves, 1933.

MELO, Gladstone Chaves de. *Iniciação à filologia e à linguística portuguesa*. Rio de Janeiro: Ao Livro Técnico, 1988.

MINISTÉRIO DO INTERIOR/DIRECÇÃO-GERAL DE INSTRUÇÃO SECUNDÁRIA E ESPECIAL. *Bases para a unificação da ortografia que deve ser adoptada nas escolas e publicações oficiais:* relatório da comissão nomeada por portaria de 15 de fevereiro de 1911, novamente revista pelo relator. Lisboa: Imprensa Nacional, 1911.

MONTEIRO, Clóvis. *Ortografia da língua portuguesa*. Rio de Janeiro: Internato do Colégio Pedro II, 1954.

PINTO, Álvaro. *A nova ortografia e o desacôrdo reinante*. Rio de Janeiro: Terra de Sol, 1931.

REPÚBLICA PORTUGUESA. *Convenção ortográfica luso-brasileira*. Lisboa: Assembleia Nacional, 1944.

______. *Convenção ortográfica luso-brasileira:* decreto n. 35:228 de 8 de dezembro de 1945. Lisboa: Imprensa Nacional, 1945-1946.

______. *Acordo ortográfico da língua portuguesa*: decreto do presidente da República n. 43/91, de 23 de agosto, resolução da Assembleia da República n. 26/91. Lisboa: Imprensa Nacional: Casa da Moeda, 1991.

REVISTA DA ACADEMIA BRAZILEIRA DE LETRAS. Rio de Janeiro [a partir de 1910].

REVISTA DE LINGUA PORTUGUEZA. Rio de Janeiro [a partir de 1926].

REVISTA DE PORTUGAL: SÉRIE A - LÍNGUA PORTUGUESA. Lisboa [a partir de 1942].

______. Uniformização da ortografia luso-brasileira. Lisboa, v. XXXV, pp. 322-8, 1970.

ROSA, Luciano Caetano da. Português: língua de um só rosto – língua da CPLP! (seguido de "Proposta de simplificação e unificação da ortografia da língua portuguesa"). *Lusorama*, n. 49, pp. 6-52, mar. 2002.

SÁ, Filipe Franco de. *A língua portugueza*: difficuldades e duvidas. Com uma critica por Candido de Fugueiredo. Edição de Fran Paxeco. Maranhão: Imprensa Oficial, 1915.

SCHÄFER-PRIESS, Bárbara. *Die portugiesische Grammatikschreibung von 1540 bis 1822: Entstehungsbedingungen und Kategorisierungsverfahren vor dem Hintergrund der lateinischen, spanischen und französischen Tradition*. Tübingen: Max Niemeyer, 2000. (publicado em *Zeitschrift für Romanische Philologie*, n. 300)

SERVIÇO DE PUBLICIDADE DA IMPRENSA NACIONAL. *Constituição da Republica dos Estados Unidos do Brasil*. Rio de Janeiro: Imprensa Nacional, 1934.

SILVA, Inocêncio Francisco da. *Diccionario bibliographico portuguez:* estudos de Innocencio Francisco da Silva applicaveis a Portugal e ao Brasil; [a partir do vol. IX: continuado e ampliado por Brito Aranha]. Lisboa: Imprensa Nacional, 1858-1972. 23 v. (Obra reeditada em reprodução fac-similada, Lisboa, Imprensa Nacional-Casa da Moeda, s. d.)[2]

SOARES, Alexandre de Souza. *Nova ortografia*: todas as normas de ortografia aprovadas pela Academia Brasileira de Letras - vocabulário de palavras alteradas - Pareceres oficiais, guia prático para a arte de escrever sem erros, segundo o último acordo Brasil-Portugal, homologado pela lei n. 5.765, de 1971. Rio de Janeiro: H. A. Mac Culloch, 1971.

SOUZA, Regina Maria de (indexadora). "Índices das Revistas de Língua Portuguesa". Associação Nacional de Pós-Graduação e Pesquisa em Letras e Linguística: GT de Historiografia da Linguística Brasileira: Filologia, s. d. Disponível em: <www.filologiabrasil.hpg.ig.com.br>. Acesso em: 11 abril 2003.

SUPLEMENTO DE LÍNGUA PORTUGUESA. Acordo ortográfico: protocolo do Encontro de Unificação Ortográfica da Língua Portuguesa. Rio de Janeiro, de 6 a 12 de maio de 1986, Rio de Janeiro, n. 3 e 4, mai./jun. 1986.

THIELEMANN, Werner. Acordo ortográfico: Zauberformel oder endlose Querele? In: BRIESEMEISTER, Dietrich; SCHÖNBERGER, Axel (orgs.). *Portugal heute: Politik – Wirtschaft – Kultur*. Frankfurt am Main: Vervuert, 1997.

VERÍSSIMO, José. A reforma ortografica da Academia Brazileira. *Revista da Academia Brazileira de Letras*. Rio de Janeiro, pp. 119-35, 1910.

VIANA, Aniccto dos Reis Gonçalves; ABREU, Guilherme Augusto de Vasconcelos. *Bases da ortografia portuguesa*. Lisboa: Imprensa Nacional, 1885.

VIANA, Aniceto dos Reis Gonçalves. *Proposta de um questionario para se formularem as regras de orthographia portuguesa uniforme tendo-se em attenção as principiaes divergencias que se observam na maneira por que se encontram escritos os vocabulos portugueses nos differentes escritores antigos e modernos:* proposta apresentada á Academia Real das Sciencias de Lisboa na sessão ordinaria de 10 de maio de 1900. Lisboa: Typographia da Academia, 1900.

______. *Ortografia nacional:* simplificação e uniformização sistemática das ortografias portuguesas. Lisboa: Viúva Tavares Cardoso, 1904.

______. *Vocabulário ortográfico e ortoépico da língua portuguesa:* conforme a ortografia nacional do mesmo autor. Lisboa: A. M. Teixeira & C., 1909.

______. *Vocabulário ortográfico e remissivo da língua portuguesa.* Lisboa: Aillaud; Alves & C., 1912.

Ortografia e ideologia: a *geração sônica*

Maria Filomena Gonçalves

Em 1879 foram publicadas em Portugal várias propostas ortográficas de carácter "sônico", isto é, fonético. Desta feita, são revisitadas (Gonçalves, 2003: 304-380) com o propósito de se avaliar em que medida, para lá da óbvia dimensão linguística inerente a qualquer escrita alfabética, também uma verdadeira dimensão "ideológica" foi acrescida àquela, em função da particular conjuntura de meados de Oitocentos. Com efeito, consistindo o problema ortográfico na definição da rede de correspondências (biunívocas ou plurívocas) entre os planos gráfico e fônico, de molde a representar a ortografia sobretudo uma espécie de *koinè* fônica, mais fonológica do que fonética, a dimensão linguística é intrínseca à questão ortográfica. No entanto, embora de maneira diferente, a dimensão ideológica subjaz à configuração da ortografia tanto quanto a dimensão linguística. Que se entende então por "ideologia" neste contexto? Importa realçar que o termo "idéologie" foi cunhado em 1796 pelo filósofo francês Destutt de Tracy (1754-1836) para referir uma "teoria das ideias" com intenções práticas ou sociais, de ordem educativa em especial, teoria que estava associada à corrente sensorialista, antes traçada pelo abade Etienne Bonnot de Condillac (1714-1780). A "ideologia" passaria em seguida para o domínio político, pois alguns dos discípulos de Condillac, os chamados "idéologues", tinham convicções republicanas, motivo por que Napoleão viria a persegui-los (Schlieben-Lange, 1993: 255-288). Com esta acepção de sistema filosófico ou corpo de ideias organizado para uma causa ou finalidade política ou social, decerto será anacrônico falar-se de ideologia a propósito de gramáticos e ortografistas dos séculos XVI, XVII, e da maioria dos autores de Setecentos, sendo no entanto legítimo falar em ideologia no que tange às correntes ou às doutrinas que enformaram o pensamento linguístico em épocas anteriores à constituição da referida teoria das ideias e sua projeção na reflexão linguística. Para o efeito em vista, vale a pena fazer ainda a destrinça entre a "ideologia da língua",[1] isto é, as ideias transmitidas ou manifestadas por meio da língua, e a "ideologia da linguística", vale dizer, as correntes ou tendências do pensamento com repercussão sobre os objetivos, os métodos, da metalinguagem e dos conteúdos que consubstanciam a ciência linguística.

Feitos estes considerandos, importa gizar os contornos da ideologia investida na questão ortográfica de meados de Oitocentos, visto ela ter transbordado, como é sabido, do campo linguístico para o campo político, social, cultural e até filosófico, disso sendo exemplo cabal a chamada "geração sônica", constituída pelos autores de propostas ortográficas vindas a lume na década de 70. Decerto menos famosa que a encabeçada por Eça de Queirós e Antero de Quental, mas tão relevante para a história das ideias ortográficas quanto aquela, ela o foi para a história da literatura portuguesa, trata-se, afinal, de uma outra "geração de 70". Apesar de coevas, o denominador comum entre estas gerações não estriba apenas no fato de se terem salientado no decurso de uma década assinalada por frenética atividade intelectual e cívica; antes decorrerá da circunstância de ambas terem pugnado, em distintas vias, pela reforma das mentalidades, da educação, do ensino e das práticas sociais, desígnios perfeitamente enunciados pelos signatários[2] do programa das Conferências Democráticas:

> Ligar Portugal com o movimento, moderno, fazendo-o assim nutrir dos elementos vitais de que vive a humanidade civilizada;
> Procurar adquirir a consciência dos factos que nos rodeiam na Europa;
> Agitar na opinião pública as grandes questões da Filosofia e da Ciência moderna;
> Estudar as condições da transformação política, económica e religiosa da sociedade portuguesa (Quental, 1871/1996: 8).

A par dessa plêiade literária de 70, viveu uma geração não menos combativa do que aquela, nela se destacando reformistas da ortografia em sentido sônico, como José Barbosa Leão (1818-1888), cirurgião-dentista de brigada e deputado[3], João Félix Pereira (1822-1891), médico, engenheiro civil, agrônomo e polígrafo notável, e António Moniz Barreto Corte-Real (1804-?), professor do Liceu de Angra do Heroísmo. Se é certo que a Barbosa Leão se fica dever sobretudo a polêmica que atravessaria toda a década de 70, alastrando à seguinte, não é menos verdade que também os demais sônicos pretendiam refundar a relação entre grafemas e fonemas, fosse dentro da tradição, fosse subvertendo-a. Mas a questão não se restringiu a Portugal. Com o mesmo objetivo, mas distinta motivação, também o Brasil registou uma forte ideologização do problema ortográfico, mas tanto lá como cá consistia este, afinal, na ausência de uniformidade ortográfica. Discutida como parte do problema educativo e a par das ideias políticas, a questão ortográfica acabaria por ser transferida, a meados de Oitocentos, para campos totalmente extralinguísticos. Se os escritores da geração de 70 almejavam a reforma social e política com vista ao progresso coletivo, divisa ao gosto do ideário positivista que então começava a infiltrar-se na elite portuguesa, outro tanto intentavam os sônicos. Alicerçada na taxa de analfabetismo e em intuitos democratizadores do ensino, a corrente sônica pretendia, antes de mais, seguir na pegada das reformas feitas em outras ortografias, processos aos quais não terão sido alheios os notáveis avanços que na Europa[4] se vinham registando nos domínios da escrita, da ortografia (Galazzi, 2000: 499-516) e da fonética, cujo melhor expoente foi, em Portugal, Gonçalves Viana (1840-1914). Com efeito, a partir da segunda metade de Setecentos, graças à decifração de escritas antigas, área em que se notabilizou Champollion (Jean-François Champollion-Figeac, 1778-1867), e, outrossim, aos progressos da fonética, os problemas relativos à escrita e à ortografia passaram à ribalta da investigação filológica, o que favoreceu quer a reavaliação do papel de uma e de outra, quer o desenvolvimento de disciplinas correlatas, e, ainda, a criação de associações e de periódicos dedicados à escrita, à ortografia e à fonética, como foi o caso da *Association Phonétique Internationale*, fundada na década de 80. Neste contexto, a reflexão europeia à volta dos pressupostos da ortografia deverá relacionar-se diretamente com os novos conhecimentos na área da fonética, a caminho de se tornar uma disciplina experimental, e cujo corolário seria alcançado em 1888, após sucessivos ensaios desde 1848, com a criação do *Alfabeto Fonético Internacional* (Galazzi, 2000: 508). Ao menos em parte, desta conjuntura científica sairia decerto a ideia de reforma ortográfica e a tendência para a "neografia", discutidas em países como a França, a Espanha ou a Inglaterra. Era tempo das reformas. Não será por isso casual a vinda a lume das propostas ortográficas sônicas, em Portugal, precisamente na década em que o "clima de opinião" era já favorável à emergência de tais ideias, por se tratar da mesma década em que as ideias republicanas adquiriram circulação entre nós, em que ocorreram as conferências do Casino Lisbonense (1871), precedidas em poucos anos da Questão Coimbrã (1865-66); em que se tentava inverter a taxa de analfabetismo, que suscitava a criação de novos métodos de aprendizagem da leitura, entre os quais se salientou a Cartilha Maternal (1876), de João de Deus; era, ainda, a mesma década em que o positivismo e o republicanismo começavam a atrair a *intelligentsia* nacional. À conjugação dos factores institucionais, sociais, políticos, econômicos e até individuais – a profissão ou a formação escolar dos autores, por exemplo –, condicionantes da produção/circulação dos saberes e, por consequência, das práticas e dos produtos a ela associados, atribui-se a designação genérica de "clima de opinião" (Koerner, 1989) à conjugação dos saberes então disponíveis com o contexto anteriormente descrito, clima esse que era claramente favorável ao debate público da questão ortográfica.

No plano ideológico, o ideário positivista não era obviamente o único vetor em presença, a ele se acrescentando o republicanismo, impulsionado pelo Centro Democrático a partir de 1870. Atente-se no contributo de um e de outro para o debate ortográfico. Baseado no compromisso entre conhecimento filosófico e saber científico, o positivismo significa um regresso à realidade, sendo entendida a filosofia como ciência da verdade, da qual emanavam certezas igualmente aplicadas ao saber linguístico (Gonçalves, 2004), como fez o francês o lexicógrafo Emile Littré (1801-1888), cujo positivismo linguístico marcou a *Histoire de la Langue Française* (1862) e, em particular, o *Dictionnaire de la Langue Française* (1863-1873; supl. 1878). Ao declarar o primado da experiência em detrimento da metafísica, com o consequente privilégio dos fatos reais sobre a especulação, o positivismo traça uma clivagem epistemológica que, nas ciências da linguagem, se traduziria na valorização dos fatos da língua, vale dizer, dos dados linguísticos. Correspondiam estes, no caso da ortografia, às várias realizações fonéticas e, sobretudo, à escolha da pronúncia de referência, condição *sine qua non* à fixação de uma ortografia sônica. Assim se explicará que os reformadores sônicos, ao invés dos etimológicos, se fundassem numa perspectiva mais presencialista do que histórica, em fratura com a tradição alfabética, conforme propunham Castanheira Nunes e Bonança. A avaliar pelo teor das propostas concretas, a questão ortográfica reflete o conflito entre presente e passado, tensão colocada por Fernando Pessoa em termos de nacionalismo e de internacionalização, quando o poeta comenta a reforma de 1911, encomendada pelo primeiro governo da República a uma comissão especializada em matérias filológico-linguísticas:

> A linguagem falada é popular. A linguagem escrita é aristocrática. Quem aprendeu a ler e a escrever deve conformar-se com as normas aristocráticas que vigoram naquele campo aristocrático. A linguagem escrita é – ou deve ser – o mais cosmopolita possível. *Philosophia* deve escrever-se com 2 vezes PH porque tal é a norma da maioria das nações da Europa, cuja ortografia assenta sobre bases clássicas e pseudo-clássica (Pessoa, 1997: 64-5).

Sustentado embora em argumentos históricos e filológicos que irmanavam a língua e a ortografia portuguesa com as suas congêneres românicas, o poeta parecia no entanto alinhar com os detratores da reforma ortográfica.[5]

Quanto às implicações diretas do republicanismo no debate ortográfico, embora seja incerta a ideia segundo a qual os sônicos eram republicanos, por oposição aos monárquicos que, supostamente, seriam etimológicos na sua maioria, apenas pode ter-se como certa a filiação republicana de João Bonança, que chegou a ser candidato à presidência da República. No entanto, o fato de a reforma ortográfica figurar entre as primeiras iniciativas do primeiro governo republicano, sendo para o efeito nomeada uma comissão composta por filólogos de renome, confirma que o problema ortográfico integrava a agenda republicana.

Conhecida a descrição dos sistemas sônicos (Gonçalves, 2003: 304-80), atenta-se em seguida na dupla dimensão ideológica do problema: por um lado, a filosófica ou epistemológica, e, por outro, a ideologia linguística. Insiste-se por isso nas circunstâncias específicas dos atores da polêmica assim como no contexto político, social, educativo e cultural em que vieram a lume os exemplos reproduzidos em anexo.

Em Portugal, as últimas décadas de Oitocentos foram percorridas por um assinalável "cientismo", tendência caracterizada pela exigência de método e de rigor, condições necessárias à verdadeira ciência, cujo paradigma, ao arrepio da metafísica que pontificara na primeira metade do século, era tomado das ciências naturais e sociais. No terreno das ideias linguísticas traduzira-se aquela metafísica na indagação do modelo descritivo da gramática geral e das gramáticas particulares; já o cientismo instituía o primado da experiência, vale dizer, da observação dos fatos, ideia também favorecida pelo positivismo. Em conformidade com este, deveria a ciência pautar-se por desígnios sociais, tornando-se útil ao progresso da humanidade. Ordem e progresso, divisas caras ao movimento positivista, acabariam por ficar inscritas até hoje na bandeira do Brasil sob a forma de máxima, como testemunho das ideias filosóficas que presidiram à concepção do pavilhão nacional brasileiro (Orlandi, 2002: 283-99).

Em busca de uma hierarquização piramidal das ciências, entre elas as da linguagem, o positivismo suscita profundos problemas epistemológicos, próximos da (re)fundação da ciência, cujos efeitos diretos na definição e no estatuto da ciência linguística eram evidentes desde a década de 1960, consoante mostram os estudos de Francisco Adolfo Coelho (1847-1919), filólogo a quem se atribui a introdução do método científico em Portugal, e que terá sido, de fato, um dos principais arautos da renovação científica pela via histórico-comparativa. Falta ainda apurar se as propostas ortográficas de 1870 constituíam caixas de ressonância quer do positivismo social e político, quer do cientismo linguístico. Boa parte dessas propostas assentava mais no voluntarismo e no autodidatismo pessoal do que em saberes construídos sobre um paradigma novo; mas, ainda que isso retire rigor aos dados linguísticos nelas expendidos, nem por isso lhes diminui o valor no quadro das ideias linguísticas, e das ortográficas em especial, antes servindo para demonstrar o caráter transversal, em termos ideológicos e sociais, adquirido pela questão ortográfica nas últimas décadas de Oitocentos. Se a nova "episteme" se orientava para o estudo de fatos reais e autênticos, porque nada é mais real e concreto que a realização oral da língua, não causa estranheza que os sônicos, avaliando a escrita, logo também a ortografia, pelo lado instrumental, pretendessem a sua devolução à primitiva relação com a fala, embora este princípio os colocasse perante problemas decorrentes das variações idioletais e dialetais. Na Península Ibérica, desde os séculos XVI e XVII, vários ortógrafos e gramáticos tinham já alinhado na fonetização, a todos se adiantando com vantagem Gonzalo Korreas,[6] cujo radicalismo fonético inspiraria, em Oitocentos, quer os reformistas espanhóis, quer os neógrafos sul-americanos, os chilenos em particular (Contreras, 1994: 49-85), e, indiretamente, os reformistas portugueses da mesma geração. De Korreas se reclamam ainda, de algum modo, autores hodiernos que, em nome da escrita alfabética perfeita, defendida por aquele em 1630, contestam o conservadorismo ortográfico da Real Academia Española (Mosterín, 1993: 349).

No caso português, bastarão uns quantos passos extraídos das propostas sônicas publicadas na década de 70 para se aquilatar os argumentos da corrente ideológica que lhes está subjacente. Com efeito, para Castanheira Nunes, dado o relevo social do problema, ao governo competia a promulgação de uma reforma ortográfica, cuja difusão seria assegurada pela escola:

> Mas para que a diffusão das luzes se traduza em factos, para que os conhecimentos adquiridos sejam a propriedade de todos, não basta que se sementem escholas por toda a parte, que se sustente um professorado intelligente e zeloso, que se decrete o ensino obrigatorio, que até se estanciem bibliothecas por todo o reino; é tambem urgente, que se facilite, quanto ser possa, o ensino do ler e do escrever, soterrando ou queimando os remendados andrajos da orthographia em uso [...] (Nunes, 1879: 11).

> A escripura é um meio e não um fim, uma arte e não uma sciencia; pelo que tornar mais difficil o meio, que o fim, a arte, que a sciencia, é o maior dos contrasensos (Nunes, 1879: 12).
>
> Poderá pessoa particular derrocar esse barbaro pelourinho da innocencia e edificar, substituindo-o, um systema facil, natural e philosophico que possa ter as honras da popularidade? Não; a reforma da arte de escrever não pode partir de iniciativa particular; porque é um melhoramento publico que demanda competencia e despezas, que só pode provir do governo (Nunes, 1879: 22).

A par da enumeração das vantagens da simplicidade gráfica, pela facilidade do ensino-aprendizagem das primeiras letras passava também o combate ao analfabetismo, ideias partilhadas pelos sônicos, a começar pelo seu mentor, Barbosa Leão:

> É inquestionável que, quanto mais sinples for a ortografia, tanto mais fácil será o ensinar e o aprender a ler e escrever.
>
> Òra a ortografia ensinada e praticada neste livro, e cuja conpléta justificação se axa nele, principalmente neste *apenso*, é uma ortografia sinplicísima. Portanto éla facilitará muitísimo a taréfa dos alunos, bem como a dos professores; e é escuzado mencionarmos, porque são óbvias, as grandísimas vantájens que d'aí rezultarão para a instrução popular.
>
> Quér-se que todos saibão ler e escrever; e bom será que seja assim. Mas para que isto se alcance, é indispensável que se tórne muito fácil o aprender; porque não déve esquècer-se que se tórna muito fácil o aprender; porque não déve esquècer-se, que a jente do povo necesita do trabalho dos filhos, os quais por isso coméção a trabalhar desde muito pequenos (Leão, 1886: 250).

Ao arrepio do significado etimológico de ortografia, que aponta para ideias como uniformidade e correcção, o vazio legal em matéria ortográfica redundara na proliferação de sistemas particulares, isto é, de várias (orto)grafias. Ademais das vantagens pedagógicas e didáticas, aos olhos dos reformadores a uniformidade ortográfica era assunto de utilidade pública, porquanto favorecia a unidade política da nação, a exemplo da unidade conseguida, em diferente âmbito, graças à uniformização dos pesos e medidas (Nunes, 1879: 22), decretada a partir de 13 de dezembro de 1852, anulando a variedade herdada do Antigo Regime. Ora, a ortografia demandava uniformização semelhante àquela, competindo também às mais altas instâncias do reino; da sua generalização se encarregaria a escola.[7] Como é sabido, só após a implantação da República em 1911, estes argumentos deixaram de ser letra morta (Gonçalves, 2003: 750-74). Junto com a utilidade pública, a unidade da nação e a facilidade de aquisição da língua escrita, a reforma sônica servia igualmente a causa da instrução feminina, como se conclui das referências explícitas aos benefícios que dela retiraria o "belo sexo", cujos direitos começavam a ser reclamados com insistência crescente. Afora o tradicional, o novo papel que na sociedade moderna lhe estava cometido exigia um ensino feito em ortografia que, em vez de ser escolho, facilitasse o processo de aprendizagem, indistintamente do sexo ou da condição social. Que a instrução da mulher se incluía no programa social dos sônicos é o que parecem indicar as palavras de Castanheira Nunes:

> [...] muito confiando 'nas robustas intelligencias que dirigem os destinos da nação, na nossa briosa e estudiosa mocidade, no bello sexo que vae conquistando, palmo a palmo, o logar que lhe pertence nas lides sociaes, e, com mais razão, nos professores de portuguez, que a hora da reforma as escriptura em uso já soou, e que d'aqui a pouco o ler e o escrever será a coisa mais facil, reduzindo-se a um terço o trabalho e o tempo da sua ensinação (Nunes, 1879: 11).

Afinava Castanheira Nunes pelo mesmo diapasão que Barbosa Leão, para quem o estado da educação feminina era um problema com graves consequências ou custos sociais:[8]

> [...] ainda farei outro apelo: é ao belo séxo.
> Ele não estuda as línguas mórtas nem sequér para fazer ezame. A senhora mais bem educada está portanto condenada pelos etimolojistas a escrever sempre empiricamente. Em quanto que, adòtada a ortografia sónica, poderia concientemente escrever com toda a corrèção.
> Apélo pois para a mulher. Éla que é amante, espoza, mãi, filha e irmã, nómes que signifícão o que á de mais sublime e profundo nos afétos umanos, éla que por isso tamanha influência tem em tudo, tambem póde aquí influir imenso" (Leão, 1878: 140-1).

É neste "clima de opinião" que fermentam as propostas sônicas de autores nascidos nas três primeiras décadas do Oitocentos: Barbosa Leão (1818-1888), António Moniz Barreto Corte-Real (1804-?), João Félix Pereira (1822-1891), António de Castanheira Nunes (1879), D. Agostinho de Sousa, aos quais se poderia acrescentar João Bonança (1836-1924), embora este pretendesse distanciar-se dos sônicos. A todos, une-os não só o desejo de fonetização da ortografia portuguesa, perseguida por vias nem sempre paralelas, mas também o fato de os seus textos constituírem réplicas à proposta do mentor da geração: Barbosa Leão. Na fonetização radical detectam-se duas tendências: as mais extremas sugerem a ruptura com a tradição alfabética, propondo novas unidades; outras, não menos sônicas, asseguram ainda a continuidade alfabética, configurada porém em nova rede de correspondências entre grafemas e fonemas. Destas últimas sobressaem as que propunham a generalização de <k> para a transcrição da oclusiva velar surda. Pela via radical, que implicava a invenção de unidades novas em substituição parcial das tradicionais, enveredaram Barbosa Leão, Castanheira Nunes e Bonança, dos três o mais exagerado, e cuja extravagante proposta ortográfica veio a lume em 1905. Na ação política, ficaria ligado à fundação, em 1870, do Centro Democrático de Lisboa, entidade de inspiração republicana e socialista. Quanto à intervenção política e cívica dos outros dois, sabe-se que Barbosa Leão foi deputado das cortes e secretário-geral dos governos de Angola e de Moçambique. De Castanheira Nunes, além do magistério exercido durante mais de vinte anos, desconhece-se qualquer atividade política, embora seja claro que partilhava a posição dos outros no que tangia à necessidade e à urgência da reforma, ao ver a "questão da orthographia phonetica" como uma "questão nacional e humanitaria" (Nunes, 1879: 5), cujo remédio passaria, segundo este autor, por soluções inovadoras que rompiam com a tradição alfabética. Como ilustrado no Anexo 1, entre outras singularidades, o sistema fonético de Castanheira Nunes previa representações originais quer para a vibrante forte, quer para a nasalidade vocálica.

Na continuidade alfabética inscreve-se o "sonicismo temperado" de Félix Pereira, médico, engenheiro, professor e notável polígrafo em variadas matérias, cuja proposta ortográfica, exposta em carta dirigida a Barbosa Leão, seguindo embora na pegada deste, demandava no entanto menos diacríticos que o sônico portuense, ademais de discordar do modelo ortoépico em que este se baseara.

Ao adotar a tradição alfabética aos princípios sônicos, Moniz Barreto Corte-Real apresenta-se como o reformador que mais se aproxima de Korreas, tentando estabelecer uma rede de correspondências diretas entre o plano gráfico e o fônico (*Anexo 2*). Por espelhar a economia e a redução da poligrafia, o grafema <k>, correspondente à oclusiva velar em todos os contextos, é o distintivo sônico deste açoriano. À luz dos mesmos princípios, as vogais átonas passavam a ser transcritas de acordo com a sua realização oral, apesar das incongruências presentes nos Anexos 2 e 3.

Entre as várias reações da sociedade a uma reforma ortográfica profunda conta-se um artigo do jornal *Angrense* (Anexo 3), redigido já na ortografia sônica proposta por Corte-Real, exemplo que não vingou, porque raras foram, em Portugal, as publicações vindas a lume em ortografia sônica, disso se queixando os reformistas que na imprensa viam um meio privilegiado de propagação da reforma.

Por volta de 1879, ano em que a polêmica ortográfica atingiu o auge, conforme indica o número de títulos publicados nesse ano, com réplicas nos seguintes, a maioria daqueles reformistas rondava os cinquenta anos. Se as condições políticas e sociais têm uma parte de Leão no particular contexto em que se desenrolou a questão ortográfica na década de 1870, não serão menos relevantes aspectos individuais, como a formação ou a atividade profissional dos intervenientes no debate, por isso valendo a pena realçar a procedência regional de alguns desses reformistas: Barbosa Leão era minhoto, Corte-Real, açoriano, Félix Pereira, lisboeta, Bonança, algarvio. Se os dois primeiros e o último apenas são conhecidos no terreno filológico-linguístico graças às propostas ortográficas, já o mesmo não acontece com o terceiro. Não só nem principalmente escreveu Félix Pereira sobre ortografia, pois tratou dos mais variados assuntos, sendo por isso um reconhecido polígrafo. Ademais de expressar a sua posição em matéria ortográfica, na *Carta sobre a Orthographia Portugueza dirigida ao Sr. Dr. José Barbosa Leão* (1879), faz também o autor uma pormenorizada descrição da pronúncia lisboeta e daquilo a que chama "pronúncia saloia".

Mas o problema ortográfico adquire carácter transnacional quando a estes nomes se acrescentam os de reformistas brasileiros de estirpe semelhante: J. J. Paranhos da Silva (Anexo 4) e Miguel Lemos. Vem a propósito referir que, precisamente no Brasil, na década de 1980 o positivismo inspiraria uma ortografia sintonizada com os seus ideais, situação sem paralelo em Portugal. Trata-se da *Ortografia Positiva* proposta por Miguel Lemos, autor que na França assimilara o ideário positivista, por cuja divulgação na sua terra natal tanto se bateu (Orlandi, 2002: 263-299). Conquanto esta "ortografia positiva" e brasileira intentasse uma uniformidade simplificadora, por forma a libertar a escrita da ganga etimológica, à semelhança das ortografias sônicas portuguesas, destas diferia no entanto ao fundar-se na especificidade da pronúncia brasileira, próxima da pronúncia quinhentista em vários aspectos. Além da tentativa de devolução da escrita à relação direta com a fala, sem mediação de marcas genéticas ou históricas, a ortografia positiva de Miguel Lemos integrava-se num programa ideológico que compreendia ideias universalistas, como o progresso geral da humanidade, a par de ideias nacionalistas, já que a ortografia positiva reproduzia as particularidades do português do Brasil, distanciando-se assim da ortografia portuguesa.

Antes de Miguel Lemos, já José Jorge Paranhos da Silva (Anexo 5) havia proposto uma "ortografia brasileira" que, dado o seu cunho fonetizante, se distinguia da portuguesa por refletir os traços distintivos da pronúncia do português falado no Brasil. Daqui se infere que a questão ortográfica em terras americanas tinha como pedra de toque não só o contraste entre a pronúncia brasileira e a portuguesa, mas também argumentos nacionalistas. Sirvam de ilustração do sistema de Paranhos da Silva duas páginas (Anexo 5), extraídas da *Carta de Nomes para se Ensinar em Pouco Tempo a Ler e a Escrever Figurando a Pronuncia do Brasil dedicada aos Mestres e Pais Brasileiros*, de 1881. Ali se encontram soluções gráficas que procuravam refletir a pronúncia brasileira, conquanto isso supusesse modificar a tradição alfabética, como se nota no grafema <s>, acrescido de uma vírgula. Fundada embora na pronúncia brasileira, tal como ela era vista pelo autor, com tal solução propunha ele a generalização de <s> a todas as posições e contextos de ocorrência da sibilante, solução a que se junta a supressão de <h> e, ainda, de outras unidades etimológicas (<c> mudo por exemplo), por serem inarticuladas. A estas soma-se a uniformidade da representação da nasalidade, apenas assinalada com til, indistintamente da posição e do contexto da vogal nasal.

Se da procura de uma "koinè gráfica genuinamente brasileira" que abarcasse todas as variedades dialetais do Brasil ressaltava a tensão nacionalista entre o português do Brasil e o português europeu, para os sônicos portugueses a discussão centrava-se sobretudo na variedade regional que deveria ser refletida na escrita. Com efeito, embora desde Verney (1746) se tomasse a Estremadura como sede da língua padrão, os sônicos, confrontados com as dificuldades da ortografia fonética, eram levados a avaliar as implicações da variação dialetal no campo gráfico. Vejam-se os seguintes dados. Barbosa Leão, que era natural de Paredes, tomou o falar nortenho, mais exatamente o portuense, como modelo ortoépico; nascido em Lisboa, João Félix Pereira promovia o modelo lisboeta, conquanto não aceitasse aquilo a que chamou de realizações "saloias", próprias dos arrabaldes da capital; açoriano, Moniz Barreto Corte-Real não alude a um modelo insular, parecendo pautar-se pela capital continental, tal como Castanheira Nunes, também ele norteado pelo falar lisboeta.

Daqui poderá inferir-se que, na dimensão ideológica do problema ortográfico, ademais das correntes de pensamento – positivismo, por exemplo –, se repercutiram aspectos regionais ou geográficos (português do Brasil *versus* português europeu; português padrão *versus* variedades dialetais), políticos (monárquicos *versus* republicanos), individuais (nível de escolarização ou formação superior).

Sem esgotar o assunto, ao menos terá servido esta revisitação da geração sônica para demonstrar que a "ideologia", mais do que em qualquer outro momento histórico, e pelas razões apontadas, presidiu à discussão ortográfica na década de 1870. Se o termo "ideologia" extravasou o âmbito filosófico para ingressar no político, daí se estendendo aos mais variados domínios, inclusive à atividade metalinguística, isso explicará por que foi integrada a questão ortográfica no debate político, social e educativo então em curso na sociedade portuguesa; mas explicará igualmente por que na questão ortográfica puderam intervir personalidades cuja formação talvez não permitisse, de início, afrontar o assunto na sua dimensão estritamente linguística, realçando que entre os sônicos não figurava nenhum dos reputados filólogos do último quartel de Oitocentos. Na verdade, alguns dos sônicos eram amadores, meros curiosos, partidários da causa da reforma ortográfica. Embora as propostas ortográficas sempre tenham refletido, mesmo de forma não explícita, a ideologia dos seus proponentes a respeito da língua escrita e da língua oral, a julgar pelos elementos anteriormente aduzidos, não será exagerado dizer-se que tal afirmação adquiriu sentido especial em Oitocentos, porquanto a "ideologia", criada como sistema filosófico em Setecentos e impulsionada graças à Revolução Francesa, evoluiu e se projetou em todo o discurso metaortográfico da centúria seguinte.

Assim, por mais que a escrita seja a "face exposta da língua", qualquer restrição da questão ortográfica à sua dimensão estritamente linguística deixaria incompleto o quadro da historiografia referente à ortografia, porquanto a polêmica ortográfica, consoante se viu, refletia o "clima de opinião" existente na década 70 de Oitocentos, momento em que a disputa entre os "sônicos" e os "etimológicos" atingiu o clímax. Exemplos recentes não desmentem a importância da "ideologização" nas discussões ortográficas e linguísticas, conforme mostra, por um lado, a história do último acordo ortográfico e, por outro, o dicionário da Academia das Ciências.

Por distintas ordens de razões, tais exemplos revelam que a discussão de temas linguísticos, em pleno século XX e nos alvores do XXI, continua a suscitar argumentos ideológicos não muito diferentes dos que em Oitocentos contribuíram para que a polêmica transbordasse do domínio linguístico para os terrenos social, político, educativo e cultural. São várias as dicotomias que traduzem a extensão alcançada pela questão ortográfica: "fonético" e "histórico", "presente" e "passado", "sônico" e "etimológico", "nacional" e "regional", "popular" e "aristocrático", "democrático" e "não democrático", "evolução" e "imobilismo", Portugal e Brasil. Se dúvidas houvesse, os exemplos aqui aduzidos comprovariam que, numa sociedade imbuída de cultura escrita, dificilmente a ortografia poderia ficar imune à ideologização, preservada desta como mero instrumento ou sucedâneo do fenômeno linguístico, uma vez que, boa ou má, a ortografia se caracteriza pela permanência negada à oralidade. Talvez aí resida a explicação para as cíclicas polêmicas à volta da ortografia portuguesa.

ANEXO 1

Alfabetu çoniku i çúa korrespondencia kom u itimulojiku

U alfabetu, cegunda maravilha du enjenhu humanu depois da invençãu das linguas, kê foi a primeira, recompostu pelus latinus, i adotadu logu pur tódus us povus du mundu, kujas letras, embora devecem ter sidu dispostas, cegundu a ordem dus orgãus kê mais influem na çúa prununcia, em guturais *gu*, *ku*; linguó-palatais *nhe*, *le*, *lhe*, *ne*; linguó-palatais-cibilantes *cc*, *ze*; linguó-palatais-chiantes *je*, *xe*, *is*; linguó-palatais-tremulantes *rre*, *re*; linguó-dentais *de*, *te*; dento-labiaes *ve*, *fe*; labiais puras *be*, *pe*, *me*, reprezentam todas as vozes i articulaçõis kê prufere a boca humana: u alfabetu, digu, nãu admite hoje alteraçãu nem nu numeru, nem na ordem, nem nu aumentu de novas letras, kê nãu ponha em confuzãu i dezordem a korrespondencia i harmunia das linguas i dus livrus du prezente, kom as linguas i livrus du preteritu i du futuru, ordenadus i iscritus pur elle, cervindu até de algarismus as çúas letras nas obras iscritas.

Alfabetu itimulojiku

A b c d e f g h i j k l m n o p q r s t u v x y z.

Alfabetu çoniku

A b c d e f g j h i k l lh m n nh o p q rre re s t u v x z.

Ikivalencias çonikas i itimologikas

1.ª c=*c*=*ch*=*k*=*qu*: kara=*cara*, kimika=*chimica*, kita=*quita*

2.ª *f*=*f*=*ph*: fama=*fama*, farol=*pharol*

3.ª g=*g*=*je*: gagu=*gago*, jelo=*gelo*

4.ª j=*g*=*j*: janela=*janella*, jelu=*gelo*

5.ª k=k=*c*=*ch*=qu: kilu=*kilo*, kara=*cara*, kimica=*chimica*, kéda=*queda*

6.ª r=*r*=*rh*: ramu=*ramo*, retorika=*rhetorica*

7.ª s=*s*=*x*=*z*: ourives=*ourives*, kalis=*calix*, roza=*rosa*

8.ª t=*t*=*th*: tempu=*tempo*, tiologia=*theologia*

9.ª x=*x*=*s*=*z*=kç: xeke=*xeque*, Felis=*Felix*, izame=*exame*, cekçu=*sexo*

10.ª z=*z*=s: zona=*zona*, pás=*paz*

Izercicio pratiku

Cecem du çabiu gregu i du troianu
As navegaçõis grandes kê fizeram,
Kale-ce de Alexandru i de Trajanu
A fama das vitorias kê tiveram;
Kê eu cantu u peitu ilustre luzitanu
A kem Netunu i Marte ubedeceram,
Cece tudu u kê a muza antiga kanta,
Kê outro valor mais altu ce alevanta.

ANEXO 2

Artigo publicado no n.º 1679 do «Augrense»

Kestõis urtugrafikas

Ce é pontu acente a inkonveniencia du káos urtugrafiku em kê jazemus, não pode deixar de cer apreciadu i muitu u trabalhu kê a tal respeitu publikamus hoje du noçu isklarecidu patriciu i mui respeitavel amigu u iscelenticimu cñr. dr. Antoniu Muniz Barretu Korte-Rial, dignu kumiçariu dus istudus i reitor du liceu naciunal d'esta cidade.

A reforma urtugrafika proposta pur akele iruditu kavalheiru é um trabalhu impurtante i valiozu, i kê merecerá, kom certeza, a konciderAçãu dus poukus kê em Portugal ce okupam de tais açumtus.

Talvez a reforma proposta ceja muitu radikal, i ainda kê, kom kuantu tranzitoria para a urtugrafia perfeitamente funetika ou çonika, ha-de enkontrar istórvus para a çua aplicaçãu pratika, pela istranheza kê kauzará á vista, i pur umas certas dificuldades ainda kê facilmente çuperaveis aus kê na átualidade a empregarem na iskrita.

Kér-nus parecer kê ce deveria kumeçar pela reforma ha muitus ãnus proposta pur varius filolugus portuguezes e uzada pelu nutavel iskritor padre Teudoru d'Almeida i outrus iskritôres d'akele tempu, i mudernamente akoncelhada pelu falecidu viskonde de Kastilhu, kê á cemelhança du kê ce fez na lingua hispanhola, çuprimia as letras jeminadas i akelas kê entram unikamente na kompuziçãu das palavras komu preceitu itimulojiku.

E' içu u kê hoje istá kuazi aceitu n'este káos kê ce xama *urtugrafia uzual*, i ke nãu é mais du kê uma babel urtugrafika, cem regras fikças, nem mudelus auturizadus, kê a regulem.

Depois d'esta primeira reforma istabelecida i firme, ceria entãu tempu de ce paçar au cistema, kê hoje propõi u cñr. dr. Muniz, u kual para cer kompletu, komu ç. isc.ª u deklara, i deixar de cer tranziçãu, tem de sufrer umas pekenas alteraçõis, komu a çupreçãu du *u* kê ce junta au *g* antes de *e* e *i*, iskrevendu-ce *cegir* em vez de *ceguir*; a da cedilha do *c*, paçandu esta letra a ter çomente u çom de *ç* em todus us kazus du ceu empregu, iskrevendu-ce pur içu *capatu* em vez de *çapatu*, komu ainda koncente esta reforma tranzitoria; i u banimentu kompletu du *h*, cem razãu nenhuma de cer na urtugrafia funetika purtuguêza.

Ou pur um modu mais demuradu, komu alvitramus, ou pur um aceleradu komu prupõi u cñr. dr. Muniz, u fatu é kê nãu ha duvida çobre a necedidade d'uma prufunda reforma urtugrafika, kê nunka ha-de cer pelu cistema itimulojiku, purkê a içu ce upõi fortes mutivus, kê nãu é precizu ispôr aki, mas cim funetika ou çonika, i pur içu pura ou cimplesmente akela kê prupõi hoje u iruditu kumiçariu dus istudus d'este distritu.

Ce a noça inçuficiencia em tais trabalhus nus afasta d'eles, a konciderAçãu kê tributamus a kem us prufeça cem tibieza, i arrosta kom a ingratidãu, kê é pruverbial n'este paiz para kom us kê konçomem a çua vida nu trafegu das letras, é-nus incitamentu furticimu para u kumprimentu d'um devêr kê entendemus nus korre.

U cñr. dr. Muniz é um izemplu d'eces infatigaveis trabalhadôres, kê ubreiru dedikadu du encinu, impavidamente tem arrustadu kom a indiferença ou kom a ignurancia dus kê u nãu tem apreciadu devidamente. Tem honradu a kadeira onde ce acentou pela primeira vez u inolvidavel padre Jeronimu Imilianu d'Andrade, e komo ceu dignu çuceçor, é honra i gloria du istabelecimentu kê reje.

Damus a noça opiniãu rekunhecendu u meritu du trabalhu du noçu isklarecidu patriciu i muitu iruditu literatu, i para porva d'içu publikamus este artigu konforme a çua reforma urtugrafica.

—

ANEXO 3

O IDIOMA

DO

HODIERNO PORTUGAL

COMPARADO COM O DO

BRAZIL

Por um Brazileiro.

> Idioma é palavra grega, *idioma*, que significa propriedade particular, de *idios*, especial, particular, e designa a maneira particular de falar uma lingua... este vocabulo é mais proprio quando quizermos falar das differentes epocas de florecimento da litteratura de uma nação.
>
> Roquette—*Dicc. de Synonymos.*

2ª PARTE.

RIO DE JANEIRO:

Typographia de LOURENÇO WINTER, Rua do Hospicio N. 77.

1879.

ANEXO 4

60

depoes provar què a l̃igoa portugueza é filha primojènita da latina, finál-mẽte cõcorrer para a corrupsão da pronũsia brazilèira.

VÃTAJẼS DA ORTOGRAFIA BRAZILÈIRA.

1.º Adotãdo o módo de escrever ẽ Portugál no tẽpo ẽ què se dizia — *Escrévese da manèira què se lè, e asĩ se fala*, mas espurgado de suas irregularidades; o prĩsipiãte ẽcõtra fasilidade na leitura.

2.º Quẽ já sabe ler, mas não acha rumo na escura mina da ortografia portugueza atuál, póde ter ũ mèio fasil e bõ de comunicar seos pẽsamẽtos por escrito.

3.º Os estrãjèiros què falão ôtras l̃igoas, pódẽ pronũsiar a nósa coázi como nós.

4.º Os escritores teẽ o mèio de se opor a o elemẽto què tẽta espelir o elemẽto formador de nósa l̃igoa, e de evitar què se fórmẽ no Brazil dôz dialétos — o do litorál, aprosimado do portuguez modérno; e o do ĩterior, aprosimado do portuguez ãtigo.

61

5.º A ĩpresão dos livros póde tornarse barata; não só porquè, uzãdo ùnica-mẽte do til para as nazaes, suprimĩdo *xx*, *hh* e ôtras letras mudas, cõservãdo a risca de união ẽ pôcas palavras, pôpase mũito espaso; mas tãbẽ porquè cada silaba poderá fasil-mẽte ser gravada enh ũ só tipo e ĩprimida de uma vez; vistoquè a cada uma délas correspõde ũ tipo ùnico. As doze letras de *philantropia* da ortografia ordinária poderão ser ĩprimidas cõ os sĩco tipos — *fi-lã-tro-pi-a*. As nóve de *trabalhou* cõ os trez — *tra-ba-lhò*.

6.º Dáse a os livros do Brazil a aparẽsia de brazilèiros, què aĩda lhes falta.

Não nos pódẽ chamar de ezajerados, por não renũsiarmos o dirèito què ezérsẽ ôtros póvos. Os Alemães, por ezẽplo, nẽ quérẽ renũsiar o seo caráter pelo claro caráter latino, què tiraria dos livros da Alemanha a aparẽsia de alemães.

OBJESÃO.

Dizẽ què ésta ortografia tẽ o ĩcõveniẽte de uzar de mũitos asẽtos, isto é, de ĩdicar a silaba predominãte das palavras e a vogál abérta pelos

ANEXO 5

44

crustáşeo	prostìbulo
gramático	dramático
cronòmetro	cromático
crizálida	cruşifera
atlàtide	frutìfero

---

arşipréste	prestimozo
gastraljia	şẽtrál-mẽte
cataplásma	cõpadresco
crispatura	şĩples-mẽte
trãsparẽte	trãsmutável

---

epopéia	ãzolèiro
bananèira	papagáio
paşièşia	diãtèira
unijènito	aşetábulo
aromático	melãcólico
parapèito	marinhático

45

cazoìstico	promõtório
cõşièşia	trãsparèşia

---

cõspiraşào	trãsluzimẽto
prosperidáde	cõstãte-mẽte
trãsmutativo	brãquearia
trãsplãtaşào	cõşiẽşiozo
clãdestinidáde	trãsfiguraşào
mõstruozidáde	cõstituşionál
trãsverşalidáde	proprietário

---

abs	*obs*	*clep*	*pşi*
pn	*pt*	*gn*	*disp*

---

abstido	obstroìdo
abstráto	obstétrica
clepşidra	pşicólogo
gnomònica	pneomático

Notas

* A autora, de origem portuguesa, seguiu apenas as prescrições do Novo Acordo Ortográfico de 1990, não o de 2008. (nota do Organizador)

1 Exemplo da forma como o léxico incorpora a ideologia é o estudo sobre *As palavras e ideias na Revolução Liberal de 1820* (Verdelho, 1981).

2 Entre eles figuravam Adolfo Coelho, introdutor do método científico em Portugal, com a publicação de *A lingua portugueza* (1868), e Augusto Soromenho, autor do opúsculo *Origem da lingua portugueza* (1867). Ademais de Antero, Eça e Teófilo, os restantes eram: Augusto Fuschini, Germano Vieira de Meireles, Guilherme de Azevedo, Jaime Batalha Reis, Oliveira Martins, Manuel de Arriaga e Salomão Saragga.

3 Para uma bibliografia do autor, vide: Manuel Barbosa, *Cartas e publicações relativas ao fallecido Dr. José Barbosa Leão que, em memória do seu saudoso irmão reuniu e mandou imprimir* (...), Porto, Imprensa Commercial, 1889.

4 No ano de 1877, na Inglaterra, já Henry Sweet havia proposto uma reforma ortográfica baseada em princípios fonéticos: *A Handbook of Phonetics, Including a Popular Exposition of the Principles of Spelling Reform*, Oxford, Clarendon Press.

5 Um dos mais acérrimos foi Alexandre Fontes. Após aprovação da reforma em 1911, continuava ele a publicar textos favoráveis à ortografia etimológica: *Gralhos depenados. A questão ortográfica*, 1912; *Orthoepia e orthographia da lingua portuguesa*, Lisboa, Gazeta dos Caminhos de Ferro, 1913.

6 Patente na fonetização do próprio nome, Korreas, o princípio fonético percorre todo o sistema gráfico deste ortógrafo espanhol. Vide: Salamanca *Ortografia kastellana nueva i perfecta*, Madrid, Espasa-Calpe, 1971.

7 À escola atribuía Castanheira Nunes um papel decisivo na difusão de tais medidas, como se lê a seguir: "Decretar o systema de pesos e medidas, tornando-o obrigatorio nas escholas de potuguez, será a ultima de-mão da obra da reforma, para que em pouco tempo o systema se generalise por todo o reino. Os povos, em muitas coisas, são como as crianças: até o bem precisa impôr-se-lhes, para ser recebido. Ao particular só cabe o dever, e não sei se a gloria tambem, de apregoar a necessidade e imperfeições d'esta ou de quejandas reformas, mostrando os tropeços, inconvenientes e imperfeições dos systemas em uso, e propondo mais vantajosas theorias, mais philosophicos methodos" (Nunes, 1879: 22-3).

8 Nesta ordem de ideias, o governo da primeira República publicaria legislação arrojada em que às mulheres eram reconhecidos direitos até então negados à condição feminina.

BIBLIOGRAFIA

AUROUX, Sylvain (dir.). *Histoire des idées linguistiques*. t. 3. Liège: Mardaga, 2000.

CONTRERAS, Lidia. *Ortografía y grafémica*. Madrid: Visor Libros, 1994.

CORTE-REAL, António Moniz Barreto. *Noticia ortografiqa do parecer da qomição nomeada pela Aqademia Real das Çiencias de Lisboa açerqa da reforma ortografiqa, qe lhe foi çubmetida por uma qomiçaõ qongragada na çidade do Porto em 1878*. Angra do Eroismo: Tip. Angrençe, 1879.

______. Kestõis urtugraficas. *Angrense*, n. 1.679, 1879, p. 22.

______. Alfabetu çoniku i çua korrespondencia kom u itimulojiku. *Proposta de Reforma Orthographica*. Angra do Heroísmo: Typographia Angrense, 1877.

GALAZZI, Enrica. L'Association Phonétique Internationale. *Histoire des idées linguistiques*. t. 3. Liège: Mardaga, 2000, pp. 499-516.

GONÇALVES, Maria Filomena. *As ideias ortográficas em Portugal:* de Madureira Feijó a Gonçalves Viana (1734-1911). Lisboa: Fundação Calouste Gulbenkian/Fundação para a Ciência e Tecnologia, 2003.

______. Projectos oitocentistas de ortografia brasileira. *Actas do 5º Congresso Internacional da Associação de Lusitanistas*, 1999.

______. Notas sobre o positivismo linguístico em Portugal no século XIX: sobre a lingua portugueza (1871), de F. Adolfo Coelho. *Diacrítica, Ciências da Linguagem*, n. 18–1. pp 29-56, 2004.

KOERNER, Konrad. *Practicing Linguistic Historiography*. Amsterdam: John Benjamins/ Philadelphia: Publishing Company, 1989.

KORREAS, Gonzalo. *Ortografía kastellana, nueva i perfecta*. Madrid: Espasa-Calpe, 1971 [1. ed.: Salamanca, en Kasa de Xacinto Tabernier, impresor de la Universidad, 1630].

LEÃO, António Barbosa. *Considerações sobre a orthographia portugueza*. Porto: Typographia de António José da Silva Teixeira, 1875.

______. *Colèção de estudos e documentos a favor da refórma da ortografia em sentido sónico*. Lisboa: Imprensa Nacional, 1878.

______. *A Academia Real das Ciências de Lisboa e a Comissão de Refórma Ortográfica do Porto*. Porto: Imprensa Nacional, 1879.

______. *Elementos de gramática portugueza*. Porto: Tipografia de António Jozé da Silva Teixeira, 1886.

LEÃO, Manuel Barbosa. *Cartas e publicações relativas ao fallecido Dr. José Barbosa Leão que em memória do seu saudoso irmão reuniu e mandou imprimir (...)*. Porto: Imprensa Commercial, 1889.

NUNES, António Castanheira. *Duas palavras a respeito da orthographia actual e projecto de reforma*. Lisboa: Casa Portugueza, 1879.

ORLANDI, Eni P. *Língua e conhecimento linguístico:* para uma história das idéias no Brasil. São Paulo: Cortez, 2002.

PESSOA, Fernando. *A língua portuguesa*. Ed. de Luísa Medeiros. Lisboa: Assírio & Alvim, 1997.

QUENTAL, Antero de. *Causas da decadência dos povos peninsulares*. 7. ed. Lisboa: Ulmeiro. 1996 [1871].

SCHLIEBEN-LANGE, Brigitte. Os ideólogos e a escrita. *História do falar e história da linguística*. trad. Fernando Tarallo et al. Campinas, Editora da Unicamp, 1993.

SILVA, José Joaquim Paranhos da. *O idioma do hodierno Portugal:* por um brazileiro. 2. parte. Rio de Janeiro: Typographia de Lourenço de Winter, 1879.

VERDELHO, Telmo dos Santos. *As palavras e as ideias na Revolução Liberal de 1820*. Coimbra: Inic, 1981.

Ortografia e nacionalismo no Brasil do século XIX

Olga Ferreira Coelho

É já bem conhecido o fato de que, a partir do século XIX e até as primeiras décadas do século XX, o debate acerca da natureza e do estatuto do português do Brasil mereceu considerável destaque nos círculos intelectuais brasileiros. Em estudos linguísticos, em textos literários, nas famosas polêmicas, em projetos políticos, os usos da língua chegaram a amparar teses a respeito do caráter e dos possíveis destinos da nação. A argumentação baseava-se no seguinte raciocínio então corrente: se a língua era um veículo do pensamento e da cultura, ela *naturalmente* desempenharia um papel de destaque no processo de delineamento do perfil do país. A delimitação e a descrição desse sistema linguístico *nacional* integrariam, em função desse pressuposto, o conjunto de esforços dirigidos à fixação de uma identidade brasileira muito claramente observável durante a segunda metade do século XIX. Com efeito, para Guimarães (1988), o que se nota, nesse período específico, é a consecução de certo projeto de Brasil: depois de implantado o Estado Nacional, impunha-se como tarefa o desenho de uma imagem para essa nação, "capaz de lhe garantir uma identidade própria no conjunto mais amplo das 'Nações', de acordo com os novos princípios organizadores da vida social do século XIX".

Levando em conta esse quadro, o período compreendido entre as décadas de 1850 e 1900 mostra-se particularmente frutífero para o mapeamento de algumas das ideias que nortearam os caminhos da polêmica desenvolvida acerca da *língua nacional*. Neles estabelecem-se e efetivam-se tarefas descritivas bem definidas, considerado o contexto (geral e linguístico) em que essa variedade de língua passa a figurar como objeto explícito de investigação. É a partir de 1850, por exemplo, que despontam no Brasil trabalhos voltados para as especificidades lexicais (regionais e nacionais) do português falado na América, tais como o *Vocabulário Indígena de Uso na Província do Ceará, com Explicações Etymologicas, Orthographicas, Topographicas, historicas* (1887), de Paulino Nogueira; o *Vocabulário Sul-Rio-Grandense* (1898), de Romagueira Correia; a *Coleção de Vocábulos e Phrases Usadas na Província de São Pedro do Rio Grande do Sul* (1852), de Antônio Álvares Pereira Coruja (1806-1889); o *Vocabulário Brasileiro para Servir de Complemento aos Diccionarios da Língua Portugueza* (1853), de Braz da Costa Rubim (1817-1871); o *Diccionario de Vocábulos Brazileiros* (1889), do Visconde Henrique Pedro Carlos de Beaurepaire-Rohan (1812-1894), o *Diccionario Brazileiro da Língua Portuguesa* (1875/1888) e os *Estudos Lexicográficos do Dialeto Brasileiro* (1874/1892), ambos de Antônio Joaquim de Macedo Soares (1838-1905).

Nos debates acerca do estatuto da língua, a fonética e o léxico converteram-se nas fontes de dados mais recorrentemente utilizadas por aqueles que, com diferentes ênfases, reivindicavam autonomia para o português do Brasil (doravante, PB) em relação ao português europeu (doravante, PE) e empreendiam as primeiras descrições particularizadas, exclusivas, da *"língua de cá"*. Em função da natureza dos dados linguísticos acionados para sustentar as discussões – palavras *brasileiras* e suas pronúncias – desenvolveram-se naquele contexto interessantes reflexões acerca de questões ortográficas, muitas vezes, também pontuadas pelo estabelecimento de relações diretas entre língua e nação:

> [...] em consonância com factos literários da significação do Indianismo e da famosa polêmica entre José de Alencar e José Feliciano de Castilho sobre a liberdade de expressão brasileira, a Nação sentia a necessidade de afirmar por todas as formas a sua fisionomia original. Desde os primeiros anos da Independência dominava a moda dos nomes e sobrenomes indígenas, que deram os Acaibas, Iberês e Tupinambás ao nosso onomástico. A ortografia não escapou a essa nacionalização impaciente: surgiu a ideia de uma ortografia nossa, brasileira – e fonética, ortografia que nos distinguisse da de Portugal, então etimológica (Rebelo Gonçalves, 1947: IX).

Não é possível falar-se ainda em uma norma ortográfica, mas problemas relativos aos modos de ortografar as palavras de origem indígena ou africana que teriam contribuído para a diferenciação entre PB e PE, ou à grafia mais apropriada para se manter certa semelhança entre a *pronúncia nacional* e a escrita, por exemplo, ocuparam a agenda dos estudos da linguagem e converteram-se, nesse contexto, em mote para o desenvolvimento de reflexões acerca da ortografia.

O primeiro tipo de problema – referente ao registro das palavras herdadas de línguas ágrafas (locais, sobretudo, mas também africanas) – converteu-se num dos principais focos de preocupação. Bearepaire-Rohan, por exemplo, no prólogo de seu dicionário, procura mapear as principais dificuldades impostas a quem desejasse tratar dos empréstimos que o português aqui recebia de línguas autóctones. O autor, ao mesmo tempo, procura justificar suas próprias opções para a resolução dos problemas que diagnostica:

> A êsse respeito farei apenas observar que esta língua ["tupi"], apezar de suas belezas sintáticas, que a fizeram, mais de uma vez, comparar com o grego, era meramente falada e não escrita pelas tribos selvagens que a praticavam. Os Europeus, que primeiro a estudaram e lhe organizaram gramáticas e vocabulários, se viram certamente em grave dificuldade para representar sons completamente extranhos ao nosso alfabeto, e daí nasceram as convenções ortográficas que cada um procura justificar a seu modo. Há sobretudo uma vogal gutural cuja pronúncia só póde ser adquirida por uma longa prática. [...] Eu a substituí [neste dicionário] em qualquer caso por *ÿ*. Os jesuitas, tanto espanhóis como portuguêses, no intuito de acomodarem aos diversos dialetos da língua tupi o nosso alfabeto, suprimiram a letra *s* e a substituiram por *c* e *ç*. O *ç*, quando o escritor se esquecia da indispensável cedilha, foi causa do estropeamento de muitos vocábulos, tais como *araçari*, *jaçanân*, *çaviá*, convertidos hoje, na linguagem científica, em *aracari*, *jacanân*, *caviá* etc. Em lugar do *ç* inicial, uso eu francamente do *s*, como em *sapeca*, *sapiranga*, *sapiróca* e outros mais; e se não escrevo *arasari*, *jasanân* é pelo receio de induzir em êrro o meu leitor, obrigando-o a pronunciar *arazari*, *jazanân*, pela regra bem conhecida de que, salvo poucas exceções, o *s* entre vogais tem o som de *z* (Beaurepaire-Rohan, 1956 [1889]: 3).

As questões aí arroladas desenham um quadro realmente complexo, no qual se juntam:

1) o desconhecimento de um sistema fonológico perdido, pouco documentado e, talvez, mal representado nos escassos compêndios descritivos então disponíveis;

2) a insuficiência do conjunto de grafemas fixados pela tradição ibérica para aclarar nuances do diferente sistema fonemático a ser representado;

3) a necessidade de estabelecer alguma homologia entre os fatos linguísticos representados pela ortografia proposta para a língua ágrafa e aqueles que diziam respeito às línguas europeias;

4) questões relativas a falhas técnicas nos processos de composição das obras, e

5) a proliferação e a aceitação de soluções *had hoc* para os quatro problemas anteriores, ao que parece, propostas a cada nova obra.

Os aspectos (4) e (5) eram gerados pelos primeiros, e, para estes, um caminho que se vislumbrava como apropriado seria o do aprofundamento dos estudos sobre essas línguas, tanto em perspectiva plenamente diacrônica (por meio da documentação disponível) quanto pelo estudo de sistemas assemelhados ao do tupinambá, como o chamado nheengatu ou abanheenga.

No que se refere à abordagem das questões de (1) a (3), a opção, de diferentes autores, de buscar, ao mesmo tempo, grafias legíveis em português e adequadas às propriedades fônicas de tais línguas converteu-se em impasse corriqueiro na história dessa ortografia e, em alguma medida, projetam ainda hoje seus vultos sobre os usos desses vocábulos no PB, como se nota na oscilação do falante alfabetizado quanto à acentuação de termos do tupi, ou à possibilidade de pluralização dos nomes dos povos, por exemplo.

O mapeamento realizado por Beaurepaire-Rohan expõe, portanto, traços marcantes desse debate ortográfico. Com efeito, cerca de quinze anos depois da publicação de seu dicionário, as queixas eram ainda muito semelhantes:

> A ortographia das palavras oriundas do tupy não está definitivamente assentada. [...]. O Snr. Dr. Barbosa Rodrigues supprimindo completamente o *s* no seu *Vocabulário indígena*, chega a usar do *ç* até no começo das palavras [...] o que mesmo em tupy é uma inutilidade. Este illustre brazileiro diz assim proceder, porque em tupy não existe o *s*. D'esta opinião divirjo, porque se na língua indígena não se encontra o som sibillante representado pelas lettras *s*, *z* como em *cascaes*, *fisgas*, *festas*, *mastros*, *giz*, *paz* que tanto afeia nossa lingua materna, n'ella comtudo existe o som ciciante, figurado pelos signaes *c*, *s*, *ss* como em *socego*, *sussuro*, *sossobrar*, *salsa* [...]. Afastando-me por isso da opinião dos abalisados mestres que decretaram a suppressão do *s* nas palavras brasileiras de origem tupy, emprego sempre que posso *ss* em logar do *c* cedilhado. Muitos termos scientíficos estropiados vem do inutil uso e abuzo do *ç*: *aracary*, *jaçanã*, *taiacú*, etc [...] O *y* final indica pelo uso de há muito estabelecido, que a syllaba é longa: assahy [...] evitando-se assim o accento sobre o *i* [...]. Comtudo nos vocabulos puramente tupys, o *y* representa um som palato-lingual que se emitte applicando a ponta da lingua sobre o céo da bocca e que tem uma pronuncia intermediaria entre o *i* e o *u*. Este *y* desconhecido na phonetica das línguas indo-europeas [...], assume, passando para o portuguez, em algumas palavras o som de *i* [...]; em outras o som de *u* [...]; em raras transforma-se esse *y* em *a* [...] (Miranda, 1905: II-IV).

A julgar pela semelhança entre os trechos que se referem ao emprego de <ç>, Vicente Chermont de Miranda – autor de um *Glossario Paraense, ou Collecção de Vocabulos Peculiares à Amazonia e Especialmente à Ilha do Marajó* – certamente foi um leitor do texto de Beaurepaire-Rohan. Mas há outras aproximações: novamente notamos a queixa de que não há normas estabelecidas para o registro ortográfico de tais palavras, de que se cultiva o hábito de apresentar soluções particulares e pessoais para seu registro e de que não há equivalência entre os sistemas fonológicos do PB e do tupi (neste caso, assinalada pela ausência do som sibilante[1] na língua indígena e sua presença no português; pela proposta de que na língua indígena existiriam sílabas longas – e breves – e, novamente, pela referência ao grande nó descritivo da fonologia sob análise: a existência de uma vogal alta, intermediária entre o /i/ e o /u/).

Tanto Beaurepaire-Rohan quanto Chermont de Miranda deixam de mencionar explicitamente outro entrave, técnico, mas igualmente considerável nesse campo: as limitações tipográficas das casas publicadoras do período. Tais limitações dificultaram, por exemplo, a edição de uma descrição tão minuciosa do nheengatu quanto a empreendida por Couto de Magalhães em *O selvagem*, ou, já nos anos 1950, motivaram o acréscimo de uma nota à segunda edição do próprio dicionário de Beaurepaire-Rohan, na qual se esclarece que a opção do autor oitocentista pelo uso do grafema <ÿ> para representar a problemática vogal do *tupi* foi desconsiderada em favor de <ig>, devido à inexistência de tipos que permitissem compor a notação original.

Questão aparentemente periférica, a disponibilidade ou não de tipos para impressão tornou-se, dessa forma, uma condicionante ativa das soluções de representação adotadas, ao impor limites reais para o nível de detalhamento descritivo a ser expresso pelas soluções ortográficas idealizadas. Muitas das propostas dos descritores foram, assim, abandonadas em função de entraves tecnológicos.

As preocupações com a ortografia dos vocábulos americanos e africanos correspondiam, contudo, a apenas uma parte do problema:

> Não é muito de espantar êste estado de desordem na ortografia de idiomas iletrados, quando na nossa própria e formosa língua se observa a tal respeito a maior incúria. Não faltam certamente dicionários; mas cada autor indica um modo de escrever e pronunciar diverso dos outros. Parece incrível que a língua portuguesa não tenha ainda um dicionário oficial, que nos sirva de autoridade (Beaurepaire-Rohan, 1956 [1889]: 4).

De fato, até que Aniceto dos Reis Gonçalves Viana (1840-1914) encabeçasse a proposta de um sistema ortográfico amplamente adotado, em Portugal e no Brasil, a ausência de autoridade grassou entre os usuários alfabetizados da língua.

Ao lado dessa ausência de critérios gerais, no século XIX, para alguns daqueles que defendiam a autonomia do PB, uma outra questão se apresentava: como retratar, também na ortografia, especificidades que se advogavam para a língua *nacional*? A solução vista como mais óbvia aprecia ser a de definir parâmetros ortográficos de base *fônica*. A proposta era buscar a melhor correspondência entre os segmentos sonoros empregados na fala do brasileiro e os grafemas, de modo a garantir o registro fiel do PB. E como o PB seria mais conservador do que o PE, essa ortografia teria ainda o mérito de resguardar um certo patrimônio linguístico que a ortografia convencional, de base supostamente etimológica, estaria pondo a perder.

Na fórmula curiosa que assumia essa equação, a opção pela etimologia poderia causar um desserviço à história, enquanto a ortografia fônica seria não apenas correspondente a um registro ou a uma formalização das divergências existentes entre PB e PE, mas também uma técnica capaz de preservar as especificidades da língua menos híbrida e mais conservadora que se falava no Brasil.

O prefácio, a introdução e o primeiro capítulo de um opúsculo intitulado *Sistema de Ortographia Brazileira*, que teve capítulos publicados em 1880, servirão aqui de exemplo desse específico modo de articulação entre descrição linguística e motivações ideológicas. Servirão, também, para mapear certa concepção acerca da representação gráfica padronizada das línguas e certos usos a que se pode submeter a ortografia em momentos em que uma língua se converte em motivo de contenda.

Um sistema ortográfico brasileiro

José Jorge Paranhos da Silva (1859 - ?), defensor da autonomia linguística nacional, publicou em 1880 o *Sistema de Orthographia Brazileira*. Nessa obra, buscava reorganizar, de maneira mais *simples* e *racional*, as regras ortográficas então adotadas no país.

Não havia, como vimos, um conjunto delas que fosse rigoroso e oficialmente aplicado por aqueles que escreviam, mesmo que se tratasse de escritos formais e de grande circulação. Mas, tácita e geralmente entre os escritores "cultos", aceitavam-se como melhores as grafias que mais fizessem aproximar as palavras de seus *étimos*, comprovados ou hipotéticos. É contra essa ortografia entendida como etimológica, que, segundo o autor, encontraria no gramático português Jerônimo Soares Barbosa (1737-1816) um de seus proponentes, que esse opúsculo se posiciona. O autor apoia-se no argumento de que a adoção de uma ortografia de base etimológica no Brasil corresponderia a uma submissão a caprichos infundados de gramáticos lusitanos, ou, em outros termos, a uma falta de independência quanto à regulação dos usos locais da língua.

Paranhos da Silva já havia reunido certos índices da *superioridade* linguística brasileira em relação a Portugal em *O Idioma do Hodierno Portugal Comparado com o do Brasil por um Brasileiro*, de 1879. Como núcleo básico de suas ideias linguísticas, ele reivindicava uma origem castelhana para o português e uma melhor conservação de seus traços originais na América:

> Na primeira parte do opúsculo – *O idioma do hodierno Portugal comparado com o do Brazil* – vimos que a nossa maneira de pronunciar as palavras da lingoa herdada por nós e nossos primos de Portugal, dá ao idioma brazileiro uma superioridade enorme sobre o portuguez moderno. [...] Imos agora estudar o modo de figurar na escripta essa maneira de pronunciar a língoa que na península Ibérica foi chamada *lengua de las flores*; que no Brazil não se esforça por occultar sua origem castelhana; e que não teme comparar-se com a lingoa italiana. Pois é bem conhecida a influencia que afinal vem a exercer sobre uma lingoa a escritura usada n'ella; e muito natural o nosso empenho em fixar e conservar os bellos sons do luso-brazileiro (Silva, 1880: Prefácio).

O autor entende que o latim teria dado origem ao castelhano e este, posteriormente, teria proporcionado o aparecimento do português. Em Portugal, os descritores da língua portuguesa reivindicariam equivocadamente uma ascendência diretamente latina para ela e promoveriam, com isso, a ocultação das características herdadas do castelhano. Ao contrário disso, no Brasil essas características genuínas ainda se fariam notar e mereceriam ser preservadas – inclusive pela adoção de uma ortografia que vinculasse claramente o idioma a sua verdadeira matriz.

É por meio desse raciocínio que a origem (diretamente) latina da língua passa a ser evocada para comprovar o absurdo de se proporem grafias etimológicas, compreendidas pelo autor como mais assemelhadas àquelas da língua da antiga Roma:

> [Essa] É a escriptura dos Portuguezes, que lhe dão também o nome de etimológica, devendo antes dizer mitológica; pois o parto da velha mãi do

> galliziano e do castelhano, havido em 1139, isto é, alguns séculos depois de sua morte, é um verdadeiro mytho, filho da imaginação dos Portuguezes, que hoje não querem falar castelhano, nem filha de castelhano (Silva, 1880: XI).

Para a fixação da pronúncia brasileira e para a sua consequente conservação, o autor propõe que se desenvolva um sistema ortográfico de base fonética, que faria corresponder inequivocamente grafemas a sons. Além disso, esse tipo de escrita, por, ao contrário da fala, perdurar no tempo, auxiliaria decisivamente no processo de consolidação e oficialização de marcantes diferenças existentes entre o *idioma brazileiro* e o de *nossos primos* de Portugal.

A evolução dos sistemas de escrita

Para introduzir seu sistema, organizado sob a forma de regras, das mais gerais às mais específicas, o autor esboça uma breve história da escrita e da ortografia. Nessa história, ressalta a superioridade das *escripturas* que, ao longo do tempo, se apoiam nos aspectos fônicos das línguas, por serem tais sistemas de escrita os que mais se aproximam da realidade, isto é, da língua falada. Esse tipo de representação (orto)gráfica, nesta perspectiva, eliminaria a artificialidade pressuposta à escrita, uma vez que precisamente o mesmo sistema vigente na oralidade nela se reproduziria de modo exemplar.

Para que o homem tivesse podido chegar a esse estágio do processo de representação gráfica das línguas, teria, no entanto, percorrido um longo caminho.

Para o autor, a origem das práticas que visam transpor para códigos gráficos a fala estaria em uma escrita que denomina *representativa* (ou *imitativa*). Ela consistiria na técnica, desenvolvida no antigo Egito, de "*pintar a figura dos objectos que via*". Os objetos vistos, já nomeados anteriormente, teriam passado, por meio desse processo, a contar com representações icônicas que fixavam suas imagens. Tais representações seriam universalmente compreensíveis, sem que houvesse a necessidade de qualquer mediação cultural para a sua decodificação.

Posteriormente, ainda os antigos egípcios teriam desenvolvido, durante o período de apogeu de sua civilização, uma escrita que mesclava às primitivas representações imitativas "*emblemas, ou signaes allegoricos*". Desse segundo modo de representação, híbrido em relação a seu nível de afastamento dos objetos do mundo, teria emergido a chamada *escrita simbólica*, que faria evoluir as representações figurativas a símbolos cada vez mais *simplificados* e *elegantes*, isto é, cada vez mais afastados de seu caráter icônico.

Essas três formas de escrever (*representativa*, *alegórica* e *simbólica*) foram agrupadas por Paranhos da Silva sob a rubrica *escrita ideográfica*, porque todas elas representariam, segundo o autor, "*imediatamente as ideias* [...], *independente da lingoa de quem escreve*".

Ocorre, nessa síntese realizada pelo autor, uma evidente aproximação entre significado e referência, que parece estruturar sua forma particular de conceber a escrita, em geral, e a ortografia, em particular. Para Paranhos da Silva, uma *escrita ideográfica*, por guardar certa relação icônica com as *ideias*, teria a grande vantagem de "*poder ser entendida por povos que não a conheção*"; contudo, tais sistemas teriam uma séria limitação, a de atender somente à necessidade de representação de "*certos tipos*" de ideias (Silva, 1880: ver Introdução, pp. IV-VII). Assim, no decorrer da história, quando o homem passou a desejar não mais representar apenas *ideias*, mas também as *palavras* e os *sons* das línguas,

> [...] imaginou a maneira de figurar as mesmas, não mais imediatamente, mas por meio das palavras que por sua vez as representavão. A *escriptura ideographica* foi, portanto, abandonada para representar as composições litterarias; e substituída pela *escriptura figurativa dos sons*, a escriptura que não desdenhava a lisonja do ouvido. (Silva, 1880: VII)

Nesse momento da história da humanidade é que teria surgido uma distinção entre sistemas de ortografia *fonográficos* e *etimológicos*. Estes últimos, para o autor, feririam a natureza da linguagem e se aproximariam das mais primitivas escrituras ideográficas (os *hieróglifos* do Antigo Egito), pois, ainda que não se baseassem em processos de representação exclusiva de *ideias*, reproduziriam sons que não mais existiriam nas línguas. E se tais sons já não existiam, seriam apenas *ideias* de sons:

> Esta [ortografia etimológica], que se podia chamar também de phonographia desvairada, porque representa sons que há muitos séculos deixarão de viver, ou mesmo, sons que não sabemos exactamente como forão pronunciados, participa algum tanto da natureza da *jeroglyphica*; pois, como esta, se occupa imediatamente com as ideias; mas não tem, como ella, a vantagem da universalidade. Participa também da natureza da *phonographica*, pois também representa sons; mas não tem a vantagem de ensinar a o leitor os da lingoa de quem escreve, e sim pelo contrario a desvantagem de illudir, dando-lhe ocasião de pensar que se devem pronunciar na lingoa viva os sons da lingoa morta. [O alvo da escrita fonográfica é] representar os sons, e tão somente os sons, que, repetidos pelo leitor, teem de presentar as ideias (Silva, 1880: X).

De caráter heterogêneo, por representar ao mesmo tempo sons e ideias, a ortografia etimológica corresponderia ao pior tipo possível de *escriptura*: feriria tanto a universalidade alcançada pelos hieróglifos quanto a justeza representativa da ortografia fonográfica. Uma escrita fonográfica, de modo oposto, seria a ideal, posto que instruiria o leitor, nativo ou estrangeiro, sobre os padrões fonético-fonológicos da língua, evitando equívocos interpretativos, e, por conseguinte, correspondendo a um elemento auxiliar no processo de preservação de tais padrões:

> [...] só a orthographia não desnaturada é capaz de fixar e conservar os sons da bella lingoa do Brazil; [...] não podemos deixar de querer que se restabeleça no Brazil a orthographia dos sons, do "material" dos vocábulos; e que se abandone a chamada orthographia etimológica, ou antes, a pedante cacographia. Porquanto, nem merece o nome de orthographia aquella que não basta a o leitor, para reproduzir fielmente as palavras empregadas pelo escritor; e que obriga quem lê a ouvir primeiro cada palavra de um escripto pronunciada por quem saiba, ou venha dizer que sabe a lingoa do Brazil (Silva, 1880: XII).

A busca de uma representação *natural* poderia ser equacionada nos seguintes termos: não caberia à ortografia desfazer ambiguidades que existem na fala. Se, considerada a oralidade, a diferença (de *ideias*) que se verifica entre, por exemplo, *cem* e *sem* não corresponde a uma distinção equivalente entre os significantes desses signos, não caberia ao sistema ortográfico estabelecê-la, atribuindo, para o mesmo som, diferentes grafemas (<c> e <s>). Isto é, se não há diferenças quando se pronunciam tais palavras, não devem existir também ao se escrevê-las.

Tal como ocorre na fala em relação aos sons, na ortografia fonográfica os contextos se mostrariam suficientes para apontar ao falante o significado correspondente à sequência de grafemas, ainda que tal sequência fosse eventualmente compartilhada por dois ou mais vocábulos:

> [...] os progressistas já não querem representar o que os vocábulos teem de material, e julgaõ seos leitores incapazes de distinguir uma preposição de um substantivo, si não forem escritos com signaes diversos. Na verdade parece que o homem quando ouve é mais intelligente do que quando lê; que então se torna inferior a qualquer analphabeto; e fica precisado do auxilio da escriptura do progresso [= etimológica] (Silva, 1880: X).

Uma *ortografia etimológica* criaria, na escrita, distinções que não se manifestam na fala e, nesse sentido, poderia redundar na formação de um sistema linguístico diverso daquele que a tradição oral consolidara. O autor parece realmente crer na possibilidade de uma escrita que efetivamente reproduza os significantes disponíveis para a fala. Algo diverso disso seria uma deturpação da língua. Daí a proposta de que nenhuma representação ortográfica pudesse perturbar a equivalência letra-som. Ou seja, para o autor, numa escrita ideal, a cada som da fala deveria corresponder uma única letra e isso evitaria os riscos de se gerar, ortograficamente, um *vocabulário* distinto do existente na linguagem oral corrente:

> É da segunda maneira de escrever, da *orthographia phonographica*, que temos de falar aqui. Esta não trata de formar um vocabulário differente do da lingoa [falada]. Representa de modo igual palavras que teem som igual. [...] Pois, a orthographia phonographica procura suprir a voz humana, evita as etimologias, reaes ou imaginarias, que a impedem de alcançar o fim que tem em vista. Assim como é uma faculdade do homem pronunciar do modo que julga melhor, sob pena de desagradar o ouvinte, ou com a vantagem de lhe agradar; assim também deve achar na escripta o meio de figurar essa pronuncia, e produzir no leitor o mesmo effeito que pode produzir no ouvinte (Silva, 1880: XV).

Evitando-se alterações nos modos de ler os vocábulos, por meio do uso de uma ortografia que garantisse a adequada pronunciação das letras, evitar-se-ia também que as palavras e a própria língua se alterassem. A escrita teria, pois, o desafio de atenuar seu caráter simbólico e reinventar-se como sistema icônico cujos referentes não fossem mais as *ideias* (= significados), mas a materialidade fônica da língua (= significantes).

O sistema de ortografia de Paranhos da Silva idealiza uma escrita autoexplicativa, na qual os grafemas acionariam automaticamente os fones, estes os fonemas, estes as ideias. A escrita, dessa forma, deteria a capacidade de recriar, num suporte distinto, exatamente as mesmas relações entre expressão e conteúdo e de ser coextensiva à fala, na medida em que estaria apta a reproduzir precisamente todas as relações e todos os processos verificados na comunicação oral.

Um outro dado referente a essas concepções gerais do autor a ser ressaltado é que não haveria a possibilidade de se empregar um mesmo sistema ortográfico para o PB e o PE: se as diferenças no pronunciar eram tão evidentes quanto o autor apregoava que fossem, também o deveriam ser as do escrever.

As regras essenciais para uma ortografia fonográfica do PB

As regras mais básicas e gerais do sistema ortográfico organizado por Paranhos da Silva para o PB são assim expostas:

> 1º Não empregar signal supérfluo em ocasião alguma; porque o leitor pode julgar dever dar-lhe o valor que costuma ter em outras.
> 2º Não deixar de empregar algum signal para figurar um som da lingoa; porque a escriptura deve so por si guiar o leitor, e não obriga-lo a ter na memória os casos em que se devem pronunciar sons que por capricho não são representados na escripta.
> 3º Não empregar signal algum com dous valores; porque o leitor não pode saber qual d'elles o escriptor quer que tenha na ocasião.
> 4º Não empregar dous signaes com um valor só; porque afinal vem a parecer que cada um d'elles tem valor diverso, e vem-se assim a crear sons impróprios do luso-brazileiro (Silva, 1880: XVI).

A ênfase sobre a decodificação, notável nessas regras tomadas como essenciais, reforça a concepção do autor de que a ortografia deve ser auto-explicativa para o falante. Na tentativa de garantir essa propriedade, o autor regula o sistema proposto com base na equivalência letra-som.

É assim que a primeira regra permitiria eliminar, por exemplo, o grafema <h> do conjunto de representações ortográficas vigentes, já que ele não corresponderia a um segmento sonoro da língua. Eliminaria também as consoantes mudas então presentes em grafias como *excepção*, *excepcional*, *fructo*. Seriam também, evidentemente, eliminadas as consoantes duplicadas, como <b>, em *sábbado*. A proposta seria a de se escrever, por exemplo, *oje* (por hoje), *aver* (por haver), *ecеção* (por exceção), *fruto* (por fructo), *sabado* (e não sabbado), de modo a garantir a eliminação de sinais (isto é, grafemas) percebidos como descartáveis nos vocábulos.

A segunda regra é um espelho da primeira: se um grafema não pode deixar de referir-se a um som, tampouco pode condensar a representação de dois deles. Assim, sequências sônicas como /ks/, por exemplo, usualmente representadas por um único grafema (<x>), deveriam receber o acréscimo de uma letra para adequar-se à dicção real.

A regra número três procura esclarecer, por exemplo, que cada uma das pronúncias possíveis de uma letra como *x*, deveria ser representada de forma distinta. O mesmo ocorreria com as possíveis dicções de *c* ou com *g*, por exemplo.

A quarta regra propõe que, por exemplo, em todos os contextos, a representação gráfica de /s/ deva passar a ser <c>. Do mesmo modo, /z/ se representaria unicamente por <z>. Aplicando-a, grafaríamos *cékulo* e *kaza*, por exemplo.

A sustentar essas quatro regras angulares estaria a concepção de que a ortografia devesse ser a mais simples possível, e que desse conta de efetivamente substituir, visualmente, os significantes linguísticos.

Para o autor, um sistema assim elaborado garantiria não só a preservação das pronúncias mais antigas e corretas dos vocábulos do *idioma nacional*, mas também outros benefícios, como, por exemplo, uma maior facilidade de estrangeiros aprenderem esse idioma e a possibilidade de os aprendizes, nativos ou não, obterem maior sucesso nos processos de leitura. Garantiria, ademais, maior naturalidade nos mecanismos de comunicação entre escritores e leitores, posto que a escrita efetivamente reproduziria traços caracterizadores da fala, tais como a possibilidade de ocorrer plena coincidência entre significantes de signos distintos, anteriormente comentada.

Ao buscar a aplicação dessas regras à representação ortográfica completa da língua, o autor, contudo, passa a ter de lidar com irregularidades. O primeiro capítulo do opúsculo é predominantemente dedicado ao detalhamento dos modos de execução das regras, à exemplificação de seus usos e à proposição de soluções *ad hoc* para casos mais complexos. Há detalhamento, por exemplo, da forma de utilização do <h>, que, por não corresponder a um som, deveria, em princípio, ser excluído do sistema ortográfico. Contudo, tal exclusão não seria completa, pois excetuaria os seguintes casos:

> [...] *h* será empregado nas interjeições *Ha! Ho! Hui!*, que todos reconhecem deverem ser um pouco aspiradas; mas antes das vogaes aspiradas como em todas as outras lingoas, e não depois d' ellas. [...] O mesmo diremos do *h* das prolações *x*, *l*, *n*, que nas gramáticas geraes são representadas por *x*, *l*, *n*;[2] pois nelas o *h* tem valor, e não está no caso de ser suprimido.
> 6. Também a preposição *em*, pessimamente representada por *em*, para não escreverem como os Castelhanos, tem o som de *enh*, quando precede palavra começada por vogal. [...] Pois si nas palavras *nele*, *neste*, *nisto*, *n* é pronunciado como consoante da primeira silaba d'elas; não poderíamos pronunciar *n'ato*, *n'osso*, mas *enh-ato*, *enh-osso*. Mesmo *n'um*, *n'uma*, a que os Portuguezes reduzirão *enh um*, *enh uma*, são poucos empregados no Brazil (Silva, 1880: 2-3).

Admitir-se-ia a presença de *h* nos dígrafos (*ch*, *lh*, *nh*), por contribuir para assinalar as diferenças entre as consoantes palatalizadas e as alveolares correspondentes e, ineditamente, na preposição *em* que antecede vogais.

Ainda tecendo considerações mais pontuais, o autor expõe e procura desfazer outras eventuais percepções de existência de exceções. Tratar-se-ia de exceções aparentes. Uma exceção aparente, nesse caso, à quarta regra, é assim expressa:

> 8. Entretanto notemos uma eceção aparente: escreveremos dous *cc*, antes *cç*. Os dous se distinguem na pronuncia, sendo o primeiro gutural, e o segundo sibilante, isto é, são duas letras diversas. Assim, escreveremos *acceder*, *cocção*, *decocção*, *facção*, *faccioso*, *fraccionário*, *ficção*; apezar de se chamarem dous *cc* as duas letras.
> 9. Por isso mesmo que é o valor da segunda letra, e não o seo nome, o que a torna supérflua, não escreveremos *SC* da ortografia ordinária. Assim, porque *s* no Brazil nunca tem valor de chiante, mas sim o mesmo que tem o *h* quanto está antes dele; não poderíamos, sem infringir a regra – Não se devem dobrar consoantes – escrever *nascer*, que para nós já soa como no castelhano; mas escreveremos, como João de Barros, *nacer*. Escreveremos *ciência*, como escrevem os castelhanos. Não escreveremos *scena*, como os Italianos, para quem *SC* tem valor especial; mas *cena*, como nós pronunciamos no Brazil. Porquanto só a ortografia ordinária (e bem ordinária) pode, sob o pretexto de respeitar a etimologia moderna, querer escrever o *s* do latim para lhe dar o som mourisco e suabio; e transformar *nacer*, *ciência*, *cena*, em *naxcer*, *xciencia*, *xcena*, como Soares Barbosa manda pronunciar (Silva, 1880: 3- 4).

Neste ponto, justifica-se a possibilidade de a ortografia nacional diferenciar-se da lusitana, já que refletiria diferentes pronúncias associadas ao dígrafo (ou [s], ou [ʃ] seguido de [s], ainda que esta última pareça bastante peculiar). Paranhos da Silva opta, como vimos, por <c> para a representação de /s/ que anteceda /e/ ou /i/: *centir* e *cinal*, por exemplo. Mas elege grafema cedilhado para a representação desse som quando ele antecede um /a/, um /o/ ou /u/.

Ainda nesse processo de particularização das regras gerais, o autor esclarece que

> 10. Outra eceção aparente é o emprego de rr, para entre vogaes figurarmos erre forte, que deveria ser a letra sempre usada quando quizecemos representar este som, mas que aqui deverá ser substituída por r em principio de palavra, depois de som nasal, depois de *l* e de *s*. Assim, escreveremos *orrendo*; mas... *onra*, *abalroar*, *desrespeito* (Silva, 1880: 4-5).

Ao final desse primeiro capítulo, que corresponde ao primeiro fascículo publicado da obra, encontramos a seguinte *advertência*:

polêmicas em torno de um novo acordo ortográfico – assim como as demais polêmicas que emergiram em torno desse tema ao longo da história –[3] parecem trazer, ao menos indiretamente, uma herança que temos tendido a preservar: a ingênua e persistente pressuposição de que ortografar igualmente venha a dar no mesmo que pensar ou falar igualmente.

Notas

1 Ao opor um som sibilante e outro ciciante, considerados os exemplos e o fato de que o texto descreve a linguagem da região norte do país, é provável que o autor interprete o primeiro como fricativa palatal. Ciciante, por sua vez, é claramente uma referência à fricativa alveolar desvozeada.

2 É possível, considerando que o autor chama atenção para as formas de representação, que faltem diacríticos aos grafemas indicados neste ponto do texto.

3 Sobre a história dos projetos ortográficos e das propostas de acordos entre os países lusófonos, consulte-se, entre outros, Estrela, s.d.; Gonçalves, 2003; Ribeiro, s.d.; Rebelo Gonçalves, 1947.

BIBLIOGRAFIA

Barbosa, Jerônimo Soares. *Gramática philosophica da lingua portugueza, ou princípios da grammatica geral applicados á nossa linguagem.* Lisboa: Academia de ciências, 1822.

Beaurepaire-Rohan, H. P. C. *Dicionario de vocábulos brasileiros.* 2. ed. fac-similada. Salvador: Progresso, 1956 [1889].

Coelho, O. F. *A anguzada lexicográfica luso-bundo-americana:* língua e identidade nacional na segunda metade do século XIX. São Paulo, 2003. (Tese de doutoramento) – Departamento de Linguística, Faculdade de Filosofia, Letras e Ciências Humanas, Universidade de São Paulo.

Correia, R. *Vocabulário sul-rio-grandense.* Pelotas: Universal, 1898.

Coruja, A. A. P. Coleção de vocábulos e phrases usadas na província de São Pedro do Rio Grande do Sul. *Revista do Instituto Histórico e Geográfico Brasileiro*, t. XV, pp. 210-40, 1852.

Couto, R. do. Prefácio a Francisco Rebelo Gonçalves, 1947. *Tratado de ortografia da língua portuguesa.* Coimbra: Atlântida, 1947.

Couto de Magalhães, J. V. *O selvagem.* 3. ed. São Paulo: Imprensa Nacional, 1935 [1876].

Estrela, E. *A questão ortográfica:* reforma e acordos da língua portuguesa. Lisboa: Editorial Notícias, s. d.

Gonçalves, M. F. *As ideias ortográficas em Portugal:* de Madureira Feijó a Gonçalves Viana (1734-1911). Lisboa: Fundação Calouste Gulbenkian, 2003.

______. Projetos oitocentistas de ortografia brasileira. Disponível em: <www.geocities.com/ail-br/projetosoitocentistasdeortografia.htm?200718>. Acesso em: 18 set. 2007.

Gonçalves Viana, A. R. *Ortografia nacional:* simplificação e uniformização sistemática das ortografias portuguesas. Lisboa: Viúva Tavares Cardoso, 1904.

Guimarães, Manoel Luís Salgado. Nação e civilização nos trópicos: o instituto Histórico e Geográfico Brasileiro e o projeto de uma história nacional. *Estudos Históricos*, n. 1, pp. 5-22, 1988.

Mateus, M. H. Mira. Sobre a natureza fonológica da ortografia portuguesa. Disponível em: <www.iltec.pt/pdf.wpapers.2006-mhmateus-ortografia_portuguesa.pdf>. Acesso em: 18 out. 2007.

Miranda, V. Chermont de. *Glossário paraense, ou collecção de vocábulos peculiares á Amazonia e especialmente a ilha do Marajó.* Pará: Maranhense, 1905.

Nogueira, P. *Vocabulário indígena em uso na província do Ceará, com explicações etymológicas, orthographicas, topographicas, históricas.* Fortaleza: s. n., 1887.

Soares, A. J. Macedo. *Estudos lexicográficos do dialeto brasileiro.* Rio de Janeiro: Publicação da Revista do IHGB, 1942 [1874/1891].

______. *Diccionario brazileiro da lingua portuguesa.* Rio de Janeiro: Typrographia de G. Leuzinger & Filhos, 1889 [1875/1888].

PINTO, E. P. *O português do Brasil, textos críticos e teóricos*: fontes para a teoria e a história (1820-1920). Rio de Janeiro: Livros Técnicos e Científicos, 1978, v. 1.

REBELO GONÇALVES, Francisco. *Tratado de ortografia da língua portuguesa.* Coimbra: Atlântida, 1947.

RIBEIRO, G. Periodização da evolução da ortografia portuguesa. Disponível em: <http://esjmlima.prof2000.pt/hist_evol_lingua/R_GRU_J.html>. Acesso em: 15 set. 2007.

RUBIM, B. C. B. C. *Vocabulário brasileiro para servir de complemento aos diccionarios da lingua portugueza.* Rio de Janeiro: Dous de Dezembro, 1853.

SILVA, J. J. Paranhos da. ["um brazileiro"]. *Idioma do hodierno Portugal comparado com o do Brazil por um brazileiro.* Rio de Janeiro: Lourenço Winte, 1879.

______. *Sistema de orthographia brazileira.* [pelo auctor do *Idioma do hodierno Portugal comparado com o do Brazil*]. Rio de Janeiro: Lourenço Winte, 1880.

Nacionalismo linguístico e conservadorismo na ortografia brasileira

Leonor Lopes Fávero
Monalisa dos Reis Aguiar

Este capítulo insere-se no quadro da história das ideias linguísticas, entendendo-se ideia linguística como o saber construído em torno de uma língua, num dado momento, como produto quer de uma reflexão metalinguística, quer de uma atividade linguística não explícita (Auroux, 1989). Toda a tradição gramatical é uma parte das ideias linguísticas.

> Fazer história das ideias nos permite, de um lado trabalhar com a história do pensamento sobre a linguagem no Brasil, mesmo antes da Linguística se instalar em sua forma definida; de outro, podemos trabalhar a especificidade de um olhar interno à ciência da linguagem, tomando posição a partir de nossos compromissos, nossa posição de estudiosos especialistas em linguagem. Isto significa que não tomamos o olhar externo, o do historiador, mas falamos como especialistas de linguagem, a propósito da história do conhecimento sobre a linguagem. [...] portanto, capazes de avaliar teoricamente diferentes filiações teóricas e suas consequências para a compreensão do seu próprio objeto, ou seja, a língua (Orlandi, 2001: 16).

Seu papel não é a reconstrução de fatos dispersos e isolados, tampouco o estudo do passado como objeto inerte, mas é o estabelecimento de um diálogo entre o pesquisador e os homens e as linguagens de outras épocas.

Pode-se dizer, com Fávero e Molina (2006: 25):

> A História das Ideias Linguísticas também contempla o estudo das Instituições onde, por exemplo, no século XIX, tais saberes eram discutidos, alargados, disseminados, os veículos por onde circulavam e as polêmicas que suscitavam, pois de acordo com Auroux (1989), o historiador deve projetar os fatos num hiperespaço que comporta essencialmente três tipos de dimensão: uma cronologia, uma geografia e um conjunto de temas.

Analisa-se como se constituía a ortografia da língua portuguesa e procura-se historiar as reformas que sofreu na segunda metade do século XIX. Trata-se de um período bastante significativo tanto em Portugal como no Brasil que, durante parte de sua história mantinha sua escrita fiel às propostas ortográficas vindas de Portugal.

A partir do século XIX, mais precisamente a partir da Independência, já se iniciam manifestações favoráveis a uma escrita brasileira motivada pela busca da identidade nacional e da emancipação da língua. Devido a isso, enquanto em Portugal as ideias oitocentistas giravam em torno da disputa entre os partidários de um sistema etimológico e os adeptos de uma ortografia sônica, no Brasil, a disputa tinha um caráter que ia além da tentativa de simplificar e fixar a ortografia: adquire um forte cunho nacionalista, sobretudo, pelas marcas que diferenciam a pronúncia brasileira em relação à pronúncia europeia, intensificando-se, desse modo, a busca da identidade nacional por meio da criação de um sistema gráfico brasileiro.

Como objeto de estudo, foram selecionadas apenas as obras e os autores mais relevantes do período mencionado, pois se trata de uma época em que os trabalhos metaortográficos expandiram-se consideravelmente. Examinaram-se os trabalhos ortográficos de José Feliciano de Castilho, de 1860, José Jorge Paranhos da Silva, escrito em 1879, de Miguel Lemos, em 1884, e de José Jorge Ventura Bôscoli, realizado em 1885, por serem os maiores representantes brasileiros das divergências ortográficas que marcaram o período.

Paranhos da Silva e Miguel Lemos pertenciam ao grupo dos defensores de uma língua brasileira e, por consequência, de uma ortografia brasileira. Dentre os que se mantinham fiéis à tradição, destacam-se Feliciano de Castilho e José Ventura Bôscoli. O primeiro tenta mostrar, propondo uma escrita de base etimológica (em que não haja exageros), o quanto são frágeis os argumentos que sugerem uma escrita sônica, embora se deva ressaltar que haja em sua obra o desrespeito à verdadeira etimologia e a presença de poucos detalhes referentes ao uso das regras. Baseia seus argumentos na variação linguística e na falta de comprovação de que esse sistema sônico diminuiria o analfabetismo. O segundo também se baseia na etimologia, mas propõe uma ortografia repleta de exageros etimológicos.

Diante dessas duas vertentes, propõe-se a abordar as propostas defendidas nas principais obras dos autores mencionados, a fim de verificar quais tiveram maior impacto e maior influência na efetiva fixação ortográfica do português do Brasil.

Paranhos da Silva e sua busca pela "língua brasileira"

Em seus postulados, José Jorge Paranhos da Silva defende a suposta língua brasileira, por meio do estudo comparativo entre as pronúncias do português brasileiro e europeu, estabelecendo, dessa forma, diferenças que para ele são significativas a ponto de justificarem a independência linguística. Tal posicionamento encontra-se nas palavras do autor em sua obra intitulada *O Idioma do Hodierno Portugal Comparado com o do Brazil*, de 1879:

> [...] é inevitável concluirmos do que temos dito sobre o idioma do Brazil, que existe uma litteratura brazileira, mesmo prescindindo do espirito, mesmo prescindindo da forma dos escritos dos Brazileiros; uma litteratura brazileira, tomando-se a palavra litteratura na acepção de classe de escritos n'um idioma especial. Porquanto, não é so a lingoa independente em que é a escrita uma litteratura, o que pode dar lhe este nome com a significação alludida; é também a maneira especial de a falar, o idioma, logo que constitua uma differença em que se baseie qualquer distincção entre o que se escreve n'um outro distincto do primeiro (Silva, 1879: 75).

O autor afirma que a língua portuguesa é filha da castelhana e que, assim como o português havia se distanciado e diferenciado do castelhano, a língua falada no Brasil também deveria seguir o mesmo caminho: distinguir-se da de Portugal. Na insistência de marcar as diferenças existentes entre o português do Brasil e de Portugal, Paranhos da Silva faz uso de duas "traduções" das poesias de Garrett para o "idioma brasileiro". Embora reconheça que seja supérfluo realizar a tradução das poesias por serem entendidas no Brasil, ressalta "que ha differença muito sensivel entre as duas maneiras de falar" (Silva, 1879: 67). Assim, transcreve-se a seguir a poesia *A uns olhos negros* que, segundo Paranhos da Silva, está "no idioma de Portugal", e *A uns olhos negros*, "no idioma brazileiro" (Silva, 1879: 68-9).

A UNS OLHOS NEGROS
(IDIOMA DE PORTUGAL)

Por uns olhos negros, negros
Trago eu negro curação;
De tanto pedir-lhe amores
E elles a dizer que não.

Nem mais eu quero outros olhos,
Negros, negros como são;
Que os azues dão muita esp'erança,
Mas fiar-me eu n'elles não!

Só negros, negros os quero;
Que em lhes chegando a paixão,
Se uma vez disserem – sim,
Nunca mais dizem que não.

A UNS OLHOS NEGROS
(IDIOMA BRAZILEIRO)

Por causa de uns olhos negros
Negro está meo coração
De viver pedindo amores
E elles só dizendo – não

Mas já não quero outros olhos,
Mesmo assim como elles são:
Os azues promettem muito;
Mas eu não me fio não!

Só quero os negros, bem negros;
Pois si lhes chega a paixão,
Uma vez dizendo sim,
Nunca jamais dizem – não.

Na "tradução" proposta por Paranhos da Silva, é notório que a língua continua sendo a mesma, já que não ocorre qualquer alteração em seu sistema. Trata-se de um argumento insatisfatório para comprovar aquilo que almeja: a existência da língua brasileira. O que se evidencia, pois, é uma clara confusão entre língua e estilo, ou língua e uso da língua.

O autor sinaliza também sobre as palavras que são usadas em Portugal e desconhecidas no Brasil, além de outras que possuem significação diversa entre o português brasileiro e o europeu, ressaltando ainda a introdução em nossa língua de palavras de origem indígena que, para ele, são riquezas que devem ser consideradas. Com esses argumentos, o autor vai defendendo a independência linguística e a busca pela identidade nacional, o que, consequentemente, refletirá na questão ortográfica.

Sobre essa questão, Paranhos da Silva propõe em seu *Systema de Orthographia Brasileira* (1880) um sistema ortográfico baseado nas diferenças de pronúncia entre Brasil e Portugal, no qual vê a transcrição da fala brasileira embasada em seus ideais nacionalistas. Para tanto, defende a ortografia baseada na fonética, pois a

> [...] orthographia phonographica procura suppri a voz humana, evita as etymologias, reaes ou imaginarias, que a impedem de alcançar o fim que tem em vista. Assimm como é uma faculdade do homem pronunciar do modo que julga melhor, sob pena de dasagradar a o ouvinte, ou com a vantagem de lhe agradar; assim tambem deve achar na escripta o meio de figurar essa pronuncia, e produzir no leitor o mesmo effeito que pode produzir no ouvinte (Silva, 1880: XV).

Segue em sua defesa pelo idioma nacional, afirmando que só a ortografia "phonographica" é capaz de conservar a beleza da língua brasileira e manter a simplicidade na grafia. Para atingir tal objetivo, propõe as seguintes condições, as quais estão dispostas no parágrafo 8 de suas soluções ortográficas (Silva, 1880: XVI)

> 1° Não empregar signal superfluo em occasião alguma; porque o leitor pode julgar dever dar-lhe o valor que costuma ter em outras.
> 2° Não deixar de empregar algum signal para figurar um som da lingoa; porque a escriptura deve ser só por si guiar o leitor, e não obrigá-lo a ter na memoria os casos em que se devem pronunciar os sons que por capricho não são representados na escripta.
> 3° Não empregar signal algum com dous valores; porque o leitor não pode saber qual d'elles o escriptor quer que tenha na occasião.
> 4° Não empregar dous signaes com um valor só; porque afinal vem a parecer que cada um d'elles tem valor diverso, e vem-se assim a crear sons improprios do luso-brazileiro.

Desse modo, além de se escrever da maneira como se fala (*siringueiro*, por exemplo), propunha também a eliminação dos encontros consonantais como em *atmosfera*, *advogado*, que passariam a ser escritas com a inserção do *e*, ou seja, respectivamente, *atemosfera* e *adevogado*. No que diz respeito à acentuação, destaca-se a questão da nasalidade que, para ele, deveria ser representada apenas pelo til (~), como em *jovẽ*, porém quando se tratava de uma nasal tônica, a representação se dava por meio de outro sinal, que se assemelhava a um til, só que posicionado como um acento grave (ᔐ).

Quanto às sibilantes, é curiosa a opção do autor, pois, para grafar a surda, utiliza, em posição inicial e intervocálica, o grafema *ş* (por exemplo, *şilaba*, *aşşim)*, mantendo a grafia tradicional quando estiver no final (exemplo, *olhos*). Sendo assim, em confluência com seus postulados, opta por escrever sempre com a letra *z* a sibilante sonora (*caza)*. No caso da fricativa palatal surda, o autor mantém as duas soluções gráficas tradicionais, como em: *roxo*, *cheirar* e, para os restantes valores da grafia *x* representados por: *cş*, *z*, *ş*, *s (secşo*, *ezemplo*, *trouşe)*.

As ideias de Paranhos da Silva não tiveram o impacto de que ele gostaria, principalmente em Portugal, onde foram pouco comentadas. Parece que, embora sua intenção fosse oferecer maior facilidade e clareza nos escritos do Brasil, faltava-lhe conhecimento teórico acerca do assunto. Em função disso, sua tentativa de contribuir para a solução dos problemas ortográficos é ofuscada pelos exageros e confusão, o que se comprova em suas próprias palavras:

> Tudo o que se pode dizer da linguagem é apresentar da maneira mais clara nossas idéias ao espírito dos outros, no mesmo tempo apresenta-las de modo que possam agradar, interessar, e dar assim mais força à impressão que queremos produzir (Silva, 1880: 51).

Miguel Lemos e sua *Ortografia Pozitiva*

Miguel Lemos, ao lado de Teixeira Mendes, foi um dos empreendedores do positivismo de Comte no Brasil. Nos acontecimentos que envolveram a proclamação da República, os autores citados não tiveram participação direta, já que o positivismo presente nesses acontecimentos era exclusivamente o de Constant e de militares que compartilhavam das mesmas ideias. Miguel Lemos e Teixeira Mendes procuraram Constant, poucos dias antes da proclamação, para oferecer seus conselhos à nova República e foram aceitos como os apóstolos do positivismo religioso. Os dois opinavam em tudo por meio de documentos oficiais encaminhados diretamente aos dirigentes do governo ou ao parlamento. Suas ideias enfatizavam o nacionalismo, numa tentativa de fortalecer os ideais republicanos e afastar de uma vez por todas os resquícios da monarquia.

São justamente essas ideias nacionalistas que justificam o destaque que se dá a Miguel Lemos neste trabalho, pois elas se estendem até a construção de uma proposta ortográfica, em 1884, período em que era secretário da Biblioteca Nacional, no Rio de Janeiro. Em sua obra, intitulada *Ortografia Pozitiva*, Lemos propõe uma simplificação gráfica de base fonética, da qual os princípios foram discutidos por Gonçalves Viana, na *Revista Lusitana* (v. 1), ao contrário de seu antecessor, Paranhos da Silva, cujas ideias pouco foram difundidas em Portugal.

O primeiro motivo de Lemos para ter tratado da questão ortográfica é a revisão executada por ele de sua tradução do *Catecismo Positivista*, de Augusto Comte. A esse respeito nos diz:

> Ao rever o manuscrito de minha tradussão do "Cattessismo Pozitivista", de Augusto Comte, corrigindo aqui i emendando ali, con o fin de manter tal ô cual uniformidade ortográfica, fui levado insensivelmente â estudadr o problema da sistematização de nossa ortografia e â tentar rezolvê-lo (Lemos, 1888: V).

Em seguida, apresenta suas ideias positivistas na medida em que classifica seu trabalho como "um bem público", um "serviço social". O autor afirma com veemência que seu propósito ao reformar a ortografia não é apenas propagar o positivismo no país, mas sim, por meio de uma reforma "útil e oportuna, divulgar as ideias rejeneradoras de Augusto Comte" entre as pessoas iletradas (cf. VI). Assim, assinala:

> Como dissípulo de Comte tenho o mais profundo desprezo por toda atividade intelectual, por mais brilhante que seja, que não tenha por destino único o ben público. Con mais fórte razão abomino as gramatiquisses i questiúnculas literárias, ô mesmo sintíficas, que costúmão absorver os plumitivos e parladores de variadas espesseis que óje inúndão o ossidente, esplorando a ignorânsia do público con a própria inconpetênsia. I sertamente meresseria eu grave sensura si nesta, ô em cualquér outra ocazião, deixasse de subordinar todos os meus estudos, sejão eles cuais forem, ao servisso sossial (Lemos, 1888: VI).

Como já mencionado antes, trata-se de um período marcado por manifestações de nacionalismo e busca pela identidade linguística. Sendo assim, em consonância com esses pontos de vista, classifica sua ortografia como uma "ortografia brasileira" (cf. Lemos, 1888: X) e, devido a isso, propõe uma grafia que represente o falar brasileiro, cuja finalidade é "emansipar o público, sobretudo a parte infantil, proletária i feminina, dos obstáculos tradissionais que o pedantismo gramatical érgue continuamente à instrussão das massas populares". (cf. Lemos, 1888: VII)

Aponta para as dificuldades de um sistema fônico, por isso busca um *tipo médio* (cf. Lemos, 1888: X) do fenômeno que quer apresentar, já que não se pode encontrar uma representação absoluta da pronúncia de uma língua. Resta saber em qual falante se baseia o autor para fundamentar suas propostas, visto que a variação linguística é bastante significativa, como ele próprio assinala quando se refere à opção de Paranhos da Silva em conservar o *ch* ao lado do *x*. Em suas palavras, temos:

> [...] alguns autores, e, entre estes o Sr. Dr. Paranhos da Silva, baseando-se na existensia de um son differente, que oje apenas se conserva no centro de São Paulo (talvez seja isto devido aos contactos dos paulistas com os castelhanos do Sul, nos tempos colônias), e que tende a desapparecer completamente da língua portugueza, que conservar o signal ch ao lado do x, servindo o primeiro para representar esse son quase extincto (Lemos, 1888: 12).

A primeira regra sugerida por ele (optou-se por destacarem as normas referentes às consoantes por nos parecerem mais relevantes) é que sejam suprimidas as consoantes nulas: supressão absoluta do *h* (salvo e *nh* e *lh*) e supressão de consoantes dobradas. Porém, para essa regra, o autor observa que, quando a consoante geminada for o *p*, precedido de *m*, como nas palavras *prompto*, *assumpto*, o *m* será substituído por *n*, escrevendo-se *pronto*, *assunto*. Lemos aponta uma exceção para o caso das letras dobradas: deve-se conservar o duplo *s* (ss) para evitar que se dê *s*, quando entre vogais o som for de *z*. Conserva-se também o *r* duplo (rr) até que seja adotado um sinal exclusivo "para o son de r forte". (cf. Lemos, 1888: 3).

A segunda regra diz respeito ao som de *fe* (cf. Lemos, 1888: 5), o qual será expresso por *f* e, por consequência, o *ph* será eliminado. Em seguida menciona o *s* que sempre será usado para representar o *se* (cf. Lemos, 1888: 6), ou então *ss*, como mencionado na primeira regra. Assim temos: *sentro*, *esperansa*, *resseber*. Desse modo, quando o *x* soar como *s* será substituído ou dobrado, como em: *estensão*, *testo*, *mássimo*. Em virtude desta regra, combinada com a primeira, suprime-se o *c* nas palavras como scena, scientista, nascer, escrevendo, sena, sientista, nasser.

Em relação ao som de *ze,* Lemos propõe que sempre se use o grafema *z*. Assim, em palavras que se escrevem com *x* ou *s*, passa-se a escrever: *ezistir*, *ezame*, *cazar*, *obezequiar*, *tranzissão*. No que diz respeito ao som de *k* a substituição será pela letra *c*, como em *cuando*, *canto*, *fracuente*, *trancüilo*, *cuazi*. No entanto, diante de *i* e de *e*, preserva-se o *qu*, por exemplo *química (chimica)*, *quilo (kilo)* (Lemos, 1888: 8). O autor justifica a preservação do *qu* pela necessidade de não ofender os hábitos dos usuários da época.

A sexta regra determina que o som de *je* será sempre representado por *j relijião*, *jeral*. O *g* só será utilizado em seu valor gutural, como em *gota*, *glória*, *grade*. Diante de *i* e de *e* usa-se *gu*. Segundo Lemos, não há muito o que dizer para defender esta regra. No que concerne à letra *x*, servirá exclusivamente para representar o som chiante que lhe é próprio em português: *xave*, *xapeu*, *xegar*. Salienta que quando o *x* está por *cs*, será substituído por duas letras; assim tem-se: *secso*, *anecsar*. (Lemos, 1888: 11)

Quanto ao final das palavras, a regra prevê que se use sempre a letra *s*

> A grammatica não cria regras, nem fatos; apenas os consigna e coordena, si pode. Portanto, si é verdade que no singular se pronuncia s e no plural z, por causa do incremento que a palavra soffre, a grammatica deve, adoptando a verdadeira ortografia, archivar o facto (Lemos, 1888: 14).

Por fim, sugere que se escreva *n* e não *m* como sinal de nasalidade, salvo nos casos do emprego do til, como em *con*, *en*, *fin*, *anbos*, *inprensa*, *fázen*, *contenplar*. Verifica-se que, mesmo antes de *p* e *b*, deve-se usar *n*. O autor conclui sua obra manifestando ainda mais sua busca pelo idioma nacional, pela independência linguística: "Assim, pois, escrevamos e falemos dezasonbradamente en nósso idioma luzo-brazileiro que, pelas suas cualidades lójicas i fonéticas, representa un notável aperfeissoamento da lingua portugueza". (Lemos, 1888: XI)

Orlandi (2002) observa que a ortografia de Lemos é tratada mais como uma questão prática de uso do que como uma questão científica. Com ideia de nação, de língua (compreendidos o ensino e a ortografia), de sociedade, propõe uma unidade de um tipo particular: a positivista, completa, prática, útil, moral, racional, progressista e organizada. O princípio que rege essa proposta está na própria concepção de ciência social, ou seja, supõe a uniformidade das ações humanas sem a qual o positivismo não poderia realizar seu projeto de uma ciência histórica. Era preciso, portanto, uniformizar a ação, inclusive simbólica.

Após essa explanação, verifica-se que as polêmicas travadas nesse período sobre a questão da ortografia nacional eram infundadas, pois, conforme assinala Aguiar,

> havia uma certa confusão entre variedades de uma mesma língua e o aparecimento de um novo sistema. O que se discutia era apenas a variação

> de norma e de usos linguísticos dentro do mesmo sistema. Não houve luta entre dialetos, afinal a língua aqui implantada se impôs às línguas indígenas e africanas, todas ágrafas, suplantando-as. Dispomos, assim, do mesmo sistema linguístico para o qual cada nação imprimiu culturalmente a sua própria expressão e norma, sendo de pouca importância qualquer variação que exista em relação à pronúncia, vocabulário, sintaxe de colocação das palavras na frase e até de regência que apenas indicam a flexibilidade e riqueza do sistema (Aguiar, 2005: 80).

A *Orthographia Portugueza* de José Feliciano de Castilho

Em 1860, Feliciano de Castilho publica sua proposta ortográfica, na qual se mostra favorável a que se mantenha a tradição. Sendo assim, manifesta em sua obra preocupação histórica com a grafia portuguesa na medida em que propõe uma ortografia de base essencialmente etimológica. Trata-se de um manual constante no *Íris Clássico* que foi adotado em vários estados brasileiros. Para o autor, é premente uma reforma ortográfica, pois, "para uma nação una convem lingua una" (Castilho, 1860: 42). Para tanto, faz-se necessário que haja lei que determine com exatidão qual grafia devem seguir os escritores, ou, nas palavras do próprio autor:

> Direi que infelizmente a orthographia, parte integrante da língua porrtugueza, se-conserva não somente estacionária, mas na mais deplorável anarchia, de que importa quanto antes arrancál-a, firmando-a em bases rasoaveis, uniformes, que todos os escritores devam sem scrúpulo acceitar (Castilho, 1860: 46).

Segue o autor manifestando sua indignação quanto ao fato de não haver sistematização na grafia portuguesa

> [...] Á fé que, si convocar vinte membros da Academia Real das Sciencias de Lisboa, ou do Instituto Histórico do Brazil, e lhes-dictar uma só página, protesto que recolherá páginas vinte vezes diversamente graphadas (Castilho, 1860: 50).

Segundo Castilho, a ortografia não pode ser baseada no som, pois não seria possível adotar critérios adequados: basear-se-iam na fala de qual região? Seguiriam o falar dos doutos ou daqueles ignorantes no que diz respeito à língua escrita? E quanto à variação relativa à cultura, ao sexo? Assim, diante de tais indagações, defende o autor que a ortografia portuguesa deva ser de base etimológica, pois só assim se teria um padrão seguro, mantendo-se inalterada, conservando seu caráter, podendo, desse modo, ser denominada "systema".

No artigo VIII de seu livro, intitulado "De como são imaginarios os inconvenientes do escrever etymologico", Feliciano de Castilho relata serem de pouca importância as possíveis dificuldades que possam vir a apresentar o aprendiz da língua no que tange às letras dobradas ou aos sons que não são pronunciados. No dizer do próprio autor, temos:

> § II. Dizem que èstas lettras não pronunciadas difficultam o noviciado da leitura. Nem scei, nem me-importa. Dado, sem conceder, que assim acontecesse, que val na vida do homem esse relampago sos primeiros annos d'ella, quando a intelligência curta mal póde entregar-se a mais elevadas applicações? 'Numa vida de cinquenta annos, foram tomados dous com o apprendizado da leitura, e quarenta e oito com a propria leitura. Não sacrificaremos o duradouro ao ephemero, o util ao facil. As simplificações para leitura são expedientes que morrem, obtido que o resultado seja. Elevae um palacio; exteriormente o-circumdarão andaimes; outros por dentro servirão á pintura, e aos accessorios; mas, concluida que a obra seja, lançam-se ao fogo esse madeiros informes, não obstante haver sido devida a elles a erecção do monumento. Estragar uma lingua, para rapidez de leitura, sería, em vez de sacrificar os andaimes ao palacio, sacrificar o palacio aos andaimes (Castilho, 1860: 81-2).

Diante do exposto, fica evidente que, em sua proposta, o autor segue até o "fanatismo a exigencia etymologica" (Castilho, 1860: 93). Assim devem ser mantidos os grupos aspirados *ch*, *ph*, *rh* e *th*; também sugere que sejam mantidos os grupos *pt*, *cp*, *ct*, *mn*, *gm* entre outros. Propõe o uso abundante do *h* em início de palavras e nos derivados, mas somente quando justificados pela etimologia. Casos como *hir*, *cahir*, *hum*, *theor*, *contheudo*, *he*, que na língua mãe se escrevem: *ire*, *cadere*, *uno*, *tenore*, *contento*, *est*, não devem ser aceitos (Castilho, 1860: 121).

O autor dá destaque ao uso do *s* e do *z*, pois para ele é o que gera maior *confusão*. Assim, deve-se manter a letra originária, ou seja, se de acordo com as bases etimológicas a palavra tiver a letra *s*, deve-se mantê-la, caso contrário, deve-se usar a letra *z*. Do mesmo modo, palavras que na origem tivessem a terminação *ace*, *ice*, *oce*, *az*, *iz*, *oz*, como *felice*, *fugace*, por exemplo, passariam a escrever-se com *z* (fugaz).

Em relação às formas verbais, para aquelas que soam do mesmo modo, na terceira pessoa do singular e do plural, sugere o uso do acento circunflexo, como em *elle tem*, *elles têm/ elle vem*, *elles vêm* (Castilho, 1860: 106). No que diz respeito às terceiras pessoas dos pretéritos, em que uns terminam em *u* e outros em *o*, propõe que se fixe o uso do *u*, visto ser essa a derivação.

Vê-se, por meio dessa explanação, que, embora muitos autores falem sobre tradição histórica ou respeito à etimologia, poucos sabem o que de fato isso significa. A escrita etimológica, para autores como Feliciano de Castilho, resume-se em reproduzir integralmente o radical das correspondentes palavras gregas ou latinas, sem comprovação da verdadeira origem da palavra. Evidencia-se o dito quando lembramos da palavra "açúcar", que assim se escreve em nome da etimologia árabe, ao contrário de "assucar", como ostentam alguns autores.

É possível concluir dizendo que os postulados de Castilho pouco se distanciam do que propôs Madureira Feijó (1734), estando ambos preocupados com a aproximação entre a língua escrita e suas raízes. Vale lembrar que também Feijó, por sua postura radical em relação à busca pela etimologia, propôs uma escrita que, muitas vezes, não era justificada pela história.

José Ventura Bôscoli: a tradição como fundamento da fixação ortográfica

Embora pertença ao período em que há considerável celeuma sobre o nacionalismo linguístico, envolvendo, consequentemente, a questão ortográfica, José Ventura Bôscoli, em sua proposta sobre a ortografia do Brasil, posiciona-se contrário à escrita baseada na fala. Assim, em sua *Orthographia* (1885), o autor, apoiando-se em comparações com outras línguas, tenta mostrar o quanto são improdutíveis e frágeis os argumentos que sugerem uma escrita sônica. Baseando-se na grande variação linguística e na falta de comprovação de que o sistema sônico diminuiria o analfabetismo, o autor, já no início da obra, manifesta sua objeção ao sistema citado:

> O sônico deve ser de todo regeitado, porque, não só não teríamos nunca juizes competentes para decidir o pleito (e grande é a variedade no fallar – quer em Portugal, quer no Brasil) sinão também porque com este systema cresceria o numero de homographos, o que seria uma mal (Bôscoli, 1885: 1).

Condena os partidários da ortografia sônica que defendem que por meio dela o aprendizado das crianças será maior. Para ele, os argumentos não procedem, na medida em que

> Não há difficuldade no ensinar-se a escrever ethymologicamente. Basta, por exemplo, que o professor escreva o signal "ph" a par da lettra "f", e diga ao menino que amobos tem som identico; depois explicar-lhe-ha que as palavras que começam por phono, photo, phito, etc. escrevem-se com ph, porque são de origem grega, e, pela mesma razão, as que termimnam em grapho, phia etc. E não se diga mais, com alguns eruditos portugueses e brasileiros, que para isto seria mister que o menino aprendesse grego; o homem analphabeto e ignorante diz academia, necroterio, orgia, telegrama, telephone, etc. e não obstante, nem pelo cérebro lhe passou a idea de que houvesse lingua grega (Bôscoli, 1885: 5).

Porém, mesmo sendo contrário à grafia de base fonética, esse ortógrafo condena os exageros etimológicos, devido, principalmente, à falta de fundamento histórico que os justifiquem, ou seja, para ele

> A ethymologia estrema tambem apresenta incovenientes, pelo menos o do ridiculo; e a prova está em que os que mais a preconizam não a seguem perfeitamente. O unico systema racional é o misto. Toda a sciencia tem linhas divisorias; assim como succede à Botanica na classificação das especies, do mesmo modo que a Geologia nos apresenta varias camadas terrestres, assim tambem o philologo na lingua que estuda descobre duas classes de palavras, especies ou camadas distintas: a popular ou natural e a erudita, de creação artificial (Bôscoli, 1885: 2-3).

Com a finalidade de não tornar o livro muito extenso, o autor expõe de maneira bastante concisa sua proposta ortográfica, da qual destacamos os aspectos mais relevantes. Para ele, as letras dividem-se em vogais e alterantes ou consoantes. As primeiras representam as vozes mais simples, rudimentares, livres e espontâneas; as segundas, modificações dos vários elementos fônicos produzidos pelos vários órgãos do aparelho vocal. As vogais são *a*, *e*, *i*, *o*, *u*, *y* as alternantes, *b*, *c*, *d*, *f*, *g*, *h*, *j*, *k*, *l*, *m*, *n*, *p*, *q*, *r*, *s*, *t*, *v*, *x*, *z*. (cf. Bôscoli, 1885: 8)

As letras dividem-se ainda em simples e compostas. Segundo o autor, aquelas são representadas por um sinal unitário (a, b, c, d, etc.); estas, por mais de um elemento gráfico. Por outras palavras, Bôscoli denomina letra composta a união de duas ou mais letras para representar um único som, como, por exemplo, *phth* na palavra *phthisica,* em que a sílaba inicial é composta de quatro letras (cf. Bôscoli, 1885: p. 9) Assim, as letras compostas são: *am*, *an*, *ã*, *ah*, *bd*, *bh*, *cç*, *ch*, *cq*, *dh*, *em*, *en*, *gd*, *gh*, *gu*, *há*, *he*, *hi*, *ho*, *hu*, *hy*, *im*, *in*, *mn*, *oh*, *om*, *on*, *pç*, *ph*, *phtd*, *rh*, *sc*, *th*, *um*, *un*, *ym*, *yn*. Nesse número acrescentam-se as letras geminadas, que são: *bb*, *cc*, *dd*, *ff*, *gg*, *ll*, *mm*, *nn*, *pp*, *rr*, *ss*, *tt*, *zz*.

Verifica-se que, apesar de falar em um sistema ortográfico misto – em que os fundamentos para a normatização da escrita não devem ser sônicos, por não propiciarem melhoria no aprendizado, nem serem embasados em exageros etimológicos, "por serem ridículos" –, Jose Ventura apresenta-nos um sistema que é marcado pela etimologia infundada, que desrespeita a tradição histórica e a verdadeira origem das palavras. Além disso, encontramos poucos detalhes referentes ao uso das regras que propõe, comprovando a falta de embasamento científico de seu sistema ortográfico.

A ausência de base científica evidencia-se na maioria dos autores citados, os quais não são filólogos. Muitas das regras que propõem são marcadas por equívocos em relação a dialeto, língua, uso e estilo. Outras estão despojadas de qualquer preocupação histórica, pois abusam de grafemas gregos, latinos e letras geminadas, sem nenhum fundamento.

Os estudos referentes aos processos de mudança das línguas se desenvolvem, principalmente, a partir do século XIX. Semelhanças aparentes entre línguas distintas sempre chamaram a atenção de estudiosos em todo o mundo. No entanto, é apenas no final do século XVIII que William Jones mostrou que o latim, o grego e o sânscrito eram línguas aparentadas entre si. Além de demonstrar, com métodos de correspondência de som, que tal afirmação era possível de ser comprovada, hipotetizou que as três línguas eram derivadas de outra língua, possivelmente já extinta (hoje sabemos que se trata do proto-indo-europeu). Era o começo dos estudos sistemáticos em linguística histórica e comparativa, que se concentraram nas línguas indo-europeias e que se desenvolveram por meio das contribuições de Rank e Grimm.

A ortografia portuguesa só adquire cunho científico a partir das ideias do foneticista Gonçalves Viana, influenciado pela linguística histórico-comparativa. Em suas ideias Gonçalves Viana reconhece que a língua é um fato social e que, por isso, nenhuma pessoa pode unilateralmente introduzir nem mudanças linguísticas nem mudanças ortográficas, afinal o sistema de escrita representa a língua de uma nação. Desse modo, trata o assunto de forma coerente, respeitando a verdadeira etimologia e aproximando, o quanto possível, a escrita da fala por meio de um minucioso estudo fonético.

BIBLIOGRAFIA

AGUIAR, M. R. *A ortografia da língua portuguesa na segunda metade do século XIX e no início do século XX*: dos projetos de reforma ao acordo ortográfico de 1931. São Paulo, 2005. (Dissertação de Mestrado) – Pontifícia Universidade Católica.

AUROUX, S. *Histoire des idées linguistiques I*. Bruxelas: Mardaga Editeur,1989.

BÔSCOLI, J. V. *Orthographia:* estudo raciocinado segundo os princípios modernos da sciencia. Rio de Janeiro: Imprensa Nacional, 1885.

CASTILHO, J. F. de. *Orthographia portugueza e missão dos livros elememtares;* correspondencia official relativa ao "Íris classico". Rio de Janeiro: Bernardo X. Pinto de Sousa, 1860.

FÁVERO, L.L. *As concepções linguísticas do século XVIII:* a gramática portuguesa. Campinas: Unicamp, 1996.

FÁVERO, L.L.; MOLINA, M.A.G. *As concepções linguísticas no século XIX:* a gramática no Brasil. Rio de Janeiro: Lucerna, 2006.

LEMOS, M. *Ortografia pozitiva*: nota avulsa à tradução do catessismo pozitivista de A. Comte. Paris: Biblioteca Nacional de Paris, 1888.

_____. *La Question de la réforme ortographique*. Paris: Biblioteca Nacional de Paris, 1890.

ORLANDI, E. P. *História da ideias lingüísticas:* construção do saber metalinguístico e constituição da língua nacional. São Paulo: Pontes, Mato Grosso: Unemat, 2001.

SILVA, J. J. Paranhos da. *O idioma do hodierno Portugal comparado com o do Brasil:* por um brasileiro. Rio de Janeiro: Lourenço Winter, 1879.

A metalinguagem ortográfica na tradição gramatical brasileira

Ricardo Cavaliere

O estudo da gramaticografia brasileira revela que a ortografia sofreu progressivo desprestígio ao longo do tempo, como área de interesse na descrição do português. Basta verificar, para tanto, que no lapso aproximado de um século e meio – que vai da publicação do *Epítome de Gramática da Língua Portuguesa*, de Antonio de Moraes Silva (1806), até a edição da *Nomenclatura Gramatical Brasileira* (1959) – a ortografia deixou de situar-se em lugar privilegiado na sinopse gramatical – ao lado da sintaxe, da prosódia e da etimologia (entenda-se morfologia) – para exilar-se em mero apêndice, ordinariamente afeito ao capítulo dedicado à fonética.

O desprestígio que a ortografia sofreu, sobretudo a partir da geração legatária do período científico, que trabalhou no início do século XX, deve-se, sem dúvida, à exata noção de que o sistema ortográfico é absolutamente distinto do sistema linguístico, ou, melhor conceituando, de que a ortografia não é propriamente um fato linguístico, senão paralinguístico.

No entanto, a consciência dessa distinção não impediu que os principais compêndios gramaticais brasileiros continuassem a dedicar espaço significativo aos temas ortográficos, notadamente em face do propósito pedagógico que emoldurava a atividade filológica em nossa tradição gramatical. Com efeito, para o pesquisador linguístico brasileiro que viveu, pelo menos, até meados do século XX, a atividade de pesquisa estava intimamente vinculada à atividade de ensino, de tal sorte que descrever os padrões ortográficos do português consistia tarefa essencial, não obstante menos relevante do que a de descrever a própria língua nos campos da morfologia, sintaxe e fonética.

Mas não resta dúvida de que a ortografia, após reinar como um dos setores mais importantes do estudo linguístico no período racionalista de nossa historiografia gramatical, passou a plano secundário no período científico, para finalmente decair a mero papel coadjuvante no período linguístico do século XX (cf. Cavaliere, 2002). Com o advento dos estudos sobre língua oral a partir dos anos 1960, as questões ortográficas submergiram ao total menosprezo na pesquisa universitária, visto que o pensamento, então reinante, era de que não cabia ao linguista estudar um tema que a rigor não constitui matéria linguística.

Esse fato decorre naturalmente da dissociação entre pesquisa universitária e ensino do português em nível fundamental e médio, fato que se atesta com facilidade na história recente da educação no Brasil. Os melhores cérebros linguísticos brasileiros passaram a dedicar-se à investigação da língua como sistema, seja num plano formalista ou num plano funcionalista, ou mesmo se empenham em resolver questões atinentes aos fenômenos da comunicação humana em que se inscrevem os usos linguísticos como um dos elementos da construção do texto. Fato é que os problemas relacionados à didática da língua vernácula não ocupa muito espaço no ambiente universitário.

O setor da linguística aplicada ao ensino de português efetivamente cuida de buscar caminhos para uma melhor utilização das recentes conquistas da linguística ao ambiente pedagógico, mas os melhores teóricos brasileiros nessa área – ressalvadas as exceções de praxe – não cuidaram especificamente de renovar, na prática, os parâmetros de ensino do português, mediante publicação de textos didáticos ou gramaticais. Além disso, são, em sua expressiva maioria, docentes do ensino superior, distanciados da atividade de magistério em nível fundamental e médio.

Isso explica por que, sobretudo a partir dos anos 1980, os manuais didáticos de gramática portuguesa publicados no Brasil revelem-se meros catálogos de regras práticas, sem fundamentação teórica confiável. Ressalvem-se, aqui, algumas exceções louváveis, como a da *Gramática Aplicada da Língua Portuguesa*, de Manoel Pinto Ribeiro e a *Nova Gramática do Português Contemporâneo*, de Celso Cunha e Lindley Cintra, essa última uma versão atualizada da antiga *Gramática do Português contemporâneo*, de autoria singular do filólogo brasileiro. Fato é que, ainda hoje, quando se quer referir a gramáticos de escola que serviram à causa do ensino em nível fundamental e médio, citam-se sem hesitação nomes como Said Ali, Antenor Nascentes, Rocha Lima, Gladstone Chaves de Melo, Silveira Bueno, Evanildo Bechara e o já referido Celso Cunha, todos pertencentes à geração formada sobre os pilares da filologia.

Interessante notar que a ortografia tornou-se desprezível para o especialista, mas manteve-se relevante para o usuário. Aqui, tocamos um ponto que há algum tempo vem sendo explorado em textos sobre política de pesquisa linguística, especificamente no tocante à relação entre o cientista e cidadão leigo. Percebe-se claramente no campo dos estudos linguísticos o ordinário distanciamento que caracteriza a relação entre cientistas e cidadãos comuns com relação às ciências em geral, o que, afinal de contas, não chega a ser novidade. A questão é que, em matéria de linguagem, todos se sentem autorizados a opinar, e, a rigor, não hesitaríamos em afirmar que efetivamente todos os cidadãos falantes de uma língua nacional têm o direito de exercer juízo crítico sobre os usos linguísticos no corpo da sociedade e a aptidão que lhes confere tal competência é exatamente a de serem os protagonistas dos usos linguísticos. Como sintetiza Kanavillil Rajagopalan, "infelizmente, os linguistas têm o velho hábito de deixar de lado o que as pessoas comuns pensam e dizem sobre a linguagem" (Rajagopalan, 2004: 34).

O que se percebe, portanto, é que ortografia é uma "questão menor". Disso resulta, por exemplo, olvidarmos certas ligações interessantes entre ortografia e mudança linguística. Na cidade de Niterói, há um bairro denominado *Charitas* (leia-se [Sa'ritaS] em padrão carioca), cuja origem é o termo latino *Charitas* (leia-se ['karitas]), grafado no frontispício da antiga igreja consagrada a São Francisco Xavier que foi levantada pelos jesuítas no século XVII. A transmutação da velar em palatal frictiva obviamente deveu-se à influência do dígrafo *ch*. No Rio de Janeiro dos anos dourados, por outro lado, tornou-se conhecido o Cinema Alhambra, cujo nome original [a'lãbra] obviamente era pronunciado como [a'´ãbra] pelos cariocas por influência do dígrafo *lh*.

Do prisma historiográfico, convém igualmente conferir à ortografia maior relevância, tendo em vista a necessidade de que se abram caminhos mais confiáveis para a leitura dos textos gramaticais do passado. Nesse aspecto, o cuidadoso tratamento da metalinguagem ortográfica revela-se essencial para que tenhamos certeza dos conceitos agasalhados pelos antigos filólogos e sua implicação na proposta de descrição do sistema de representação gráfica em português. Aqui, como se sabe, o pesquisador corre o risco de atribuir a termos técnicos do passado um sentido atual, de que decorre leitura inidônea do texto antigo. Nesse ponto, merece referência a seguinte advertência de Konrad Koerner:

> "there are many examples in modern historical accounts of ideas of past centuries where the ideas, concepts, and procedures are misunderstood, misrepresented, and distorted because of a lack of care taken by the author in the use of metalanguage" (Koerner, 1995: 17).

Por vezes, uma designação desconhecida oblitera o entendimento completo dos conceitos alinhavados pelo filólogo do passado, com evidente prejuízo para a melhor compreensão da obra filológica.

Um procedimento rotineiro em vários trabalhos acadêmicos resume-se em conferir um escorço histórico do tema estudado antes de partir para sua análise mais acurada. Nesse mister, comumente se traçam juízos sobre conceitos abraçados por autores do passado, não raro em confronto entre si ou com as teses que se propõem a renovar a visão científica do objeto sob análise. O mau tratamento da terminologia linguística, ou, melhor dizendo, a leitura inadequada da terminologia ortográfica, decerto levará o pesquisador a conclusões inidôneas que criam um óbice de confiabilidade decisivo para a desqualificação da pesquisa.

Por tal motivo, convém referir, aqui, a alguns termos ortográficos residentes nas páginas das gramáticas brasileiras que se inscrevem no conceito já disseminado de "tradição gramatical" *lato sensu*, embora tenhamos de admitir que também é esse um conceito extremamente difuso que merece ser mais bem definido, pois não raro se reúnem sob a rubrica da "tradição" obras de períodos historiográficos muitos distintos, para não nos referirmos aqui à ordinária imisção de textos de origem intelectual heterogênea. Antes, porém, cremos ser interessante percorrer, ainda que perfunctoriamente, os caminhos que a ortografia vem trilhando nos textos gramaticais, para que se tenha uma noção mais concreta sobre seu papel como elemento da descrição linguística em épocas distintas da historiografia gramatical brasileira.

A constatação mais flagrante que nos confere essa leitura crítica da ortografia como segmento da descrição linguística ressalta um fato já aqui referido: o progressivo desprestígio a que se submeteu a ortografia como fato linguístico na descrição do português a partir dos últimos decênios do século XIX. Segundo o modelo adotado pelos gramáticos do período racionalista, a ortografia ocupava uma das quatro grandes áreas de segmentação linear na sinopse gramatical, ao lado da prosódia, da etimologia e da sintaxe. A rigor, os gramáticos brasileiros, então, nada mais faziam que repetir a proposta de exposição residente nos principais textos gramaticais portugueses, tais como o de Soares Barbosa e Reis Lobato. Sirva de exemplo a *Gramática Portuguesa* do maranhense Sotero dos Reis (Reis, 1871), um dos mais exitosos compêndios do século XIX, largamente usado nas salas de aula brasileiras, inclusive na sede da Corte.[1]

Quadro 1 – Ortografia na *Gramática Portuguesa*, de Francisco Sotero dos Reis.

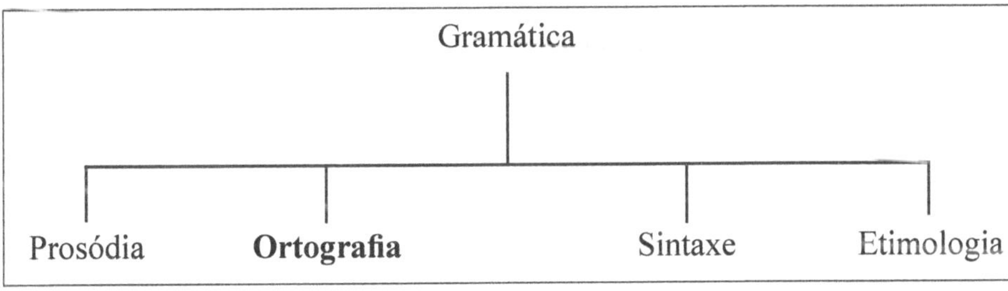

No período de transição para a gramática científica, em que despontam obras com proposta de descrição do português menos comprometida com os valores prescritivos, a ortografia mantém-se entre os principais segmentos da exposição gramatical. É o que acontece com a *Nova Gramática Analítica da Língua Portuguesa*, escrita por Charles Grivet em 1881, mesmo ano em que viria a lume a preciosa *Gramática Portuguesa* de Julio Ribeiro. Não obstante rompa com a tradição a substituir a antiga etimologia pela lexicologia, uma parte mais abrangente que cuida da natureza e das formas da palavra, Grivet opta por manter a ortografia dentre os planos primários da gramática, conferindo-lhe uma definição bem ao viés da velha escola: "parte que determina o modo mais acertado de escrever" (Grivet, 1881: 1). Ademais, Grivet resvala em incompreensível interpretação axiológica dos fatos gramaticais ao conferir ao tema subalterno da pontuação *status* de capítulo autônomo em sua sinopse.

Quadro 2 – Ortografia na *Nova Gramática Analítica*, de Charles Grivet.

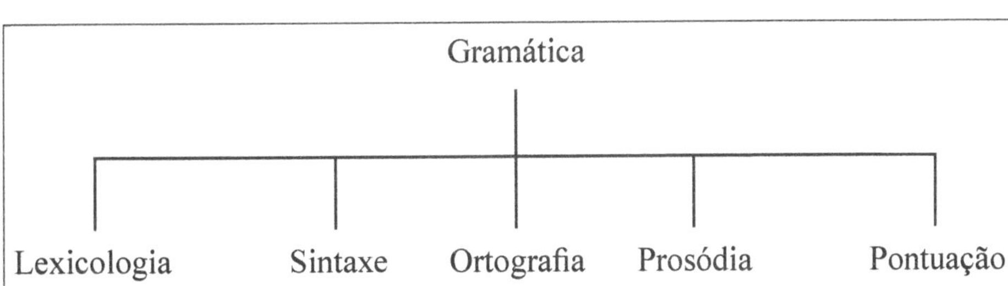

Dentre os autores dos primeiros tempos linguísticos brasileiros, cabe uma referência especial a Frei Caneca, no tocante ao tratamento que a ortografia merece em sua obra. A despeito das vicissitudes sob que escreveu seus textos gramaticais, enclausurado no cárcere em face de sua atividade política na Revolução Republicana em Pernambuco, Caneca revela-se o mais discernente, dentre os estudiosos brasileiros do período racionalista, no tocante às questões ortográficas. Com efeito, Caneca não se limitou a descrever as bases do sistema ortográfico; indo além, oferece uma crítica que ainda hoje soa coerente e bastante pertinente com relação à precária relação biunívoca entre fonema e letra no português, conforme se lê no seguinte trecho (Caneca, 1972:72)

> O alphabeto portuguez é muito imperfeito visto que para formar umas syllabas tem lettras de mais, e para formar outras faltam-lhe lettras; porque adoptaram os homens alguns erros que comunicaram a posteridade, e que já estão irremediáveis. Este erro foi habituarem-nos desde a nossa infancia a pronunciar algumas lettras com sons diferentes dos seus naturaes, V.g.: a lettra c com o son de K ou de g; a lettra g com o som de j; a lettra s com o som de z; as lettras ch com o som de q ou de x; as lettras ph com o som de f. [...]
> A vista disso faço as observações seguintes:
> Si a lettra c tem o natural com de s, deve sempre conservar este som em todas as syllabas; e então se fazia desnecessária a lettra S. Si a lettra c tem o som de k ou de q, deve conservar sempre este som em todas as syllabas; e então eram desnecessárias as lettras k, q. [...]
> Para formarmos as syllabas fa, fe, fi, fo, fu, temos a lettra f, e não é preciso usarmos o ph.
> Para pronunciarmos as syllabas ja, je, ji, jo, ju, temos a lettra j, que deve pronunciar-se com ge e não com o som jota; e para as syllabas je, ji não é preciso usarmos de g, que tem o som de que.
> Para as syllabas ga, gue, gui, go gu, basta usarmos simplesmente de g sem ajuntar-lhe u, porque g deve pronunciar-se com o som de gue e não de je.
> Para as syllabas qua, que, qui, quo, qu, podemos usar simplesmente das lettras q ou k, e não usarmos umas vezes de c, outras de ch, outras de q, so ou unido com u e outras vezes de k.
> Para as syllabas za, ze, zi, zo, zu, temos a lettra z, e não precisamos usar de s, em lugar de z [...].
> Para as syllabas sa, se, si, SO, su, temos a lettra s, e não precisàmos da lettra c.
> Para as syllabas xa, xe, xi, xo, xu, temos a lettra x, e não precisamos das lettras ch.
> Reprovo, finalmente, o uso de duplicar consoantes, v.g.; bb sabbado, cc accento, dd addição, gg aggravo, ff alfei'ção, II elle, mm grammatica, nn anno, pp appenso, ss assembléa, ct objecto, sc sciencia, pt escripto; porque demora a escripturação e de nada serve a pronunciação. Além disso, si nós fallarmos

para sermos entendidos, não há cousa mais miserável, que fallarmas de modo que ninguém nos entenda; o que assim succederia, si pronunciassemos todas as consoantes duplicadas.

A longa citação busca fragmentar minimamente o raciocínio de Caneca sobre um modelo de representação ortográfica que se revela basicamente edificado no princípio fonético-representativo, fato que se revela verdadeiramente revolucionário para a época em que foi arquitetado. Basta dizer que as teses fonético-representativas que levaram à grande reforma ortográfica em Portugal, sob a tutela doutrinária de Gonçalves Viana, no início do século XX, só começaram a ser efetivamente discutidas no meio acadêmico a partir de 1885, por iniciativa do próprio Gonçalves Viana de Vasconcellos Abreu (cf. Castro et al., 1987). No Brasil, importante lembrar, as ideias já presentes no trabalho de Frei Caneca, posteriormente defendidas pelos filólogos lusitanos, só viriam a implementar-se com a reforma ortográfica de 1931.

Por sinal, em matéria ortográfica a filologia brasileira sempre se manteve fiel ao tradicionalismo das bases etimológicas, pelo menos até a época em que se implementou a já citada reforma de 1931. E, diga-se necessariamente, esse amor à tradição pode ter-se valido bastante do progressivo desprestígio que a ortografia sofreu a partir do período científico de nossos estudos linguísticos, fruto da irrelevância que se conferia às questões ortográficas em face de temas mais cativantes, como o da análise léxica e sintática.

Indícios de decadência da ortografia como objeto de estudo já se revelam na sinopse proposta por Julio Ribeiro em sua *Gramática Portuguesa*. Ribeiro distribui a matéria gramatical em dois grandes segmentos, a "Parte primeira" denominada "Lexeologia" e a "Parte segunda", com o título de "Sintaxe". Como subdivisões da "Parte primeira", Ribeiro opta pela exposição de dois livros, o primeiro deles intitulado "Elementos materiais das palavras", o segundo denominado "Elementos mórficos da palavra". Dentro do primeiro livro – que recebe um subtítulo "Fonologia" – Ribeiro cuida de três seções: a "Fonética", a "Prosódia" e a "Ortografia". Já no segundo livro, três grandes seções se sucedem: "Taxionomia", "Campenomia" e "Etymologia".

Não nos cabe, por ora, traçar comentário sobre toda a matéria de que tratam esses segmentos da gramática de Ribeiro. Cinjamo-nos à posição da ortografia em seu projeto de descrição, a fim de melhor podermos avaliar em que medida o tema absorvia o interesse do filólogo, sobretudo em se tratando a *Gramática Portuguesa* de um manual com pretensões pedagógicas. E, nessa análise, soa inconteste que a ortografia, embora tenha perdido prestígio dentro da hierarquia dos fatos gramaticais – distintamente do que ocorre nos textos do período racionalista, não mais reina isoladamente como uma das partes fundamentais da gramática –, ainda assim mantém-se como segmento relevante da descrição da língua vernácula, já que se situa no mesmo nível da "Prosódia" e da "Fonética" e, se avançarmos pelo livro segundo da "Parte primeira", no mesmo nível da "Taxionomia", da "Campenomia" e da "Etymologia".

Quadro 3 – Ortografia na *Gramática portuguesa*, de Júlio Ribeiro.

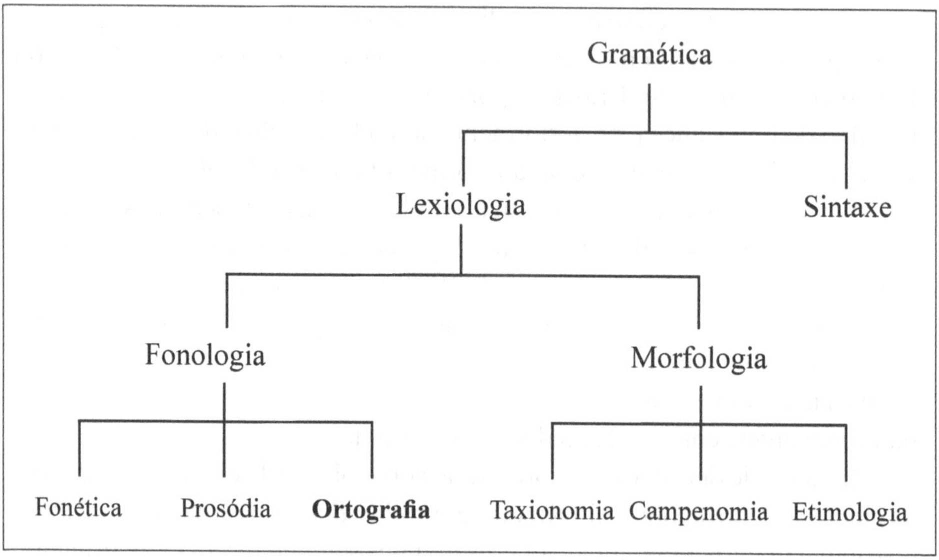

Vige, nesse organograma, a premissa de que, sendo um "tractado da representação symbolica dos sons articulados" (Ribeiro, 1910: 26), a ortografia integra o estudo dos sons da língua. Ainda está por estudar-se a exata dimensão desse vínculo, a fim de que se defina melhor a concepção da ortografia como entidade linguística no pensamento gramatical da época: um efetivo fato da língua, ou um código que serve à língua?

O vínculo entre o estudo do som linguístico e o sistema gráfico-representativo do som mantém-se na proposta de sinopse gramatical oferecido por Maximino Maciel em sua *Gramática Descritiva*, vitorioso volume que alçou oito edições e tantas outras reimpressões até o início da década de 1930. Na visão de Maciel, a gramática subdivide-se em quatro setores primários: "Fonologia", "Lexiologia", "Sintaxilogia" e "Semiologia". Muito se especula sobre as intenções dessa subdivisão quádrupla num cenário de textos homólogos em que a sinopse gramatical sempre partia da divisão dual lexiologia-sintaxe. Uma possível causa estaria no interesse que Maciel nutria em inscrever a semiologia como segmento de descrição da língua, ao lado da lexiologia e da sintaxe.

A iniciativa, porém, levaria a uma subdivisão da gramática em três segmentos, uma solução infensa ao espírito positivista que caracterizava o filólogo sergipano, homem afeito ao princípio de que a ciência deve servir-se da simetria estética e da clareza teorética, por sinal uma herança do pensamento aristotélico que vincula beleza, simetria e verdade. A solução, assim, viria com a criação de um quarto segmento, mediante desvinculação da fonologia dos domínios da lexiologia, para alçar um patamar mais elevado. A busca da simetria chega ao nível metalinguístico mediante emprego de termos análogos nesta divisão quádrupla: fonologia, lexiologia, sintaxilogia e semiologia.

De qualquer forma, importa aqui notar que, na concepção orgânica da língua em Maciel, a ortografia mantém-se como setor subliminar da fonologia, ao lado da fonética, da prosódia e de uma inusitada "fonografia", fruto do detalhismo exagerado do velho professor do Colégio Militar do Rio de Janeiro. A rigor, Maciel distingue a fonografia da ortografia, atribuindo à primeira a função de estudar os símbolos que representam os sons, aí incluídas as notações léxicas, ao passo que à segunda cabe descrever os princípios de representação gráfica dos fonemas na construção da palavra. Em outros termos, a representação isolada dos sons linguísticos é matéria da fonografia; já o estudo dos sistemas gráficos e de sua concepção (etimológico, fonético e misto) fica ao encargo da ortografia.

Tirante essa peculiar subdivisão da matéria ortográfica em dois setores correlatos, a proposta de Maciel alinha-se à dos demais filólogos de sua geração quanto ao entendimento de que o estudo material da palavra implica necessariamente tratar dos sons e de sua representação gráfica sob a mesma rubrica. Essa é a postura adotada por Eduardo Carlos Pereira, em sua *Gramática Expositiva* (Pereira, s. d.), cuja primeira edição é de 1907, ou seja, 26 anos após a publicação do pioneiro trabalho de Júlio Ribeiro. Por sinal, já em 1918, a oitava edição da *Gramática Expositiva*, última em vida do autor, manteve o estudo ortográfico como membro do grande setor da fonologia, ao lado da fonética e da prosódia. O fato revela que, não obstante já não gozasse do velho prestígio que lhe conferiu a gramática racionalista, a ortografia, de certo modo, resistiu aos novos tempos linguísticos, mercê de sua indiscutível relevância normativa do ponto de vista pedagógico.

A rigor, o divisor de águas na sinopse gramatical brasileira encontra-se na "Editio princeps" da *Gramática Secundária*, de Manuel Said Ali, em 1921, que veio propor a hoje consagrada estrutura tridimensional em fonética, morfologia e sintaxe (Said Ali preferia a designação lexiologia a morfologia). O próprio tratamento da fonética como área linguística é por demais perfunctório na *Gramática Secundária*, fato que induz a uma convicção do velho mestre quanto à natureza eminentemente morfossintática da gramática. Quanto à ortografia, assim, restou situar-se num anexo à fonética, fato que definitivamente estabeleceu seu *status* de matéria sem caráter linguístico, cuja presença na descrição gramatical só se justificava pelo viés pedagógico da obra.

Quadro 4 – Ortografia na *Gramática Secundária*, de Said Ali.

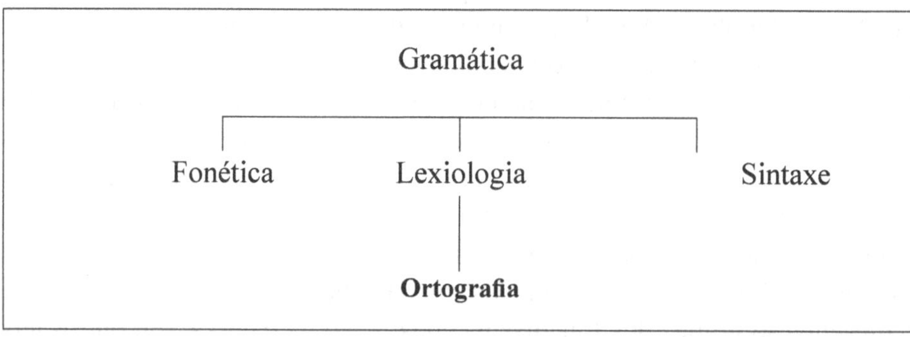

A proposta de Said Ali foi acatada, sem grandes ressalvas, por Antenor Nascentes no igualmente relevante *O Idioma Nacional* (Nascentes, 1960). Decerto que uns poucos textos gramaticais do século XX retomaram em parte a velha conexão orgânica da ortografia com a fonologia, caso expressivo da *Gramática Normativa da Língua Portuguesa*, trazida a lume por Silveira Bueno em 1944 (Bueno, 1968), mas esses não são exemplos suficientes para justificar um retorno ao primado ortográfico. Com a edição da *Nomenclatura Gramatical Brasileira*, em 1959, a ortografia foi definitivamente alocada no subsolo dos apêndices à matéria gramatical.

A título de exemplificação, passemos a um breve glossário[2] de terminologia ortográfica na tradição gramatical brasileira. Sirvo-me, aqui, de cinco obras escolhidas ao sabor do momento: *Nova Gramática Analítica da Língua Portuguesa*, de Charles Grivet (Grivet, 1881), *Gramática Portuguesa*, de

Júlio Ribeiro (Ribeiro, 1910), *Gramática Descritiva*, de Maximino Maciel (Maciel, 1922), *Gramática Expositiva*, de Eduardo Carlos Pereira (Pereira, s.d.) e *Gramática Portuguesa*, de Alfredo Gomes (Gomes, 1920). Os verbetes apresentam definições desses autores, sem qualquer interferência, apenas com atualização ortográfica; manteve-se a ortografia original nos caso em que é necessária para a fidedignidade dos conceitos. Cada definição vem identificada com as iniciais do autor e a página onde se encontra na respectiva obra.

Breve glossário ortográfico

Siglas dos gramáticos de onde foram tirados os conceitos expostos a seguir.
AG: Alfredo Gomes (*Grammatica Portugueza*)
MM: Maximino Maciel (*Grammatica Descriptiva*)
JR: Júlio Ribeiro (*Grammatica Portugueza*)
CG: Charles Grivet (*Nova Grammatica Analytica da Lingua Portugueza*)
ECP: Eduardo Carlos Pereira (*Gramática Expositiva da Língua Portuguesa*)

Acento (ver *notação léxica*) – Notação ortográfica com que se compõem letras para exprimir a natureza, a predominância, a contração, a supressão de vozes livres. Há em português quatro acentos: o agudo, o circunflexo, o nasal ou til, e o supressor ou apóstrofo. Alguns lexicógrafos usam o acento grave para marcar os sons fechados: tal acento, estranho ao português, acha-se banido do uso geral (JR: 28-9). Acentos são certos sinais que, colocados sobre as vogais, indicam que elas se pronunciam mais fortes ou mais fracamente que de ordinário: são eles o acento agudo (´) e o acento circunflexo (^). Não há acento grave (`) em português (AG: 23).

Alfabeto – Sistema de letras usado para representar os elementos fônicos de um idioma (JR: 27). Todo o conjunto de letras que, metodicamente expostas, representam os fonemas de uma língua (MM: 23).

Alterante (ver *consoante*) – Letras que simbolizam as modificações de constrição e de explosão por que passam os sons laríngeos no tubo vocal (JR: 28).

Caracteres – Tanto as letras como os sinais compreendem-se na denominação geral *caracteres* (JR: 27).

Consoante (ver *alterante*) – As letras se dizem consoantes ou alterantes, sempre que representam as consonâncias, isto é, os fonemas explosivos e fricativos (MM: 23).

Digrama (ver *letra composta*) – A letra composta também se chama *digrama* (JR: 27).

Fonografia – É o tratado tanto dos símbolos representantes dos fonemas ou dos sons como das notações léxicas correspondentes (MM: 22).

Forma (ver *letra*) – Para simbolizar as necessidades da ortografia, segundo o que se acha estatuído na maior parte das línguas, as letras se representam por duas formas: maiúsculas ou grandes e minúsculas ou pequenas (MM: 26).

Forma tipográfica – As letras, quer maiúsculas, quer minúsculas, revestem as seguintes formas tipográficas:

A forma romana, geralmente para impressão dos textos das obras;
A forma itálica ou grifo para captar a atenção do leitor, mudando às vezes a significação das palavras;
A forma gótica, geralmente nas circulares, bilhetes, cartões de visita, etc.;
A forma caligráfica, geralmente nas obras de luxo e elegância, etc. (MM: 26).

Letra – Símbolo das modificações que no tubo vocal experimentam os sons laríngeos (JR: 26). [Letras] são as notações gráficas visuais, e às vezes tácteis, que representam os fonemas de uma língua (MM: 22). As letras são traços convencionais que, já de per si mesmos, já por agrupamentos, representam os diversos sons articulados da fala.

Letra simples – Consiste em um só símbolo (JR: 27). [Letras simples] isto é, grafadas apenas por uma notação, ex: *a*, *e*, *b*, *d*, *t*, *k*, etc. (MM: 23).

Letra composta – Formada por um símbolo e por uma notação, ou por mais de um símbolo. Uma reunião de símbolos só constitui letra composta quando toda ela representa um valor único, ex.: *phth* [sic] que vale t simples; se cada símbolo conserva seu valor próprio, já a reunião não forma letra composta, porém sim grupo de letras, ex.: *cl-pr* (JR: 27). [Letras compostas], isto é grafadas por notações diferentes, embora tenham unidade prosódica definida, ex: *nh*, *ch*, *lh*, *qu*, *sc*, *ph*, *rh* (MM: 23).

Nome (ver *propriedade*)

Notação léxica (ver *sinal*) (tb. notação ortográfica, notação fônica, notação prosódica, sinal ortográfico) – Dizem-se notações léxicas os diversos sinais gráficos ou símbolos referentes a certos vocábulos para lhes regularizarem a prosódia. As notações léxicas são: o acento agudo (´), o circunflexo (^), o nasal (~), o apóstofro ('), o hífen ou traço de união (-), o cedilha (ç), o ponto abreviativo (.) e o trema (¨) (MM: 28). São pequenos sinais diacríticos, que, não representando sons, auxiliam a representação dos fonemas vocabulares (ECP: 36). Notações léxicas são certos sinais convencionais que servem para marcar as diferenças na pronúncia e na escrita dos vocábulos. As principais notações léxicas são: os acentos, a cedilha, o apóstrofo, o asterisco, o til, o trema, e o ponto (AG: 23). Os sinais ortográficos são traços suplementares destinados a subsidiar, a bem da elocução ou do sentido, o que de per si mesmas não podem indicar as letras. Reduzem-se em português a cinco: os acentos, o til, a cedilha, a risca de união e o apóstrofo (CG: 498).

Ordem alfabética (ver *ordem lexicográfica*) – As letras se distribuem, segundo uma ordem inalterável e invariável, e então é que, por assim dizer, constituem o alfabeto da língua a que pertencem (MM: 24).

Ordem alfabética geral – Sucessão das letras como se acham no alfabeto, ex.: *a, b, c, d, e, f, g, h, i, j, k, l, m, n, o, p, q, r, s, t, u, v, x, y, z* (MM:24).

Ordem alfabética vocálica – A sucessão natural das vogais na ordem em que se vão formando os fonemas que organicamente representam, *a, e, i, o, u, y* (MM: 24).

Ordem alfabética consonântica – Sucessão das letras consonantais como se acham no corpo do alfabeto, menos as vogais, ex.: *b, c, d, f, g, h, j, k, l, m, n, p, q, r, s, t, v, x, z* (MM: 24).

Ortografia (tb. *gráfica*) – Tratado da representação simbólica dos sons articulados (JR: 26). Tratado da representação gráfica dos fonemas na constituição do vocábulo (MM: 52). Ortografia (gr. *orthos* = correcto, *graphia* = escrita) é a correta transcrição dos vocábulos (ECP: 34). Gráfica é o estudo da maneira de grafar os vocábulos (AG: 22). Ortografia é a parte da gramática que trata do modo mais adequado de escrever as palavras. Ela versa, portanto, sobre as letras e sinais ortográficos (CG: 498).

Propriedade – As letras têm três propriedades: nome, forma e valor. Nome é a palavra com que designamos a letra, isoladamente tomada, ex: *jota*, *eme*, *que*, *erre*, *esse*, *ypsilon*. Forma é a expressão gráfica, visual e geométrica da letra: *o*, que é representado por um círculo. Valor é a função prosódica da letra no organismo do vocábulo (MM: 25).

Semiografia (ver *fonografia*) – [O] estudo metódico [das letras e das notações léxicas] constitui a semiografia ou fonografia (MM: 22).

Sinal – O sinal representa uma palavra inteira (JR: 27).

Sinal etimológico (também *notação etimológica* e *notação ortográfica*) – Letra h, cuja utilidade é indicar a aspiração da palavra estrangeira raiz. Todavia em *Bahia*, *cahia*, *alahude*, etc. serve para marcar a separação de vozes, que sem o seu auxílio poderiam ser tomadas como formando ditongos (JR: 28).

Sinal ortográfico (ver *notação léxica*)

Sistemas ortográficos (tb. *sistema gráfico*) – São os diversos modos de transcrição ou transliteração dos fonemas vocabulares. São três: o *fonético*, o *etimológico* e o *misto* ou usual. (ECP: 34).

Sistema gráfico – É o conjunto de leis ou preceitos convencionais com que se representam os sons de uma língua (AG: 24).

Sistema fonético (tb. *fônico* ou *sônico*) – É o que consiste em se transcrever cada fonema pela letra correspondente, isto é, em se escrever como se pronuncia, de modo que a palavra escrita seja a imagem exata da palavra falada, p. ex.: *aflito*, *ação*, *ginásio*, *ato*, *tísica*, *encetar*, *isento*, *cisma*, *matar* (ECP: 34). De acordo com este sistema grafam-se os vocábulos, atendendo-se exclusivamente à prosódia e usando-se apenas poucos símbolos de som fixo (MM: 54). A gráfica fonética ou sônica procura representar o vocábulo só de acordo com a pronúncia; despreza a origem dele e a autoridade dos doutos; ex.: *filozofia*, *ditongo*, *ato*, *aremesar*, *ezami* (AG: 24).

Sistema etimológico – É o que procura aproximar, quanto possível, a forma gráfica atual da forma gráfica original; p. ex.: *afflicto, acção, gymnasio, acto, habil, phthisica, inceptar, exempto, schisma, mactar* (ECP: 35).

Dc acordo com este sistema, os vocábulos grafam-se empregando-se certos símbolos ou caracteres próprios e adotados para representar certos sons das línguas de que se derivaram (MM: 53). A gráfica etimológica procura grafar o vocábulo de acordo com a sua origem; despreza a pronúncia quando se opõe a essa origem; *octo* em vez de *oito*; *em b'ora* em vez de *embora*; *phtisica* por *tisica* (AG: 25).

Sistema misto ou usual – É a combinação dos dois sistemas antecedentes, modificando-se o rigor etimológico com o elemento fonético; p. ex.: *afflicto, acção, acto, gymnasio*, porém *tisica, scismar, matar* (ECP: 35). De acordo com este sistema, grafam-se os vocábulos, respeitando-se tanto a etimologia como a prosódia (MM: 55). A gráfica usual ou mista escreve o vocábulo de acordo com o uso dos doutos. É a geralmente adotada, porque atende em proporção razoável aos sons do vocábulo e à sua origem (AG: 25).

Valor (ver *propriedade*) – Valor é a função prosódica na letra no organismo do vocábulo (MM: 25).

Valor alfabético – O valor pode ser alfabético, isto é, sempre que a letra tem no vocábulo o som do alfabeto, ex: mato, farol, etc. (MM: 25).

Valor silábico – O valor pode ser silábico, isto é, sempre que a letra tem no vocábulo o valor diverso do do alfabeto, ex.: m*e*do, cas*a*, em que o "ê" e o "a" têm valor silábico (MM: 26).

Valor etimológico – O valor pode ser etimológico, isto é, sempre que a letra se acha no vocábulo, atestando apenas insonoramente a etimologia, ex.: a*c*to, redem*p*ção, Ma*g*dalena, outo*m*no, *p*salmo, etc. (MM: 26).

Vogal – Letras que representam vozes livres (JR: 28). As letras se dizem vogais sempre que representam as vozes, isto é, os fonemas sonoros, e são seis: *a, e, i, o, u, y*, pois o som vocálico *i* se grafa com a notação latina *i* ou com a grega *y* (MM: 22).

Notas

[1] A popularidade de Sotero dos Reis pode atestar-se pela referência a seu nome em, pelo menos, três ocorrências nos romances *O Mulato* e *Casa de Pensão*, obras de seu conterrâneo Aluísio Azevedo.

[2] Esse glossário não é exaustivo e aqui se oferece apenas a título ilustrativo. A matéria está a merecer trabalho de fôlego, que decerto virá pela iniciativa dos pesquisadores historiógrafos.

BIBLIOGRAFIA

ALI, Manuel Said. *Gramática secundária da língua portuguesa*. 7. ed. São Paulo: Melhoramentos, 1966.

BUENO, Francisco da Silveira. *Gramática normativa da língua portuguesa:* curso superior. 7. ed. São Paulo: Saraiva, 1968.

CANECA, Frei Joaquim do Amor Dividno. *Gramática portuguesa:* tratado de eloquência. Rio de Janeiro: Colégio Pedro II, 1972.

CASTRO, Ivo; DUARTE, Inês; LEIRIA, Isabel. *A demanda da ortografia portuguesa:* comentário ao acordo ortográfico de 1986 e subsídios para a compreensão da questão que se lhe seguiu. Lisboa: João Sá da Costa, 1987.

CAVALIERE, Ricardo. Uma proposta de periodização dos estudos linguísticos brasileiros. *Confluência*, n. 23. Rio de Janeiro, Liceu Literário Português, 1º semestre 2002.

GRIVET, Charles. *Nova grammatica analytica da lingua portugueza*. Rio de Janeiro: G. Leuzinger & Filhos, 1881.

KOERNER, Konrad. *Professing Linguistic Historiography*. Amsterdam; Philadelphia: John Benjamins, 1995.

NASCENTES, Antenor. *O idioma nacional*. 3. ed. Rio de Janeiro: Acadêmica, 1960.

PEREIRA, Eduardo Carlos. *Gramática expositiva:* curso superior. 44. ed. São Paulo: Nacional, s.d.

RAJAGOPANAN, Kanavillil. Línguas nacionais como bandeiras patrióticas, ou a linguística que nos deixou na mão: observando mais de perto o chauvinismo lingüístico noi Brasil. In: SILVA, Fábio Lopes da; RAJAGOPALAN, Kanavillil. *A linguística que nos faz falhar*. São Paulo: Parábola, 2004.

REIS, Francisco Sotero dos. *Grammatica portugueza*. 2. ed. Maranhão: R. de Almeida, 1871.

A Academia Brasileira de Letras e a reforma ortográfica no Brasil

Maurício Silva

Os embates em torno da afirmação de um nacionalismo linguístico no Brasil, que vêm de longa data para desembocarem no século XX, tiveram nas discussões a respeito da ortografia da língua portuguesa uma importante etapa. Descontadas as suas especificidades, o cerne da questão relacionava-se à necessidade de se estabelecer um sistema ortográfico condizente com as peculiaridades da realidade linguística brasileira, para que, assim, se pudessem abarcar a um só tempo o antigo problema idiomático que se impôs ao país desde sua colonização e o anseio por uma independência linguística que acabava tendo implicações indiretas em nosso caráter nacional.

Instaurou-se, portanto, no Brasil, já nos anos imediatamente posteriores à sua independência política, uma verdadeira *questão ortográfica*, que teve na Academia Brasileira de Letras seu principal baluarte, já que essa instituição desempenhou, ao longo de sua história, o papel de principal defensora de uma reforma ortográfica ampla, além de participar ativamente de todas as tentativas de unificação ortográfica entre Brasil e Portugal durante o século XX (Neves, 1940; Lima, 1942; Galvão, 1937).

Estabeleceu-se, nesse sentido, contundente discórdia entre adeptos e contrários à reforma ortográfica. Os embates – tanto entre brasileiros e portugueses quanto entre os próprios brasileiros – começaram já nas década iniciais do século XX, sobretudo com nosso primeiro projeto de reforma ortográfica, que nasce em 1907, sob os auspícios da Academia, tendo à frente a figura de Medeiros e Albuquerque.

Nosso objetivo é analisar a referida proposta, destacando as condições de sua recepção e de sua incidência sobre as discussões posteriores a respeito da ortografia da língua portuguesa, além de analisar, mais detida e acuradamente, os aspectos técnicos e ideológicos que viabilizaram ou impossibilitaram sua execução.

Embora as discussões acerca dos problemas referentes à ortografia da língua portuguesa tenham-se colocado de modo sistemático em Portugal desde pelo menos o século XVI, no Brasil tal fenômeno também adquire, com o tempo, relativa consistência, ganhando maior relevo durante o século XX, quando a *questão ortográfica* passa a figurar como um dos principais motivos de divergência ideológica e conceitual em nossas mais acirradas querelas linguísticas.

Assim, no caso do Brasil, a relativa unificação política que começou a ser forjada já no início do século XVII não encontrou correspondência na unidade linguística, sobretudo se pensarmos nas inúmeras divergências ortográficas que existiram no referido século, configurando, nas palavras de José Verrísmo, uma verdadeira "anarquia ortográfica" (Veríssimo, 1977: 99).

Com efeito, não era difícil encontrar, durante quase toda a primeira metade do século XX, autores que se utilizavam dos mais diversos e disparatados recursos gráficos, quase sempre em desacordo com as gramáticas ou os manuais de ortografia que prescreviam normas para uma escrita padronizada. Tais exemplos são modelares ao apontar as divergências ortográficas existentes nas primeiras décadas daquele século, além de revelar a necessidade premente – na época – de se estabelecerem regras mais ou menos rígidas, relativas à ortografia da língua portuguesa.

É, portanto, a tentativa de estabelecimento dessas regras que levará a Academia Brasileira de Letras a organizar, em 1907, a primeira proposta consistente de reforma ortográfica da língua portuguesa no Brasil, assumindo um papel de destaque na luta pela simplificação do idioma, a despeito de afirmar-se, em momentos diversos, como um foco de resistência a determinadas modificações gráficas da língua. Daí sua atuação ambígua no que se refere a essa questão, ora colocando-se à frente das iniciativas de unificação da ortografia portuguesa, ora mantendo uma posição de intransigência diante de algumas cláusulas dos acordos de unificação ortográfica, mesmo daqueles dos quais era signatária (Silva, 2001). De qualquer maneira, a Academia Brasileira de Letras nasce sob os auspícios da ideologia da *arte de bem escrever* – desígnio, aliás, do próprio movimento de gramaticalização da língua portuguesa durante do século XV (Buescu, 1983; Buescu, 1984) –, o que significa que uma de suas propostas centrais era a defesa da própria língua portuguesa.

Neste contexto e especificamente no que diz respeito à ortografia, o papel da Academia não pode ser minimizado: ao contrário, poucas instituições empenharam-se numa ação reformista com tanta diligência. Apenas a título de exemplo, pode-se lembrar que a Academia Brasileira de Letras participou – direta ou indiretamente – de todos os acordos e reformas ortográficas neste século, além de, a partir da década de 1940, ser elevada à categoria de órgão consultivo do governo brasileiro em matéria de ortografia, graças ao esforço de seu presidente na época, José Carlos de Macedo Soares (Ramos, 1926; Barroso, 1933; Camargo, 1931).

Desfazendo a anarquia ortográfica

O estudo da ortografia da língua portuguesa e, em particular, de suas reformas ortográficas permite uma abordagem que pode ser realizada sob três óticas distintas, porém necessariamente entrelaçadas: uma perspectiva histórica, em que se ressaltem os principais fatos responsáveis por sua constituição e implementação; uma perspectiva ideológica, em que se estudem os fundamentos ideológicos que sustentam, de um lado, os argumentos favoráveis e contrários às propostas reformistas e, de outro lado, o discurso por meio do qual serão veiculadas as próprias regras ortográficas; e uma perspectiva linguística, em que se analisem seus pressupostos técnicos, a fim de apresentar os principais postulados.

Do ponto de vista histórico, a Reforma Ortográfica de 1907 pode ser resumida em três momentos subsequentes: o da primeira proposta, feita na Academia Brasileira de Letras por Medeiros e Albuquerque para que fosse discutiva e posteriormente votada (abril de 1907); o da apresentação de um substitutivo ao projeto de Medeiros e Albuquerque, assinado, entre outros, por Rui Barbosa, Euclides da Cunha e Sílvio Romero (junho de 1907); e o da aprovação da nova proposta, referendada pelo presidente da casa, Machado de Assis (agosto de 1907) (Rodrigues, 1998; El Far, 1997). Do ponto de vista ideológico são muitas as questões que podem ser discutidas, mas destaca-se, tanto nas manifestações favoráveis quanto nas contrárias à proposta, um ideário fortemente marcado pelo nacionalismo e pelo aristocratismo linguísticos. Finalmente, do ponto de vista linguístico – o qual iremos tratar aqui com mais profundidade –, pode-se adiantar a natureza claramente preceptiva de suas regras, bem como sua deliberada intenção simplificadora, porém não isenta de contradições. São, em suma, estas duas últimas perspectivas – a ideológica e a linguística – que buscaremos analisar mais de perto.

Evidentemente, interessa-nos menos, na realização deste estudo, a primeira proposta de reforma ortográfica apresentada por Medeiros de Albuquerque do que o substitutivo recomendado alguns meses depois, já por ter sido este aprovado pela Academia, já por ter sido em torno do qual se travou intenso debate na imprensa. Não obstante, ainda naquela primeira proposta podem-se entrever curiosas passagens, que reforçam a natureza aristocrática e nacionalista dos argumentos que iriam dar sustentação ideológica à Reforma Ortográfica de 1907, como aliás já sugerimos antes.

De fato, propondo a adoção de uma ortografia *racional* e reconhecendo que as regras ortográficas de qualquer idioma nascem sempre de uma *convenção*, a proposta de Medeiros e Albuquerque já nos seus argumentos inaugurais revela o aristocratismo a que aludimos, na medida em que propõe como referência idiomática o registro padrão falado pelas classes supostamente cultas da sociedade, manifestando-se, já nos fundamentos de seu projeto, um ideário marcadamente excludente:

> para não chegar aos exaggeros da graphia sónica, que teria de attender até mesmo às variações dialectais, é necessario partir de uma dada pronuncia e essa deve ser para o Brasil a das suas classes cultas [...] tomando-se por base a boa pronuncia e para esse effeito especial considerando-se boa pronuncia a das classes cultas como fôr fixada pela Academia, – sempre que houver mais de uma graphia para a mesma palavra, [deve] preferir-se a que se approximar melhor da referida pronuncia (Barroso, 1933: 22).

A adoção deliberada de um argumento que traz, de modo tão evidente, uma perspectiva linguística unidirecional e segregacionista mostra-nos um *sujeito discursivo* que assimilou a ótica reducionista das gramáticas normativas e estabeleceu como parâmetro um sistema de regras rigidamente instituído e, consequentemente, discricionário.

Além disso, ressalte-se o papel proeminente conferido à Academia Brasileira de Letras no sentido de torná-la uma espécie de guardiã oficial da língua portuguesa, já que lhe concede o direito de fixar como modelo determinado registro linguístico e tomá-lo como única referência para o estabelecimento das convenções ortográficas, um papel, aliás, em favor do qual a própria Academia e seus principais representantes sempre pugnaram (Estatutos, 1917; Campos, 1960; Academia Brasileira de Letras, 1935).

Além do aristocratismo referido, a proposta em questão não esconde a adoção consciente de um discurso nacionalista, a sustentar o ideário linguístico de seu autor:

> nem é possível, nem há razão para que vinte milhões de brasileiros se dobrem aos habitos de prosodia de cinco milhões de portuguezes cuja pronuncia aliás diverge profundamente de provincia para provincia [...] a prosodia portugueza actual evolue de um modo distincto da nossa e já não é a mesma que no tempo em que o Brasil deixou de ser colonia (Barroso, 1933: 24).[1]

Discursos como esse, imbuídos de um flagrante espírito nacionalista, em que aflora, ademais, um sentimento de flagrante entusiasmo patriótico, não eram raros na época em que esse foi formulado, tornando-se aliás a tônica de algumas propostas de política idiomática.

Entre nacionalista e aristocrata, a protoproposta de reforma ortográfica de 1907 recebeu mais críticas do que apoio, mormente entre os pares acadêmicos de Medeiros e Albuquerque, os quais, tão logo expostas estas suas ideias, retrucaram com um substitutivo que, no final das contas, acabou sendo aprovado pela Academia, não sem antes a discussão ter tomado as páginas da imprensa diária, com apoios inveterados (como o de José Veríssimo) e ataques enfurecidos (como os de Carlos de Laet) à referida proposta. Uma discussão, aliás, que extrapolou até mesmo, cronologicamente, o ano de 1907 e, espacialmente, as fronteiras brasileiras, sendo discutida com igual passionalidade em Portugal.[2]

No Brasil, os embates travaram-se – como sugerimos – sobretudo após a divulgação da nova proposta, tendo sido as folhas efêmeras dos periódicos cariocas tomadas por acirradas controvérsias acerca das regras que a constituíam e dos fundamentos que, porventura, podiam fundamentá-la ideologicamente. Cria-se, assim, uma rede de argumentos contrários e favoráveis à proposta acadêmica, tornando a polêmica até mais sibilina do que um conjunto de convenções técnicas específicas pode sugerir.

Assim, se por um lado Medeiros e Albuquerque, José Veríssmo e outros intelectuais saíam em defesa da reforma simplificadora, por outro, Coelho Neto, Augusto de Lima, Carlos de Laet e outros atacavam-na incondicionalmente, revelando um posicionamento acintosamente contrário às modificações, ainda que, muitas vezes, por meio de um discurso de fundo pessoal em relação às regras propostas – como é o caso de um Euclides da Cunha (que lamentava a troca do *y* pelo *i*), de um Gilberto Amado (que condenava a substituição do *k* pelo *qu*) ou de um Antônio Torres (que reprovava a mudança do *ph* pelo *f*) –, todos eles lançassem mão de argumentos subjetivos para defender seus pontos de vista.

Desse modo, não era difícil encontrar um autor que, como Antônio Torres, se posicionava radicalmente contra o projeto de Medeiros, dirigindo-lhe ataques verdadeiramente irados, apontando as contradições de um grêmio acadêmico que se queria aristocrático, mas promovia, ao mesmo tempo, uma democratização ortográfica que acabava por descaracterizá-la a si mesma:

> [os academicos] não comprehenderam que a Academia, reformando a orthographia, democratisava-se, isto é, achatava-se; e a Academia democratica não é Academia nem cousa alguma. O simples facto de ser uma selecção faz della uma aristocracia. Portanto, ou seja aristocratica, ou não exista (Torres, 1925: 62).

Carlos de Laet, por sua vez, combatia o mesmo projeto de modo muito mais sarcástico, já que lançava mão de um recurso francamente irônico, atacando o que considerava um disparate linguístico, pelo emprego de uma ortografia pretensamente resultante das modificações propostas pelo projeto da Academia, como revela este pequeno trecho de seu longo artigo:

> Fálase muinto en ortografia fonetika; mas en ke se rezume ela? Na ekuasão du son i da grafia: ora, tal ekuasão não eziste, nunca ezistirá con un alfabetu ke, kual u ke erdamus dus latinus, é au mesmu tempu defisiente e superabundante [...] Con efeitu as letras vogais são en numeru inferior au das vozes, i já na mesma lista das vogais aparése a duplikata du *i* e du *ipsilon*, tão odiozu este ultimu aus fonetistas da Akademia. Deixu de falar nas ôtras duplikatas dos *xis* e du *cê agá*, du *gê* i du *jota* en tantas palavras, edsétera, edsétera. Logo, nunka será posivel fazer ortografia fonetika, antes ke Medeirus e seus adeptus corrijão u alfabetu, ô inventen ôtro melhor [...] não se póde fazer uma *omelete* sen Kebrar os óvus, nem ortografia fonétika sen mandar au infernu a tradisão (Laet, 1983: 68).

Nota-se, pelo tom das críticas, o quão polêmica foi a proposta de simplificação de 1907, embate cujos contornos demos aqui uma pálida ideia.

Sancionada a nova proposta em agosto de 1907, percebe-se ainda o mesmo ranço aristocrata e nacionalista a fundamentar suas regras simplificadoras e a fomentar ainda mais as discussões acerca de sua exequibilidade. É o que se pode constatar, por exemplo, destas palavras com que o substitutivo à reforma de Medeiros inaugura a primeira regra:

> sempre que se encontrem diversas grafias autorizadas da mesma palavra, escolher-se-á a que mais se aproxime da boa pronuncia, rezervando a Academia o direito de fixar qual a pronuncia que lhe pareça bôa (Barroso, 1933: 15).

Esse caráter deliberadamente excludente ganha corpo num conjunto de regras que, embora se afirme como baseado na ortografia fonética (ou, como se costumava dizer, sônica), em detrimento da ortográfica etimológica, não deixa de revelar um resultado, em muitos sentidos, desalentador, já que – sem promover uma reforma geral, ampla e irrestrita – faz diversas concessões à etimologia e a convenções ortográficas pautadas no mero *costume*.

De qualquer modo, procurou-se promover, de fato, uma simplificação da ortografia da língua portuguesa, por meio de um conjunto de regras, cujos principais indicativos estão resumidos nos seguintes quadros, em que se mostram os *aspectos* gráficos sobre os quais incidiram as regras e os exemplos práticos de escrita *antes* e *depois* de 1907:

ASPECTOS	ANTES DE 1907	DEPOIS DE 1907
AO x AU	Mao, pao	Mau, pau
EO x EU	Chapeo, veo	Chapeu, veu
IO x IU	Partio	Partiu
AE x AI	Pae, mãe, sae, cae	Pai, mãi, sai, cai
E x I	Edade, egreja, egual	Idade, igreja, igual

Nesse grupo de alterações propostas, percebe-se a tentativa de abrandamento vocálico, procurando registrar na escrita o efeito oral conhecido como alofone posicional.

ASPECTOS	ANTES DE 1907	DEPOIS DE 1907
K x C/QU	Kaleidoscopio, kola, kilo	Caleidoscopio, cola, quilo
W x V/U	Wormio, wigandias	Vormio, uigandias
Y x I	Martyrio, mysterio	Martirio, misterio

Já nesse outro quadro, o que se pretende é uma mera adaptação gráfica, tentando unificar e regularizar a ortografia de determinados fonemas, sobretudo com o propósito de eliminar letras que seriam estranhas ao nosso alfabeto, como K, W e Y.

ASPECTOS	ANTES DE 1907	DEPOIS DE 1907
H x ∅	Surprehender, thezouro	Supreender, tezouro
CH x C/QU	Chaldeu,chimica, technica	Caldeu, quimica, tecnica
PH x F	Ortographia, philosophia	Ortografia, filozofia
TH x T	Theze	Teze

Aqui o que se tem é a tentativa de eliminar o H etimológico, que tanta polêmica causou nas discussões ortográficas, sendo a proposta rejeitada por alguns e defendida por outros, com argumentos – precisos ou não – de ambas as partes.

ASPECTOS	ANTES DE 1907	DEPOIS DE 1907
G x J	Agir, legislativo	Ajir, lejislativo
S x Z	Rosa, casa, deshonra	Roza, caza, dezhonra
SC x C	Crescer, sciencia	Crecer, ciencia
Ç x S	Çapato, çamarra, çorça	Sapato, samarra, sorça

Nesse outro quadro, verirfica-se uma clara tendência em unificar a grafia de fonemas que, embora grafados diferentemente, possuem um mesmo som, problema que até os dias atuais permanece como um dos grandes entraves no aprendizado da ortografia portuguesa.

ASPECTOS	ANTES DE 1907	DEPOIS DE 1907
BB x B	Sabbado	Sabado
DD x D	Adduzir	Aduzir
FF x F	Affeiçoar	Afeiçoar
GG x G	Aggregar	Agregar
LL x L	Alludir	Aludir
MM x M	Immediato	Imediato
NN x N	Innocente	Inocente
PP x P	Applaudir	Aplaudir
TT x T	Attenção	Atenção
CC x C	Distincção, extincção	Distinção, extinção

Já nesse quadro mais extenso, o que se tem é, simplesmente, a sugestão de que se eliminem as consoantes duplas – fato eminentemene etimológico! –, transformando-as em consoantes simples.

ASPECTOS	ANTES DE 1907	DEPOIS DE 1907
CT x T	Activo	Ativo
CD x D	Anecdota	Anedota
GM x M	Augmentar	Aumentar
MN x N	Alumno, gimnasio	Aluno, ginasio
PT x T	Optimo	Otimo

Semelhante ao anterior, esse quadro representa as consoantes mudas não pronunciadas que, na proposta da Academia, deveriam ser eliminadas; talvez se dê aqui a maior disputa, nas futuras tentativas de unificação da ortografia portuguesa, entre Brasil e Portugal, já que algumas consoantes, consideradas mudas no Brasil, seriam pronunciadas em Portugal.

ASPECTOS	ANTES DE 1907	DEPOIS DE 1907
ÃO x AM	Orfão, amão	Orfam, amam
AM[N] X Ã[O]	Manhan, pagan	Manhã, pagã

Finalmente, este último quadro revela a intenção da Academia em transformar os ditongos nasais masculinos em vogais nasais; e as vogais nasais dos vocábulos femininos em ditongos nasais.

Esse conjunto de regras que constitui a conformação técnica da reforma de 1907 revela o alcance e os limites da proposta acadêmica, já que, como sugerimos, ela buscava esquilibrar-se entre a ortografia fonética e a etimológica, motivo aliás de mais de uma crítica às propostas da Academia.

Se o alcance deixou a desejar, já que – embora formulada e aprovada por vários acadêmicos – a reforma nunca chegou a vigorar oficialmente no Brasil, os limites são facilmente percebidos, devido, em grande parte, às incoerências e concessões realizadas por seus autores.

É, pelo menos, o que se pode deduzir a partir da análise mais minuciosa de algumas sugestões contidas no projeto.

A eliminação do "h" etimológico, por exemplo, conheceria, na proposta inicial, pelo menos uma exceção, já que ele deveria ser mantido em alguns vocábulos formados por derivação prefixal (*rehaver*, *dezherdar*, *dezhora*); havia ainda algumas outras exceções, como no caso da substituição do duplo "l" etimológico pelo "l" simples, a qual não poderia ocorrer em relação aos pronomes pessoais e seus derivados (*elle*, *ella*, *aquelle*, *aquellas*, etc.).

Concessões diversas também seriam feitas, como aquela relacionada à substituição do "g" pelo "j", em que a Academia não via necessidade em manter o "g" inicial, mas reconhecia a necessidade de manter o *costume* gráfico; e em relação à substituição do "s" pelo "z", em que a Academia reconhece a não-necessidade da manutenção do dígrafo "ss", uma vez que se eliminou todo "s" com som de "z", mas revela-se reticente diante do grande número de palavras que deveria ser alterado, o que poderia suscitar certa rejeição por parte dos utentes do idioma; finalmente, pode-se apontar ainda uma concessão relacionada ao "h" inicial, igualmente de natureza etimológica, o qual seria mantido pela Academia por esta reconhecer a incidência decisiva do *costume* em seu emprego, o que, segundo Gustavo Barroso, levava os acadêmicos a "tanzijir[em] com a sua conservação" (Barroso, 1933: 16).

Algumas observações apensas à proposta de 1907 são bastante curiosas, como a de que não se devia eliminar a duplicidade das consoantes, quando ambas fossem pronunciadas (*sucção*); como a de que deveria prevalecer o uso do "s" sobre o uso do "ç", quando houvesse dubiedade por parte do dicionário (*dansa*, *cansar*, *bolso*); ou, finalmente, como a de que se deveria utilizar, nos ditongos finais nasais, as formas "-ã/-ão" (para as tônicas) e "-am" (para as átonas), proposta que remonta ao século XVII, já presente, por exemplo, em Álvaro Ferreira de Vera, em sua *Ortografia ou Modo para Escrever Certo na língua portuguesa* (1631) (Aguiar, 1984; Fávero, 1996).

A proposta de reforma ortográfica elaborada pela Academa Brasileira de Letras em 1907 foi a primeira do gênero no século XX, inaugurando um longa e polêmica tradição de projetos de reforma ortográfica do português. Não que não tivesse havido outras propostas similares ao longo da história da língua portuguesa, mas o fato é que o século XX pode ser considerado uma época particularmente propícia a projetos semelhantes, além de ser um período em que se dão, pela primeira vez, as tentativas de unificação ortográfica entre o português utilizado no Brasil e em Portugal, como o "Acordo Ortográfico Luso-Brasileiro" (1931), a "Conferência Inter-Acadêmica de Lisboa para a

Unificação Ortográfica da língua portuguesa" (1945) e o "Acordo Ortográfico da língua portuguesa" (1986/1990).

Nesse sentido, a proposta de 1907 insere-se num contexto tumultuoso de ímpetos reformistas, forjados a partir de um claro ideário nacionalista e não raro movidos, na sua essência, por inúmeras contradições, o que pode ser verificado, entre outras ocorrências, pelo fato de mesmo a Academia acabar transgredindo as próprias regras para a reforma ortográfica, grafando, por exemplo, já na exposição de suas bases, o vocábulo *vogaes* (em vez de *vogais*, com o abrandamento do fonema final) ou *aspeto* (em vez de *aspecto*, com a presença da consoante muda pronunciada). Fatos que, evidentemente, não desabonam a proposta como um todo, mas apenas frustram, ao par de muitos outros, as expectativas mais puramente "científicas" de nossos acadêmicos.

Notas

1 Opinião semelhante é expressa por João Ribeiro que, ao se referir à reforma de 1911, lamenta o fato de os brasileiros terem sido esquecidos, como se se tratasse de uma quantidade negligenciável de falantes do português (Ribeiro, 1926).

2 Um ano depois de a reforma da Academia ser aprovada, Cândido de Figueiredo publicaria em Lisboa um livro em que consignava as principais opiniões acerca da referida proposta, não sem se manifestar pessoalmente a esse respeito, ora elogiando, ora reprovando alguns aspectos da mesma (Figueiredo, 1929).

BIBLIOGRAFIA

Academia Brasileira de Letras. *Discursos acadêmicos (1914-1918).* Rio de Janeiro: Civilização Brasileira, 1935.

Aguiar, Gentil de. *Ortografia portuguesa e etimologia.* São Leopoldo: Unisinos, 1984.

Barroso, Gustavo. *A ortografia oficial.* Rio de Janeiro: Civilização Brasileira, 1933.

Buescu, Maria Leonor Carvalhão. *Babel ou a ruptura do signo:* a gramática e os gramáticos portugueses do século XVI. Lisboa: Imprensa Nacional/Casa da Moeda, 1983.

Buescu, Maria Leonor Carvalhão. *Historiografia da língua portuguesa:* século XVI. Lisboa: Sá da Costa, 1984.

Camargo, Paulo. *A reforma ortográfica.* São Paulo: Zenite, 1931.

Campos, Humberto de. *Antologia da Academia Brasileira de Letras:* trinta anos de discursos acadêmicos. 1897-1927. Rio de Janeiro: W. M. Jackson, 1960.

El Far, Alessandra. *A encenação da imortalidade:* uma análise da Academia Brasileira de Letras nos primeiros anos (1897-1924). São Paulo, 1997. (Dissertação de Mestrado) – Faculdade de Filosofia Letras e Ciências Humanas, Universidade de São Paulo.

Estatutos, Regimento Interno e Regulamento dos Concursos da Academia Brasileira de Letras. Rio de Janeiro: Jornal do Commercio, 1917.

Fávero, Leonor Lopes. *As concepções linguísticas no século XVIII:* a gramática portuguesa. Campinas: Unicamp, 1996.

Figueiredo, Cândido de. *A ortografia no Brasil:* história e crítica. Lisboa: Clássica, 1929.

Galvão, Francisco. *A Academia de Letras na intimidade.* Rio de Janeiro: A Noite, 1937.

Laet, Carlos de. *Obra seleta I:* crônicas. Rio de Janeiro: Agir, Casa de Rui Barbosa, 1983.

Lima, Joaquim Bento Alves de. *Academia Brasileira de Letras.* São Paulo: Revista dos Tribunais, 1942.

Neves, Fernão. *A Academia Brasileira de Letras:* notas e documentos para a sua história (1896-1940). Rio de Janeiro: Academia Brasileira, 1940.

Ramos, Silva. *A reforma ortográfica e a Academia Brasileira de Letras.* Rio de Janeiro: Azevedo, 1926.

RIBEIRO, João. *Cartas devolvidas*. Porto: Chardron, 1926.

RODRIGUES, João Paulo Coelho de Souza. *A dança das cadeiras:* literatura e política na Academia Brasileira de Letras (1896-1913). Campinas, 1998. (Dissertação de Mestrado) – Instituto de Filosofia e Ciências Humanas, Unicamp.

SILVA, Maurício. Reforma ortográfica e nacionalismo linguístico no Brasil: uma abordagem histórico-discursiva. *Letras*. Pontifícia Universidade Católica de Campinas, Campinas, v. 20, n. 1/2, pp. 99-122, dez. 2001.

TORRES, Antônio. *Verdades indiscretas*. Rio de Janeiro: Castilho, 1925.

VERÍSSIMO, José. A questão ortográfica. *Estudos de literatura brasileira:* terceira série. Belo Horizonte: Itatiaia, São Paulo: Edusp, 1977.

O organizador

Maurício Silva
Coordenador da pós-graduação *lato sensu* da Universidade Nove de Julho e editor científico da revista *Dialogia*, além de professor da graduação e pós-graduação na mesma instituição. Possui doutorado e pós-doutorado em Letras Clássicas e Vernáculas pela Universidade de São Paulo. Pesquisador do Instituto de Pesquisas Linguísticas Sedes Sapientiae para Estudos de Português (PUC-SP) e autor de diversos livros, pela Editora Contexto publicou *O Novo Acordo Ortográfico da Língua Portuguesa*.

Os autores

Evanildo Bechara
Membro da Academia Brasileira de Letras, da Academia Brasileira de Filologia, da Sociedade Brasileira de Romanistas, do Círculo Linguístico do Rio de Janeiro, da Société de Linguistique Romane etc. Doutor *honoris causa* da Universidade de Coimbra (2000), é autor de diversos livros e artigos sobre Filologia, Linguística, Língua Portuguesa e assuntos correlatos. Diretor das revistas *Littera* e *Confluência* (1990-2005). É autor da célebre *Moderna Gramática Portuguesa.*

Leonor Lopes Fávero
Professora titular de Linguística da USP e titular de Língua Portuguesa da PUC/SP. Fez doutorado na PUC/SP, livre-docência na USP e pós-doutorado na Universidade de Paris VII. Sua especialidade abrange os campos da Linguística Textual, Análise da Conversação e História das Ideias Linguísticas. Autora de várias obras, além de inúmeros capítulos de livros e artigos publicados em periódicos no Brasil e no exterior. É membro da Academia Brasileira de Filologia.

Luiz Carlos Cagliari
Professor-adjunto no Departamento de Linguística da Faculdade de Ciências e Letras da Unesp (Araraquara, SP). Foi professor de Fonética e de Fonologia do Departamento de Linguística do IEL/Unicamp, durante muitos anos. É mestre em Linguística pela Unicamp, doutor pela Universidade de Edimburgo (Escócia), livre-docente e professor titular pela Unicamp. Além da Fonética e da Fonologia, desenvolve pesquisas e estudos também nas áreas de Sistemas de Escrita, com particular referência atual à Ortografia (Teoria e História) e na área de Alfabetização.

Maria Filomena Gonçalves
Doutora em Linguística Portuguesa pela Universidade de Évora e, desde 2008, agregada em História da Língua Portuguesa, com especialização em Historiografia Linguística, áreas em que tem publicado vários livros assim como artigos em revistas internacionais. Integra a junta permanente da Sociedad Española de Historiografia Linguística e colabora na equipe do Projecto Dicionário Histórico do Português do Brasil.

Monalisa dos Reis Aguiar
Professora da Universidade de Mogi das Cruzes (São Paulo) e da Universidade Camilo Castelo Branco. É mestre em Língua Portuguesa pela PUC/SP e doutoranda na mesma instituição. Sua principal área de pesquisa é a a História da Ortografia.

Olga Ferreira Coelho
Professora e pesquisadora do Centro de Documentação em Historiografia Linguística do Departamento de Linguística da USP. Investiga, principalmente os processos de institucionalização da área de Letras e Linguística no Brasil. Atualmente coordena o GT Historiografia da Linguística Brasileira da Anpoll (Associação Nacional de Pesquisa e Pós-graduação em Letras e Linguística) e é editora da *Revista do GEL* (Grupo de Estudos Linguísticos do Estado de São Paulo).

Ricardo Cavaliere
Possui graduação em Letras pela UFRJ, graduação em Direito, mestrado em Língua Portuguesa e doutorado em Língua Portuguesa pela mesma universidade. Fez estágio de pós-doutorado em História da Gramática no Brasil na UERJ. Atualmente é professor-associado e coordenador de pós-graduação *lato sensu* da Universidade Federal Fluminense e membro da Academia Brasileira de Filologia. Tem experiência na área de Letras e Linguística, com ênfase em Descrição do Português e na Historiografia dos Estudos Gramaticais.

Rolf Kemmler
Tradutor oficial da língua portuguesa e dono da editora Calepinus Verlag (Tübingen, Alemanha). É mestre em Filologia Românica (Português, Espanhol) pela Universidade de Tübingen, tendo concluído o doutoramento "dr. phil" na Universidade de Bremen em 2005. Lecionou na Ludwig-Maximilians-Universität de Munique (Alemanha) e foi conferencista convidado em algumas universidades nacionais e estrangeiras. É especialista no ramo da História da Linguiística Portuguesa, nomeadamente nos campos da Ortografia e da Gramática.